译文经典

有闲阶级论
The Theory of the Leisure Class
Thorstein Veblen

〔美〕索尔斯坦·凡勃伦 著

凌复华 彭婧珞 译

上海译文出版社

前　言

本研究的目的，在于探讨有闲阶级作为一个经济因素在现代生活中的地位和价值；但我们发现，将讨论严格地局限在这一范围内是不切实际的。我们不得不注意到制度的起源和演变，以及通常不被归入经济范畴的一些社会生活特征。

在本书某些部分，我们展开讨论的依据是经济学理论或民族学推论，这些依据可能多少让人感到陌生。第一章导言充分指出了这些理论前提的性质，希望能够帮助读者增进了解。相关理论立场的更为详尽的阐述可参见发表于《美国社会学杂志》（American Journal of Sociology）第四卷的一系列文章：《工作本能与劳动厌恶》《私有制起源》《女性的未开化状态》。但本书的论点并未过分依赖于这些——有几分新颖的——推论，假使这些新颖的推论由于未得到权威或数据的充分支持而不为读者所信服，本书的论点也不会因此而全然失去其作为经济理论细节的价值。

本书在说明或加强论证时，优先选取日常生活中直接观察到的或众所周知的数据，而不是那些更间接深奥的数据。这样做一方面是为了方便，另一方面是因为，对于尽人皆知的现象的意义，人们的误解空间更小。本文不仅诉诸平凡事实，对于那些庸俗现象或另一些因其在人们生活中的隐私地位而时常免于受到经济讨论的现象，偶尔可能还会进行看似随意而不讲情面的处理。希望这样的做法不会冒犯任何人对文学或科学恰当性的认识。

书中那些取自间接来源的前提和证据，以及借用民族学的任何理论或推理文章，都较为熟悉易懂，博览群书者应该很容易追溯其出处。因此，本书未遵循引用出处和作者的惯例。同样，书中主要用于举例说明的少量引用语，通常也无须指出其来源，读者便可毫不费力地辨认其出处。

目 录

第 一 章　导言……………………………………001
第 二 章　金钱竞赛………………………………019
第 三 章　炫耀性有闲……………………………029
第 四 章　炫耀性消费……………………………055
第 五 章　生活的金钱标准………………………082
第 六 章　品味的金钱准则………………………092
第 七 章　服饰——金钱文化的表达……………134
第 八 章　免除生产和保守主义…………………152
第 九 章　古老性格特征的保存…………………171
第 十 章　实力的现代留存………………………199
第十一章　对运气的信仰…………………………224
第十二章　宗教仪式………………………………239
第十三章　非不公性利益的留存…………………271
第十四章　作为金钱文化表达的高等学识………295
译后记………………………………………………325

第一章
导　言

有闲阶级制度最充分的发展形态出现于未开化（barbarian）文化的较高级阶段，例如封建时期的欧洲和日本。在这些社会中，人们严守阶级间的区别；这些阶级区别中具有最显著经济意义的特点，在于不同阶级的专属职业之间的差别。上层阶级按照习俗得以免于或不得从事生产性[①]职业，而专事带有某种程度的荣誉感的职业。在任何封建社会中，首屈一指的光荣职业是战士，紧随其后的通常是祭司[②]，如果未开化社会并不明显尚武，那么祭司可能跃居首位，战士则退居第二位。作为一条只有少数例外的规则，上层阶级——无论是战士还是祭司——均得以免于生产性职业，而这种豁免是其优越地位在经济方面的体现。印度婆罗门便是这两种阶级免于生产性职业的明证。在属于较高级未开化文化的社会中，有闲阶级这一统称之下还有不同的子阶级划分；这些子阶级的专属职业也有相应的区别。一般说来，有闲阶级包括贵族和祭司阶级，以及他们的大量侍从。

这个阶级的职业相应地多样化，但都有非生产性这一共同经济特征。这些非生产性上层阶级职业所属范畴可大致归纳为政务、战争、宗教仪式和运动竞技等。

在未开化状态的早期——但非最初——阶段，有闲阶级尚未如此分化。无论是阶级之间的区别，还是有闲阶级职业之间的区别，均十分微小。一般说来，波利尼西亚岛民很好地代表了这个发展阶段，但有一点例外：由于没有大型猎物，狩猎在他们的生活方式中并不占有通常的光荣地位。萨迦③时代的冰岛社会也可以作为一个很好的例子。在这样的社会里，阶级之间以及每个阶级的专有职业之间都有严格的区别。体力劳动、生产作业以及任何与谋生的日常工作直接相关的职业，都专属于下层阶级。下层阶级包括奴隶和其他附庸人员，通常也包括全部女性。如果贵族社会存在若干等级，上等女性通常得以免于从事生产性职业，或至少免于从事较粗俗的体力劳动。上层阶级的男性不仅得以免于生产性职业，而且按照惯例习俗不得从事任何生产性职业。他们的

---

① 原文为 industrial（名词 industry），意为产业的、工业的或生产的。本书视上下文选用不同译法。——译注
② 原文为 priest（形容词 priestly），意指祭司或基督教各教派中的神父（天主教）、牧师（新教）、神甫（东正教）、教士和一般而言的神职人员。本书视上下文分别译为祭司、教士或神职人员。——译注
③ 古代冰岛等地特有的文学作品，创作的黄金时期是 13 世纪，多讲述北欧早期（9 世纪～11 世纪）的海盗冒险和英雄业绩，也泛指神话、传奇与历史。——译注

就职范围受到严格限制。正如前文所述，这些职业属于政务、战争、宗教仪式和运动竞技等范畴。这四类活动支配了上层阶级的生活方式，而对于最高阶层——国王或酋长——以上范畴是他们为习俗或社会共识所允许的仅有活动。事实上，在生活方式充分发展之处，人们也会质疑最高阶层成员是否适宜从事运动竞技类活动。对较低层次的有闲阶级而言，某些附属于有闲阶级典型职业的其他职业也是可取的。例如，武器、装备、火炮的制造和维护，马、犬、鹰的养护和训练，以及宗教用品的准备等。下层阶级不得从事上述次生的光荣职业，但带有明显生产性特点或与典型有闲阶级职业联系极少的职业除外。

如果离开未开化文化的这一典型阶段，退一步来到未开化状态的更低级阶段，我们便无法再看到充分发展形态的有闲阶级。但这一更低级阶段的未开化状态显示出促使有闲阶级出现的习惯、动机和环境，同时表明了有闲阶级的早期发展步骤。世界各地的游牧部落都显现出这种较原始（primitive）的分化阶段，任意一个北美狩猎部落都能够作为合适的例子。很难说这些部落具有明确的有闲阶级。尽管存在功能的分化，也有基于不同功能的阶级区别，但上层阶级免于工作的程度并不能使其完全符合"有闲阶级"这一名称。处于这一经济水平的部落已达到一定程度的经济分化，即男性和女性的职业出现了具有不公性质的明显区别。在几乎所有这些部

有闲阶级论 | 003

落中，按惯例习俗由女性从事的职业后来都演化为生产性职业。男性得以免于从事这些粗俗的职业，他们的特权是从事战争、狩猎、运动竞技和宗教事务。在这方面，差异通常十分明显。

劳动的这种分工，对应于出现在较高级未开化文化的劳动阶级和有闲阶级之间的区别。随着职业日益多样化与专业化，生产性职业逐渐从非生产性职业中分离。男性在较早未开化阶段的职业，并未发展成为生产性职业中的任何重要部分。在后来的发展中，它们只保留在非生产性职业之中，如战争、政治、运动竞技、教育和祭司职责等。其中仅有的明显例外，是渔业的某一部分以及一些未必能归为生产的精细职业，例如武器、玩具和运动竞技用品的制造。事实上，所有生产性职业都是由原始未开化社会里女性的职业发展而来的。

与女性从事的工作相比，较低级未开化文化中男性所从事的工作，在群体生活中同样不可或缺。甚至可以认为，男性对食物供应以及群体的其他必需消费有着同等重要的贡献。事实上，男性某些工作的"生产性"特征如此明显，以致传统经济学著作中把狩猎归为原始生产一类。但未开化文化中的男性并不这样认为。在他自己看来，他不是与女性同属一类的体力劳动者；他的付出不容与女性的苦差事（如劳动或生产）相提并论，混为一谈。在所有未开化社会中，男女工作之间的区别深入人心。男性的工作也许能带来群体的生存维系，但男性会感觉这得益于他的卓越能力，远非女性的平凡劳作可相比拟。

若在文化尺度上再退一步，来到蒙昧（savage）群体中，我们会发现职业的区别更不明显，同时阶级之间与职业之间不公性区别的一致性和严格性都有所下降。很难找到有关原始蒙昧文化的清晰实例。所有归类为"蒙昧"的群体和社会几乎都没有显示出由较发达文化阶段倒退（regression）的痕迹。但有些群体——其中一些显然不是退化（retrogression）的结果——较为真实地展现了原始蒙昧文化的特点。他们的文化与未开化社会文化的不同之处在于缺乏有闲阶级，以及——在很大程度上——缺乏作为有闲阶级制度存在基础的意向（animus）和精神状态。这些没有经济特权等级制度的原始蒙昧群落，在全人类中所占的份额极其微小，毫不显眼。对于这一阶段的文化，能够给出的一个很好的例子是安达曼群岛①的部落，或尼尔吉里丘陵的托达人②。就缺乏有闲阶级这一点而言，这些群体在与欧洲人发生最早接触时，其生活方式近乎典型。其他可能被援引的例子包括北海道的阿

---

① 安达曼群岛（Andamans）位于印度洋北部，孟加拉湾和安达曼海交界处。目前岛上土著民族人数极少，保留了浓厚的原始公社制残余。——译注
② 托达人（Todas），印度南部尼尔吉里丘陵（Nilgiri Hills）的小型部落，保留原始公社制残余。——译注

伊努人①，以及更具争议的布须曼人②和爱斯基摩人③群体。一些普韦布洛人④群落也被归入同一类，但不确定性更大。这里援引的绝大多数（如果不是全部）群落，其当前的文化或许并非其历史最高水平，很可能是由较高级的未开化文化退变（degeneration）而来。倘若确实如此，为了当前的研究目的采用这些例子似乎有些牵强，但它们或许完全可以提供同样有效的证据，不亚于真实的"原始"群体。

除了同样缺乏明确的有闲阶级，这些群落在社会结构和生活方式上也有其他相似特征。他们人数不多，结构简单古老；通常社会和平，成员定居，群体贫穷；私有制不是他们经济制度的主要特征。但同时，这并不表示它们在现存群落中规模最小，或者它们的社会结构在各方面的分化程度最小；这一类别也不一定包括所有并无明确私有制系统的原始群落。但值得注意的是，这一类别似乎包括了绝大多数和平——也许是所有以和平为特征——的原始群落。事实上，这种群落的成员普遍具有一个显著的特点，即面临暴力或诡

---

① 阿伊努人（Ainu），日本少数民族，今生活于北海道、库页岛等地。——译注
② 布须曼人（Bushman），非洲南部的部落集团，主要分布在纳米比亚、博茨瓦纳、安哥拉、津巴布韦、南非和坦桑尼亚等地。——译注
③ 爱斯基摩人（Eskimo），北极地区土著，现称为"因纽特人"（Inuit）。——译注
④ 普韦布洛人（Pueblo），北美西南部印第安土著。——译注

计时表现出一定程度的和善无能。

低级发展阶段群落的习惯和文化特点能够证明，有闲阶级制度的逐步出现发生在原始蒙昧状态到未开化状态的转变过程中；更确切地说，是在从和平到尚武的生活习惯的转变过程中。有闲阶级制度稳定出现的必要条件显然有：(1) 群落必须有掠夺的生活习惯（战争或捕捉大型猎物或二者兼而有之）；也就是说，在这些情况下构成原始有闲阶级的男性，必须惯于因暴力或诡计而蒙受伤痛；(2) 谋生必须足够容易，令群落中相当一部分成员得以免于持续性日常劳作。有闲阶级制度的产生是早期对职业进行区分的自然结果，根据这一古老区别，有些职业受人尊敬，另一些则不然。在这种古老的区别下，受人尊敬的是掠夺性的职业；而不受尊敬的则是日常必需但其中并无显著掠夺因素的职业。

这一区别在现代工业社会中没有明显的重要性，因此经济学作者对此鲜少关注。从指导经济讨论的现代常识来看，这一区别似乎只存在于形式中，不具有实质性。但它成了根深蒂固的普遍成见，甚至在现代生活中也是如此——从我们对不体面职业的惯常厌恶就可见一斑。优越和低劣的区别因人而异。在文化的较早阶段，个人力量对事件进展的影响较为直接和明显，此时掠夺因素对日常生活方式更加重要。人们对这一事实的兴趣也更大。故而以此为基础的区别在那时看起来比现在更为必要和确定。所以，作为发展序列中的事实，这一区别是实质性的，建立在相当可信且具有说服力的基础上。

人们惯于根据兴趣看待事实，随着兴趣发生变化，对事实做出惯常区分的根据也相应改变。我们手头所有事实的特点，其重要性和实质性取决于当时的主要兴趣。任何给定的对某些事实的区别根据，对惯于用不同观点来理解这些事实并为了不同目的来进行评价的人而言，都将显得毫无价值。无论何时何地，人们总是惯于将活动的不同目的和方向做出区分并分门别类；因为这对达成一种工作理论或生活方式来说是必不可少的。在对生活事实进行分类时，起限定性作用的独特观点或独特特征取决于对事实做出区分时的兴趣出发点。事实区分的根据和事实分类的步骤规范，在文化发展的推进过程中逐渐变化；因为一旦理解生活事实的目的有所改变，观点也随之变化。因此，在文化的某一阶段，某些特点被视为一类活动或一个社会阶级的重要决定性特点，但在此后的任何阶段，这些特点在分类目的上将不再具有同样的相对重要性。

然而，标准和观点的改变只能是渐进的过程，一个已被接受的立场很少因此完全消失或遭到全盘否定。人们仍然惯于在生产性和非生产性职业之间做出区别；这一现代的区别无非是未开化文化时期掠夺性和劳役性职业之间区别的变种。人们普遍感觉，这种在战争、政治、公众祭祀和公众欢庆等方面的职业,与为谋生而进行的劳作有本质上的不同。现代与早期未开化体制相比,两类职业之间的确切界线并不完全一致,但大体的区别依旧成立。

事实上,如今不言而喻、众所周知的区别是,任何努力只有当其最终目的在于利用非人类物体时,才算作具有生产性质。人对人的强制性利用并不被视为一种生产性活动;但所有利用非人类环境来改善人类生活的努力,都被归类为生产性活动。最忠实地保留和继承经典传统的经济学家认为,人类"征服自然的能力"如今已被当作生产性的典型事实。这一征服自然的生产性能力被认为包括了人类控制动物生命和控制所有自然力的能力。人类和无理性造物(brute creation)之间的界线由此划分。

在其他时期,在具有不同的先入之见的人们当中,这条界线与我们今天所划的并不完全一样。在蒙昧或未开化生活方式中,这条界线的划分位置不同,划分方式也不一样。未开化文化的所有群落都有普遍清晰的认知,认为存在两大类对立的现象,一类包括未开化人自己,另一类则是其食物。在经济现象与非经济现象之间,未开化人也感觉到一种对立的关系,但并非出于现代式的理解;这种对立关系并不存在于人类和无理性造物之间,而在"有灵性的"(animate)和"无灵性的"(inert)事物之间。

即便有过于谨慎之嫌,我们仍愿在此说明,未开化人所用"有灵性的"这一概念并不等同于"有生命的"(living)。前者并不涵盖所有的生命体,但包括了许多其他事物。例如令人震撼的自然现象——暴风雨、瘟疫、瀑布,都被看作有灵性的,然而果实与草本,甚至不起眼的动物如蝇、蛆、鼠、羊,却通常不被视为"有灵性的"——除非作为一个整体来看。这里所用的这个术语,并不一定暗指内在的灵魂或精神。在相信万物有灵的蒙昧人和未开化人的认知中,某些事物本身具有或被误以为具有引发反应的倾向而令人畏惧,这些事物被归为"有灵性的"。该范畴包括很大范围内的自然物体和自然现象。这一灵性有无之间的区别,至今仍存在于浅薄之人的思维习惯中,并对关于人类生活和自然界进程的流行理论影响深远;但这一区别对我们日常生活的影响,远不及在人类文明和信仰的早期阶段那样广泛和深远。

在未开化人的心目中,对"无灵性的"自然界所提供的物质进行加工和利用,截然不同于与"有灵性的"事物和力量打交道。这条分界线可能不尽精确,并存在变动,但大致的区别真实可感、令人信服,足以影响未开化人的生活方式。对于有灵性的事物,未开化人想象它们因某种目的而进行活动。而正是这种目的论活动的进行,构成了任何对象和现象的"有灵性的"事实。一旦纯朴的蒙昧人或未开化人遇到突如其来的活动,他会用头脑中仅有的现成说法——有关他对自身行动的意识的直接说法——进行解释。于是,这种活动被同化为人类行动,活动对象被同化为人类能动者。处理带有这一特点的现象——特别是其行为明显具有可怕性或迷惑性的现象——与处理"无灵性的"事物相比,需要不同的心态以及不同类型的熟练技巧。对这种现象的成功处理,是掠夺性工作,而不是生产性工作。它展现的是实力,而不是勤奋。

依据这种对灵性有无的朴素区别,原始社会群体的活动趋于分为两种类型,在现代阶段分别被称为掠夺和生产。生产是一种制造新东西的努力,在这被动的("无理性")物质之中,制造者用熟练的双手为其赋予新的目的;而当掠夺导致对能动者有用的结果时,此前由其他能动者用于某种其他目标的能量,被转化为用于他自己目标的能量。我们提到"无理性物体",仍然包含着未开化人对这个术语的深远意义的部分认识。

掠夺和劳役之间的区别,恰与性别之间的差异相吻合。性别的差异,并非只在于身材体魄和肌肉力量,更具决定性的方面或许在于性格气质,而这一点必定在早期引起了相应的劳动分工。一般范畴分为掠夺的活动落在男性身上,是因为男性更结实、更魁梧、更能经受突如其来的剧烈外力,通常更有自我主张、好胜心和攻击性。原始群体的成员在体重、生理特点和性格气质方面也许稍有差异;事实上,在一些我们熟悉的较古老群落——如安达曼人部落——之中,差异相对较少，且无足轻重。然而，一旦基于生理和意向差异的功能分化开始出现，性别之间原有的差异将会进一步扩大。针对新的职业分配，累积性选择适应过程将会出现——尤其当群落的栖息地或接触的动物群需要人们有更坚毅的大量作为之时。经常追捕大型猎物需要更多诸如健壮、敏捷和残暴等男子气质，因而几乎必然会加速和扩大性别间功能的分化。一旦本群体与其他群体产生有敌意的接触，功能的分歧将进一步发展为掠夺与生产之间的区别。

在这样的掠夺性狩猎群体中，强壮男性的职务是战斗和狩猎。女性从事其他需要做的工作——其他不适于从事男性工作的成员在此意义上被归入女性一类。但男性的狩猎和战斗具有共性。两者在本质上都是掠夺；战士和猎手同样都是在侵占他人的成果。他们侵略性地使用武力和计谋，与女性刻苦平淡地处理事务大不相同；这种行为不被看作生产性劳动，而被视为对物品的掠夺性获取。这就是未开化时期得到了最充分发展的男性的工作，与女性的工作大相径庭。任何不涉及展现实力的工作，对男性而言都是毫无价值的。随着传统趋于一致，群落的常识将其上升为行动准则；以致在该文化阶段，对有自尊心的男性来说，除了那些基于实力——力量或计谋——的职业和获得物，其他一切都不值一提。随着掠夺的生活习惯在群落中延续，人们逐渐对此习以为常，强壮男性在社会经济中的公认职责也得以确立：他们在生存斗争中杀死和摧毁那些企图抵抗或逃脱的竞争对手，征服一再入侵的外来势力，并使其俯首称臣。这一掠夺和劳役之间的理论性区别在许多狩猎部落中是如此深入人心，以致男性不得将其杀死的猎物带回家中，他必须让他的女性去完成这一低下工作。

如前所述，掠夺和劳役之间的区别，是职业之间的不公性区别。那些归为掠夺的职业是有价值、光荣和高尚的；而其他不包含掠夺元素的职业——特别是那些隐含从属附庸的职业——是无价值、低贱和可耻的。尊严、价值或荣誉的概念，无论应用于个人还是行动，在阶级发展和阶级区别中都是头等重要的，因此必须就其起源和意义加以说明。其心理学基础可见以下概述。

出于选择淘汰的必然，人是一名能动者。在他自己的理解之中，他是冲动型行动——"目的论"行动——展开的中心。他在每一次动作中寻求成就，这种成就出于具体的、客观的和非个人性的目的。作为这样一名能动者，他喜欢有效率的工作，厌恶无效率的劳动。他看得到效用性或效率的优点，以及无效率、浪费或低能的缺点。这种资质或习性可以被称为工作本能。当生活环境或生活传统导致人与人在效率方面进行习惯性对比时，工作本能使其成为人与人之间的竞争性或不公性比较。这种结果的影响范围，在很大程度上取决于全体人群的气质。在任何人与人之间经常出现这种不公性比较的社群中，可见的成就作为好名声的基础，成为人们追求的目标。人们通过证明自己的效率来获取名声，避免非难。其结果是，工作本能表现为力量的争相炫耀。

在那个社会发展的原始阶段，社群仍然处于惯常的和平——或许同时也是定居——状态，且没有成熟的私有制。个人若想体现其效用，最主要且最符合习惯的方式，是从事能够使群体得以继续生存的职业。在这样的一个群体中，成员在经济层面的竞赛性主要体现在生产效用性方面。同时，成员的竞赛动机并不强烈，竞赛的范围也不是很大。

当社群从和平蒙昧演化到掠夺生活时期时，竞赛条件发生了改变。竞赛的机会大大增多，竞赛的动机也大大加强。男性的活动越来越多地以掠夺为特征；猎手或战士相互之间的比较越来越简单和频繁。实力的真实证据——战利品——在人们的思维习惯中成为生活必备的一个基本特征。追捕或劫掠获得的战利品成为超级力量的可靠证据。侵略成为公认的活动形式，而战利品则成为成功侵略的表面证据。在这一文化阶段中，公认的、有价值的自我主张形式是竞赛；强力掠夺得到的实用物品或服务，是竞赛成功的常规性证据。与之形成鲜明对比的是，除了掠夺，其他任何获取物品的方式都为有身份的男性所不屑。生产工作或个人服务职业的表现，因相同的理由而招致同样的反感。一方面是掠夺性获取，另一方面是生产性职业，其间的不公性区别便以这种方式出现。劳动被视为不光彩的，因而有了令人厌恶的性质。

对原始未开化人而言，在这一概念的简单内容尚未被其自身的衍生和次生同源观念所掩盖之时，"光荣的"似乎只有一个意义，即展现超群的力量。"光荣的"是"令人敬畏的"；"有价值的"是"占优势的"。光荣的行为归根结底只是公认的成功侵略行动；而当侵略意味着与他人或野兽搏斗，最具殊荣的行动就是展现实力。人们习惯于把一切展现力量的行为解释为个性或"意志力"，这一古老而朴素的习惯大大加剧了对实力的传统颂扬。在未开化部落以及较发达文化中流行的尊号（honorific epithets），就通常带有这种不成熟荣誉感的烙印。人们称呼酋长、供奉国王和神明时所使用的尊号和头衔，往往对压倒一切的强力和无法抵抗的毁灭性力量的偏好归于供奉的对象。在今日较文明的社会中，这一情形仍在一定程度上成立——人们将猛兽猛禽作为纹章图案的偏好便是实例。

在未开化社会公认的这种价值观和荣誉观下，杀生——杀死令人敬畏的竞争者，无论是兽还是人——是最光荣的。杀戮这一高级职务，是杀戮者优越地位的表达；每一次杀戮行为，用于杀戮的任何一件工具和附件，都蒙上了一层荣光。武器是光荣的，使用武器成为一种光荣的活动，哪怕是用来杀死最低等的生物。同时，生产性活动相应地变得可憎。在大众的观念里，对强壮的男性来说，使用工具进行生产有辱其尊严。劳动成为令人厌恶的事情。

我们在此假定，在文化的演化历程中，原始人群经历了初始的和平阶段后，下一阶段中争斗（fighting）成为公开的典型活动。但这并不意味着持续的和平亲善突然被首次出现的战斗（combat）所打破，自此进入后续的或较高级的生活阶段。这也并不意味着在转化为掠夺文化阶段后，所有的和平生产都丧失殆尽。可以很有把握地说，某些争斗存在于任何社会发展的早期阶段。例如在争夺异性的竞争中就或多或少存在争斗。已知的原始群体习惯以及大猩猩的习惯证实了该效应，而人类天性中众所周知的激励因素也是佐证同一观点的有力证据。

因此，或许有人认为，不存在此处假设的初始和平生活阶段。在文化的演化中，并不存在某一时刻，于此之前从无争斗发生。但我们考虑的问题不在于争斗是否发生，不在于它是偶然地、间歇地还是频繁地发生，而在于是否出现了习惯性的好斗思维——从争斗的角度出发判断事实和事件的一种通行习惯。掠夺文化阶段仅当以下条件满足时出现：掠夺姿态成为群体成员习惯性的、公认的精神状态；争斗在当前的生活理论中成为主基调；对人对事的公认赞赏均是一种发自战斗角度的赞赏。

因此，和平文化与掠夺文化之间的根本区别在于精神上的区别，而不在于物质上的区别。精神状态的改变是群体物质生活改变的结果，伴随着有利于掠夺的物质环境出现而逐渐发生。掠夺文化的最低限度受生产力所限。只有当生产方式高度发展，在供给谋生者存活之外，尚有足够的余量值得争夺之时，掠夺才有可能成为任何群体或任何阶级的习惯性及常规性资源。因此，从和平到掠夺的转变依赖于技术知识的提高和工具的应用。类似地，掠夺文化在早期是不切实际的，直到武器的高度发展使人变成可怕的动物后，掠夺文化才成为可能。当然，工具和武器的早期发展是从两个不同角度看待的同一事实。

只要对战斗的习惯性依赖并未在人们的日常思维中占据突出地位，也没有成为人们生活的主要特征，该群体的生活就被称作和平的。一个群体可能明显地达到较高的掠夺倾向，那么其生活方式和行事标准可能较多地为掠夺意向所控。倘若该群体的掠夺倾向较低，那么其生活方式和行为标准便较少地为掠夺意向所控。因此，掠夺文化看来是通过掠夺倾向、习惯和传统的累积增长而逐步形成的，这一增长是由于群体生活环境发生了特定的变化，这些变化所发展和保留的是适合掠夺生活——而非和平生活——的人性特征、传统和行为规范。

对于原始文化曾有过这样一个和平阶段的假设，有关证据大部分源自心理学而非民族学，在此无法详述。在后面讨论人性的古老特征在现代文化中的留存那一章中，对此将有部分提及。

第二章
金钱竞赛

在文化的演化历程中，有闲阶级的出现与所有制（ownership）的起源同期发生。这并非巧合，因为这两种制度是同一组经济力量的结果。在这两种制度尚未成型之时，它们只不过是同一个关于社会结构的一般性事实的不同方面。

有闲阶级和所有制正是以其作为社会结构元素——约定事实——的身份，成为我们当前讨论的关注点。终日无所事事并不构成有闲阶级；有关使用和消费的刻板事实也不构成所有制。因此，现在的问题并不在于好逸恶劳何时开始，也不在于实用物品何时开始用于个人消费。我们所要讨论的，一方面是传统的有闲阶级的性质和起源，另一方面是个人所有制成为约定权利或合理权益的开始。

造成有闲阶级与劳动阶级之间区别的早期分化，来自较低级未开化阶段持留于男女工作之间的区分。类似地，所有制最早的形式是较低级未开化阶段社群中健壮男性对女性的所有权。更一般性的说法是男性对女性的所有权，这一说法也与未开化人的生活理论更为贴合。

在占有女性的习俗出现之前，无疑已存在着某些对实用物品的占有。这一观点的证据是，现存的一些古老社群并无男性占有女性的习惯。在所有社群中，无论男性或女性成员，都习惯性地占有多种实用物品，为自己所专用，但人们并不认为这些实用物品属于其占有者或使用者。这种占有和使用少量个人财物的习惯，并未引起所有权问题，即有关身外之物的约定合理权益的问题。

对女性的所有权始于较低级未开化文化阶段，显然以捕获女性俘虏为开端。捕获和占有女性的最初原因，似乎是因为女性能够充当战利品。捕获女性为战利品的做法导致了某种形式的所有制婚姻，形成了以男子为家长的家庭。这一形式又进一步发展，扩大为对女性以外的俘虏和弱势人群的奴役，以及对其他女性（并非自敌方捕获）的所有制婚姻。因此，在掠夺性生活环境下竞赛的结果，一方面是一种依托于强迫的婚姻形式，另一方面是所有制的习俗。这两种制度在其发展初期无法分辨；其产生都是因为成功男性想要展示其战利品的长期结果，以证明自身实力。两者也都促成了所有掠夺社群中普遍存在的控制倾向。所有权的概念从对女性的所有权扩大到包括对其劳动所得的所有权，于是出现了对所有的人和物的所有权。

这样，牢固的物品所有权制度逐渐确立。虽然在发展的最终阶段，物品的可消费性成为其价值的最重要因素，但财富依然保有其功用，能够很好地证明其拥有者的优越地位。

但凡私有财产制度出现之处，即便发展形态很低，经济进程一定会带有人们争夺商品占有权这一性质。在经济学理论中，特别是在那些对现代化经济理论笃信不移的经济学家当中，这种追逐财富的斗争被习惯性地解释为生存斗争。毫无疑问，对效率较低的生产早期阶段而言，这是其大部分情况下的特征。当自然条件极度恶劣、社群成员辛苦谋生却只能勉强维持生计时，也有这样的特征。但在所有处于进展中的社会里，现已出现的发展远远超出了这一技术发展的早期阶段。经济理论中常常提到在这一新的生产基础上进行的进一步财富斗争，认为这是为使生活更舒适而展开的竞争——主要通过消费物品来增加物质享受。

通常认为，获取和积累的目的在于消费，不论是由物品的所有者消费，还是由其所属家庭进行消费——在此意义上两者具有理论同一性。这至少让人感觉是获取行为在经济层面的合理目的，而理论需要考虑的也仅此一点。这种消费当然可以被理解为满足消费者的物质欲望——他的物质享受——或所谓的较高层次欲望——精神、审美、智力或诸如此类的东西；后一类欲望以所有经济学读者都熟悉的方式，

有闲阶级论 | 021

通过消耗物品间接地得到满足。

但只有对其意义进行大幅引申,才可以说物品的消费激励了积累的不断增长。所有制起源的动机是竞赛;同样的竞赛动机在其造成的制度的进一步发展中继续生效,也在与所有制相关的社会结构的所有特征的发展中继续发挥作用。财富的占有意味着荣誉;这是一个不公性区别。就物品的消费和获取而言,尤其是对财富的积累来说,没有任何其他动机具有同等的说服力。

在几乎所有物品都是私有财产的社群中,谋生是社群中较贫穷成员一贯具有的强烈动机,这一点当然不能忽略。那些长期从事体力劳动的阶级,他们的生存岌岌可危,很少占有物品,通常也很少积累物品;对其而言,谋生的需要和增加物质享受的需要一度是获取物品的主要动机。但在我们的讨论中将会谈到,即使对于这样身无分文的阶级,物质欲望这一动机的支配地位也不像人们有时所认为的那样明确。另一方面,对于社群中那些主要关心财富积累的成员和阶级,谋生和物质享受从未成为其主要动机。所有制之所以能够起源并发展成为人类的一种制度,其原因与最低生活水平无关。从一开始,主要的动机就是与财富相联系的不公性区别,在之后的任何发展阶段中,除一些偶然和例外情况外,从无任何其他因素成为主要动机。

最初的财产是成功掠夺得到的战利品。某一群体只要与原始公社组织相去不远，只要它仍然与其他敌对群体有紧密接触，那么，被占有的物品和人员的效用主要就在于体现其占有者和被掠夺对手之间的不公性比较。把个人利益和他所属群体的利益加以区分，显然是后来才出现的习惯。荣誉战利品的拥有者与其社群中相对逊色的其他成员之间的不公性比较，无疑很早就作为被占有物品效用的一个因素而出现，尽管这在一开始并非其价值的主要因素。人的实力从根本上说仍然是群体的实力，战利品的拥有者觉得他自己从根本上说是其群体荣誉的保有者。在社会发展的后期阶段，依然存在这种对掠夺的集体主义看法，对战争荣誉尤其如此。

然而，个人所有制的习俗一旦开始成为常态，人们在对私有财产进行不公性比较时所采取的观点就开始发生改变。事实上，前一种变化只是后一种变化的反映。所有制初期即通过简单的掠夺和强占而获取的时期开始转化，并进入下一阶段，出现了基于私有财产（奴隶）而初步组织的生产活动。游牧部落发展成为具有不同自给程度的生产社群；财产渐渐不再被视为成功侵袭的证据，而是用来体现财产拥有者的地位比社群中其他个体更为优越。不公性比较主要成为所有者与群体内其他成员之间的比较。财产仍然带有战利品的性质，但随着文化的推进，它日渐成为群体成员之间以游牧生活准和平方法进行的所有权比赛中胜利者的战利品。

渐渐地，随着生产活动在社群的日常生活以及人们的思

有闲阶级论 | 023

维习惯中进一步替代掠夺活动，积累的财产逐渐替代了掠夺所得战利品，成为优胜和成功的常规性典型。因此，随着成熟产业的增长，占有财富成为获得声望和敬重的习惯性基础，其相对重要性和有效性不断提升。但这并不意味着其他体现实力的更直接的证据不能再赢得声望，也不是说成功侵略与赫赫战绩不再受到公众的赞赏，或者不再引起较为逊色的竞争对手的钦羡；而只是说，通过直接展示超级力量而出名的机会在范围上日益缩小，频率也日益降低。与此同时，在生产方面获得快速发展的机会以及在游牧生活中以准和平方式积累财富的机会越来越多，在范围和有效性方面都有所增加。更应指出的是，区别于英雄业绩和标志性成就，财产如今成为成功的最易辨识的可信证据。它因此成为获得敬重的常规性基础。若要在社群中取得任何显赫地位，必须拥有一定数量的财产。若想保有好的名声，必须积累和获取财产。一旦这种方式的积累成为效率的公认标记，拥有财产便成为获得敬重的独立而确定的基础。无论是通过自己的侵略性获取而占有的物品，还是从他人那里继承得到的物品，都成为获得声誉的常规性基础。财富的拥有，起初只是简单地作为效率的证据，现在其本身在公众眼里已成为值得称赞的行为。进而，通过先祖或其他先人财产的被动转移而获取的财富，甚至变得比拥有者通过自身努力而获取的财富更具荣誉性；但这种区别属于金钱文化演化的稍后阶段，将在论及时再述。

实力和掠夺可能仍然是获得公众最崇高敬意的基础，但拥有财富则成为普通程度的名声以及无可指责的社会地位的基础。掠夺的本能和随之而来的对掠夺效率的赞许，深深地印刻在历经掠夺文化规则长久熏陶的人们的思维习惯中。在公众眼里，能够获得最高荣誉的人，或是在战争中表现非凡，或是在治国方面成就卓越，直至今日，情况依然如此；但若只是想要普通的良好社会地位，以上获得声望的方法则被物品的获取和积累所替代。为了在社会中取得不错的地位，必须达到某种并不十分确定的常规性财富标准；例如在较早的掠夺阶段，未开化男性须达到部落对体魄、谋略和武器使用能力的标准。对财富以及实力的一定标准成为声望的必要条件，任何在这两方面超越普通标准的事物都值得称道。

社群中有一些成员，依照某种并不十分确定的标准，在实力和财产方面有所不足，因而失去了同伴的敬重；而他本人也感觉有伤自尊，因为旁人所给予的敬重通常是自尊心的基础。只有性格特异的人，才能长期经受同伴的轻视却仍保持其自尊心。这种不符合规律的明显例外尤其来自虔诚的宗教信徒。但这些明显的例外很少真的是例外，因为这些人通常依赖于某种超自然的见证者对他们的行动做出假想中的赞许。

因此，一旦拥有财产成为公众敬意的基础，也就成了我们称为自尊心的自得心态的必要条件。在物品归个人所有的任何社群中，为了让自己获得心理平衡，每个人都必须与他所认为与自己处于同一阶层的其他人拥有同样多的物品，而当他所拥有的物品多于旁人时，更将产生极大的满足感。但某人一旦获取了新的物品，并开始习惯于因此而形成的新的财富标准，这一新标准相较于旧标准所带来的更大满足感便不复存在。在任何情况下，人们都趋于不断地把当前的金钱标准作为寻求财富的进一步增长的出发点；而这又将带来一个新的满足标准，人们会将自己与旁人进行比较，形成新的金钱分级。就目前研究的问题而言，积累物品的目的是要在金钱力量方面优于社群其他成员。只要在这种比较中明显占下风，正常的普通人就会惶惶不可终日；而当他达到社会中或他所在阶级中的正常金钱标准之后，便不再惶惶然，而开始不知疲倦地拼命努力，以求不断扩大自己与这一平均标准之间的金钱差距。这种不公性比较是永无止境的，进行这一比较的人永远不会得到满足，他在争取金钱声誉的斗争中永远希望达到比对手更高的地位。

这种情况的实质是，任何个人对财富的渴望尚且极少得到满足，而满足大众对财富的平均或普遍愿望显然更是毫无可能。无论如何广泛、平均或"公平"地进行分配，都无法通过社会财富的总体增加来满足这种需求，因为每个人都想在物品积累方面超过别人。如果按照人们有时所假定的情况，积累的动机来自谋生或物质享受，那么可以想象，社会的总经济需求会在生产效率提高到某一水平时得到满足；但由于这是建立在不公性比较基础上的声誉争夺，故而没有一种方法能够带来完全的满足。

以上所述并不表示，除了在金钱地位上超群而得到同伴的敬重和钦羡之外，没有任何其他动机促使人们获取和积累物品。在现代工业社会中，增加享受和满足需求是存在于积累过程各个阶段的动机；虽然这些方面的满足标准备受金钱竞赛习惯的影响。在很大程度上，金钱竞赛决定了人们在个人享受和体面生活方面的消费方式和消费品选择。

除此之外，财富带来的权力也是积累的动机。在朴素的公社文化中，生活的主基调是个人与其所属社群不加分析、不加区分地混为一体，这一阶段的人类作为能动者，倾向于从事带有目的性的活动，厌恶徒劳无功。而当人类进入掠夺阶段时，狭义的追逐私利成为生活主基调，但上述倾向作为定义其生活方式的普遍特点仍然存在于他身上。追求成就和厌恶徒劳无功的倾向仍然是经济动机的基础。唯一的改变仅在动机的表达形式上，以及人类在此动机下从事的活动所指向的对象上。在私有制的框架下，显著达成目标的最便捷方法是物品的获取和积累；而当人与人之间的利己性对立发展为更完整的意识形态，对成就的追求——工作本能——越来越多地体现为竭尽全力在金钱成就上超越他人。通过与他人进行不公性比较而得到的相对成就，成为行动的常规性目标。与他人相比时具有优势，成为现时公认的努力工作的合理目标；因此，对徒劳无功的厌恶在相当程度上与竞赛动机相吻合。人们强烈排斥所有影响金钱成功的缺陷及其表现，由此加剧了在金钱声望方面的斗争。目标明确的努力，主要是指那些能够使积累的财富更加可信地展现的努力。因此，在促使人们积累财富的动机之中，无论在范围方面还是强度方面，最重要的仍是金钱竞赛这一动机。

也许无须指出，这里应用的术语"不公性的"（invidious）对该词所指的任何现象并无抑扬褒贬之意。该词只在学术意义上用于人与人之间的比较，在审美或道德观念上对其相对价值或价格进行评估与分等，并由此赋予和定义可能为其自身及他人合理接受的相对心理自得程度。不公性比较是一项对人的价值的评估。

第三章
炫耀性有闲

如果没有其他经济力量或竞赛过程中其他因素的干扰，上文概述的这种金钱斗争的直接影响是使人变得勤俭节约。从某种程度上说，这一结果适用于通常通过生产劳动获取物品的下层阶级，尤其是定居社群中的劳动阶级。这样的社群处于农业生产阶段，其中有相当程度的财产细分，法律或习俗保证了这些劳动阶级对其所生产的产品拥有某种程度的确定份额。这些下层阶级在任何情况下都无法避免劳动，因此从事劳动对他们而言——至少在其阶级内部——并不算非常有失身份。相反，由于劳动是他们认同和接受的生活方式，当获得工作高效的好名声时，他们还会产生一些竞赛获胜的自豪感，而这常常是他们唯一可以参与的竞赛。那些只可能在生产效率和节俭方面获取物品和参与竞赛的人们，通过加倍勤勉节俭，会在一定程度上获得金钱方面的名声。但我们下面将要提到竞赛过程的一些次生性特点，无论是在经济弱势阶级还是在经济优势阶级当中，这些特点都对上述方面的竞赛造成了非常重要的限制和改变。

但就我们当前所关注的经济优势阶级而言，情况有所不同。对于这一阶级，勤俭节约的动机并非不存在，但其作用被金钱竞赛的次生性要求大大限制，以至于任何这方面的倾向实际上都会被压制，任何勤俭节约的动机都会失去作用。最具迫切性同时范围最广的次生性竞赛要求是避免生产工作，在未开化文化阶段尤其如此。在掠夺文化时期，劳动在人们的思维习惯中与软弱和对主人的屈从相联系，因此是地位低下的标识，为有身份的人所不屑。这一传统让人感觉劳动是有失身份的，而该传统从未消失。相反，随着社会进一步分化，公认的古老规则使其获得了不证自明的力量。

为了获得并保持声誉，仅仅占有财富和权力是不够的。财富和权力必须提供证据，只有通过这些证据才能享受声誉。财富的证据不仅能够彰显财富拥有者的重要性，使人们清楚明白地感受到他的重要地位，而且在建立和保持个人的自得心理方面也不无用处。在最低文化阶段以外的其他所有文化阶段，普通人都会因"体面的环境"和免于从事"低贱的工作"而感到身心舒畅，自尊心也得到提升。如果让他被迫放弃他所习惯的体面生活的标准——不管是在生活用品方面还是在日常活动的种类和数量方面，那么无论他的同伴对其褒贬如何，他都会感到其作为人的尊严受到了轻忽。

自古以来关于人们生活方式之尊卑的理论区别，直到今天仍在很大程度上发挥作用，以致几乎所有上层阶级都对粗俗劳动形式抱有本能的厌恶之情。对于那些在我们思维习惯中与粗俗服务相联系的职业，我们清晰地意识到它们有一种形式上的不洁感。所有略有品味的人都感觉到，一些通常由仆人履行的职责不可避免地带有精神污染。对粗鄙的环境、简陋的（即廉价的）生活条件和粗俗的生产职业，人们全无好感，避之不及。它们不符合遂心如意的精神生活——不符合"高尚情操"。从希腊哲学家时代至今，一定程度的有闲以及不接触直接服务于日常生活的生产进程，总是被有识之士视为受尊敬的、完美的乃至无懈可击的人类生活的前提。无论就其自身而言还是就其结果而言，有闲生活在所有文明人的眼中都是美好而高贵的。

有闲——以及财富的其他证据——这一直接而主观的价值，无疑在很大程度上具有次生性和衍生性。这种价值一部分反映了有闲作为获得他人尊敬的方法之效用，一部分是心理替代的结果。人们普遍将从事劳动看作弱势的常规性证据，因此在心理上理所当然地认为劳动本身是低贱的。

在严格意义上的掠夺阶段，特别是在其后的准和平生产发展的前期，有闲生活是金钱优势——也就是超群力量——最现成、最具说服力的证据。这一说法的前提假设是，有闲绅士生活在显而易见的安逸舒适的环境之中。在此阶段，财富的主要构成是奴隶；享有财富和权力所带来的利益，主要表现为获得私人服务或得到私人服务的直接产物。因此，炫耀性地不劳动成为经济实力和崇高声誉的常规性指标；反过来，由于从事生产劳动标志着贫穷和臣服，它与受人尊敬的社会地位是相抵触的。因此，盛行的金钱竞赛并未使勤俭节约的习惯得到同步发展。恰恰相反，这类竞赛间接地阻碍了人们对生产劳动的参与。劳动作为贫穷的证据，不可避免地成为不光彩之事；哪怕劳动在承自早期文化阶段的古老传统中并不被视为有失体统，结果也依然如此。根据掠夺文化的古老传统，生产劳动对健壮男子而言是有失身份的，理当避免；而在掠夺的生活方式逐渐演变为准和平生活方式的过程中，这一传统并未被摒弃，反而得到了强化。

由于生产职业被贴上了不光彩的标签，有闲阶级制度即便并未紧随个人所有制的萌芽而产生，也势必会作为个人所有制的一个早期衍生结果而出现。值得注意的是，虽然有闲阶级在理论上产生于掠夺文化之初，但随着掠夺阶段向下一个文化金钱阶段转变，这一制度获得了更加完整的全新意义。正是从这时起，"有闲阶级"不仅存在于理论之中，也存在于现实之中。从这时起，有闲阶级制度开始有了完整的形式。

在严格意义上的掠夺阶段，有闲阶级和劳动阶级之间的区别在某种程度上只是形式上的区别。强壮的男性对于他们眼中不体面的苦工贱役心存猜忌，置身事外；但这些活动实际上对群体的维系贡献颇丰。下一个阶段是准和平生产阶段，其特征通常是：奴隶制确立，人们开始饲养牲畜，并出现了牧人这一奴仆阶级；此时生产已经发展到一定程度，社群生计不再依赖于追猎或其他任何形式可归为掠夺的活动。从此以后，炫耀性地避免所有实用性职业，成为有闲阶级生活的代表性特征。

在有闲阶级生活史的这一成熟阶段，常见典型职业的形式与其早期的形式十分相似，仍为政务、战争、体育运动和宗教仪式。执拗于复杂理论细节的人，可能认为这些职业仍偶尔或间接带有"生产性"；但对于当前的问题，需要肯定地指出，有闲阶级从事这些职业，其通常的、表面的动机肯定不是通过生产性工作增加财富。在此阶段以及任何其他文化阶段，参与政务和战争的目的，至少部分是金钱利益；但这种利益是通过攫取和侵占财产等光荣方式而得来的。这些职业的实质是掠夺，而非生产。追猎的情况与此类似，但也存在区别。随着社群告别狩猎阶段，狩猎逐渐演化为两种不同的活动。一方面它是一种行业，主要为谋利而进行；在这一点上完全不存在——或至少并不充分存在——掠夺因素，从而不会影响该产业谋利的本质。另一方面，追猎也是一种体育运动——掠夺冲动的纯粹练习。这一活动不具有任何金钱方面的可观动机，但它包含了不同程度的掠夺因素。追猎的后一种发展形态摒除了一切劳动属性，其本身值得赞许，

有闲阶级论 | 033

且与发展成熟的有闲阶级的生活方式高度契合。

免于劳动不仅是光荣或值得赞许的行为,还逐渐成为体面的必要条件。在积累财富的早期阶段,人们天真而迫切地坚持将财产作为声誉的基础。免于劳动是财富的常规性证据,并因此成为社会地位的常规性标志;这种对财富功效的坚持,导致了对有闲的加倍坚持。事物显著的特征便是其本身的特征(Nota notæ est nota rei ipsius)。按照人类本性的确定法则,惯例(prescription)利用了财富的这一常规性证据,将其植入人们的思维习惯中,使人们认为该证据本身是具有实质性价值的高贵事物;与此同时,经过同样的过程,生产劳动成为双重意义上的不具有内在价值的低贱事物。最终,在惯例的作用下,劳动不仅成为社群成员眼中的不体面行为,更是高贵的自由人在道义上不可能从事的活动,与受尊敬的生活背道而驰。

这种对劳动的禁忌进一步影响了阶级之间的生产性分化。随着人口密度增加,掠夺群体逐渐成为定居的生产社群,合法当权者与支配所有权的习俗在范畴上不断增加,连贯性也越发增强。通过简单的捕获来积累财富现在已无可能,根据同样的逻辑,通过劳动获取物品对志存高远但不名一文的人而言同样也不切实际。他们所面临的出路可能无非两条:或是沦为乞丐,或是一贫如洗。只要炫耀性有闲的规则有机会淋漓尽致地展现其趋势,就会出现一个次生的、在某种意义上虚假的有闲阶级——他们穷酸落魄，过着朝不保夕的潦倒生活，但在精神上却不甘屈尊忍辱去从事谋利事务。曾经辉煌却风光不再的绅士淑女，即便在今天也不罕见。这种盛行的哪怕从事一点点体力劳动都有失身份的感觉，对所有文明民族以及所有处于较不发达的金钱文化中的民族而言都绝不陌生。情感细腻脆弱、长期习惯于文雅举止的人，对体力劳动的羞耻感可能会非常强烈，甚至使其在关键时刻丧失自卫本能。例如，我们听说，有些波利尼西亚酋长迫于礼数的压力，宁可挨饿也不愿用自己的手把食物放入口中。诚然，这一行为可能的原因——至少部分原因——是酋长身上的过度圣洁或禁忌。这一禁忌会通过与他双手的接触而传递，使得被他接触过的任何东西都不适于作为食品。但这种禁忌本身的来源，在于劳动被视为有失身份的、不符合道德准则的活动；因此，即便在这个意义上分析，波利尼西亚酋长的行为确实遵循了荣誉性有闲的准则，并不像乍看之下那样荒唐。一位法国国王提供了一个更好的或至少是不会引起误会的例子，据说他在奉行礼仪时因过分守德而丧生。这位国王毫无怨言地坐定烤火，由于专职仆人不在，没有人替他移动宝座，导致龙体灼伤，终告不治。但通过此举，这位"法国国王陛下"得以免遭世俗荼毒。

最可恶莫过于求生害仁，

有闲阶级论 | 035

为保命丧失生命之根本。①

前文已指出,这里所使用的"有闲"一词,并不意味着好逸恶劳或无所事事。它的意思是时间的无产出消费。时间受到无产出消费:(1)意味着人们认为生产工作毫无价值,(2)人们将其作为有足够金钱能力懒散度日的证据。在旁观者看来,令他们印象深刻的这种荣誉性有闲场面在理想状态下构成了有闲绅士的生活。然而,有闲绅士的生活并非全然在旁观者的目击下度过。有些时候他们难免远离公众视线,为了保持好名声,这部分时间需要有令人信服的说明。他应当找到某种方法,来证明其未在旁观者目击下度过的有闲时光。这只能通过展示有闲时间的一些耐久的有形结果来间接实现——就像有闲绅士所雇用的工匠和仆从,也是通过耐久的有形产品来展示其从事的劳动。

生产劳动的耐久证据是其物质产品——通常是某种消费品。掠夺与此类似,通常可能产生一些用以展示的具体结果,如战利品和掠夺物。在发展的后期阶段,荣誉奖章和奖牌通常被认可为掠夺的标志,同时又显示出掠夺的质量或程度。随着人口密度的增加,以及人际关系的复杂化和多样

---

① 原文为拉丁语:"*Summum crede nefas animam præferre pudori, Et propter vitam vivendi perdere causas.*"语出古罗马讽刺诗人尤维纳利斯(Juvenal,约60~约140)《讽刺诗》第八首。——译注

化，生活的所有细节都经历着规划和选择的过程；在这一规划过程中，战利品的用途发展为包括各种头衔、称号、等级和徽章的系统，其中典型的例子是纹章、勋章和荣誉性装饰。

从经济角度看，有闲作为一种职业，在类型上与掠夺生活密切相关；而成就作为有闲生活的特征及其礼节性准则，与掠夺得到的战利品之间有许多共同之处。但狭义的有闲——区别于掠夺，也区别于对无实质性用途对象进行加工的表观生产性职业——通常不产生物质产品。因此，判定有闲的过往表现的标准，通常取"非物质"物品的形式。过往有闲的这种非物质证据是准学术性的或准艺术性的成就，以及关于对人类生活发展并无直接助益的过程和事件的知识，例如当今时代存在的以下方面的知识：死语言和神秘科学，正确的拼写，句法和韵律，各种形式的家庭音乐和其他持家本领，服饰、家具和装备的最新式样，体育竞技和良种动物培育（如犬和赛马）。在所有这些知识领域中，促使知识开始积累并形成风气的初始动机或许不是展示某人的时间并未用于生产性职业，而是其他一些颇为不同的东西；然而，唯有当这些成就能用作时间消费于非生产性目的的证据时，它们才有可能留存于世，成为有闲阶级的常规性成就。

在某种意义上，这些成就可以归入学识分支。除此之外，还有一系列其他社会事实，逐渐脱离学识领域，而被归入仪态举止领域。例如一般所说的礼貌（manners）、教养、文雅用语、礼节（decorum）和正式礼仪仪式（ceremonial observances）。这类事实能够更加明显直接地被观察到，因而人们更加广泛而迫切地坚持将其作为相当程度有闲的必要证据。值得指出的是，与以后的文化发展阶段相比，在炫耀性有闲作为最流行的声誉标志的文化阶段，一般礼貌领域中的所有礼仪仪式对人的名声所起的作用都更为重要。众所周知，凡涉及礼节之处，准和平生产阶段的未开化人的教养胜过下一阶段中的所有人——特别讲究者除外。事实上，自从家长制阶段消亡后，整个社会在礼貌方面不断退化，这是尽人皆知的事情，或者说至少是人们当下的看法。许多老派绅士痛心疾首地哀叹：现代工业社会中，即便是上流阶级，其礼貌方面也有失体统。而劳动阶级中礼仪规范的衰退——或称为生活的庸俗化——在所有多愁善感的人眼中，成为近代文明的主要毒瘤。暂且不论种种贬低意见，规范在碌碌营营者手中的衰退，说明礼节是有闲阶级生活的产物和体现，只有在身份制度下才能得到全面贯彻。

礼貌的起源——更好的说法是衍生——无疑就在于人们为了举止得体而有意识地付出努力，这表现出礼貌的养成耗费了大量时间。创新和设计的直接目标，是在提升美和增强表现力方面达到更高的效率。得体习惯的仪式规范，其开始与发展在很大程度上源于人们劝慰或表达善意的愿望，正如人类学家和社会学家通常假定的那样。在之后的任何发展阶段中，这一初始动机在举止得体之人的行为中鲜有缺席。我们被告知，礼貌一部分是对仪态的精心设计，一部分是象征性、常规性的留存习惯，代表着从前的支配行为、个人服务行为或个人接触行为。据我们所知，在很大程度上，礼貌是身份关系的表达——分别是主与仆的象征性手势（pantomime）。现有的生活模式中，只要沾染了掠夺的思维习惯以及由此而来的主仆态度，行动方面的拘泥形式就极度重要，人们恪守次第等级时的严谨程度接近于准和平游牧文化阶段的未开化人所设定的理想状态。对于这一精神遗风，一些欧洲大陆国家提供了很好的例子。这些社会中的成员与古人的理想态度相似，认为礼貌具有内在价值，理应获得赞誉。

礼节始于象征和手势，其用途只是展示符号化的事实和特征；但不久便经历了转变，人们通常忽略了人际交往中的符号性事实。在公众的观念中，礼貌本身逐渐有了实质性的效用；它们披上了神圣的色彩，在很大程度上已与其原先预设的作用无关。对礼节规范的背离遭到所有人发自内心的憎恶，在日常观念中，良好的教养并不仅仅是人类美德的外在标识，而是有价值的人类灵魂必不可少的特征。很少有其他事情能够像违背礼节那样激起我们本能的憎恶，我们如今已经自然而然地认为遵守礼仪（etiquette）具有其内在价值，以致几乎没有人能够将冒犯礼仪这件事情与冒犯者本身的低贱区分开来。违背信仰或许能够得到原谅，但违背礼节绝对不容宽恕。"人无礼不立。"①

尽管在施行者和旁观者看来，礼貌具有这种内在效用，但认为礼节具有内在正确性的看法只是礼貌和教养的流行风气形成的直接依据。更深层次的经济学依据在于，有闲是光荣的，或者说以非生产性方式使用时间和精力是光荣的——若不付出这些时间和精力，不可能养成良好礼貌。礼仪方面的知识和习惯，唯有通过长期不间断的应用方能取得。生活的精致品味、礼貌和习惯是绅士气质的有用证据，因为良好的教养需要时间、练习和经费，故而对时间和精力被工作占用的人来说是无法企及的。对拥有良好教养的人而言，礼仪方面的知识是表面证据，说明他有价值地度过了旁人看不到的那部分生活，将其用于取得成就，而不是谋利。归根结底，礼貌的价值在于它们是有闲生活的凭证这一事实。因此，反过来说，由于有闲是获得金钱声誉的常规性方法，所有渴望在金钱上有些许体面的人，都必须对礼节有一定程度的掌握。

为了获得声望，那些未在旁人目击下度过的荣誉有闲生活，必须留下具体可见的结果以资证明，这些结果具有可度量性，能够与渴望声誉的其他竞争者的同类结果进行比较。

---

① 这是一句英文谚语：Manners maketh man。——译注

一些诸如从容不迫的礼貌举止等效果，纯粹源自长期免于工作，即使当事人并未对此专注思考，也并未刻意营造悠闲从容的富足感和权势感。以这种方式持续了几代的有闲生活，似乎尤其会对人的形态——特别是对其惯常的举止和风度——产生持久而确定的影响。然而，此人身上所有来自经年累世的有闲生活的启示，以及所有通过被动习惯而获得的礼节熟练度，是能够得到进一步改进的：他需要对之加以思考，并勤勉地学习获取光荣有闲的特征，然后对免于工作的这些外在特征进行严格的系统性展示。显然，这是一个节点，此时的不惜工本能实质性地提高有闲阶级属性的得体熟练度。从另一方面说，熟练度越高，恪守仪式习惯——并无获利或其他直接实用性目的——的迹象越明显，意味着此过程所需花费的相关时间和物质越多，因而得到的声誉就越高。于是，在良好礼貌熟练度的竞争中，人们为了培养礼节习惯煞费苦心；也因此，礼节的细节发展为一套综合性制度，若想要在声誉方面无可指摘，就必须遵守这套制度。另一方面，衍生出礼仪制度的炫耀性有闲，也因此逐渐发展为对仪态举止的复杂训练，以及辨识高雅消费品和消费方式的品味教育。

这方面值得注意的是，通过精确的模仿和系统的训练，有可能造成个人及其习惯的病态特征和其他特殊气质，这一点已被用来有意识地培养有教养的阶级——常常能达到非令人满意的效果。这样，通过俗称为势利的过程，相当数量的家庭和家族实现了高贵出身和教养的速成式发展。这一高贵出身的速成式发展所达成的结果，就其在人群中培养有闲阶级的效用性而言，绝不会大大逊色于那些可能在金钱财产方面训练时间较长但不那么严格的人。

此外，对牵涉到礼节手段与消费方式的各种细枝末节，其最新公认规范的符合程度是可度量的。在这些方面的表现与理想情况的符合程度因人而异，可根据礼貌和教养的渐进尺度，准确有效地对其分等分级。这方面声誉的授予一般建立在诚信基础上，其依据在于相关事物是否符合公认的品味标准，并不会特意考虑声誉候选人的任何金钱地位或有闲程度；但授予声誉所遵照的品味标准，实际上处于不断的改变和修正中，以期更加符合要求。所以，尽管鉴别的大致依据可能不一样，但良好教养的普遍原则及其经久不变的考验方法仍然是时间的实质性明显耗费这一要求。在这个原则的范畴内，细节可能存在相当大的变化，但只是形式和表达方式上的变化，不具有实质性。

日常交往中的大部分礼貌举止（courtesy）当然都是体贴和善意的直接表达，在大多数情况下，无须深究这一行为元素的深层依据，以解释其为何存在或如何得到认可；但这对礼数规范（code of proprieties）并不成立。因为，后者是身份的表达。任何明眼人当然都很清楚，我们对仆人和其他在经济上处于从属地位的下级的态度,正是身份关系中上层人士的态度,尽管我们已经对原本粗鲁的主人态度做了大幅度调整及缓和。类似地,我们对上司的态度,以及很大程度上对同等地位人士的态度,或多或少地表现出惯常的恭顺态度。且看高尚的绅士或淑女的娴熟表现,如此有力地证明了他们的经济状况之优越与独立,同时也以令人信服的力量告诉我们何为正确,何为高雅。正是在这一无人超越也鲜有匹敌的最高有闲阶级中,礼节得到了最充分、最成熟的表达;也正是该最高阶级制定出礼节的确定形式,成为其下阶级的行为标准。这里也再明显不过:这一准则是一种身份准则,它与所有粗俗的生产工作不相容。天赐的自信和傲慢的谦恭,习惯于旁人的俯首帖耳,无须为明日担忧,这些是绅士与生俱来的权利与处事原则;然而在公众看来还不限于此,这种举止被公认为具有内在的卓越价值,出身低微的平民乐于对其卑躬屈膝。

正如前一章所指出的,有理由相信所有制始于对人的所有权,主要是对女性的所有权。获取这些产权的动机显然有,(1)控制欲和强迫欲;(2)用这些被占有者证明其主人实力的效用;(3)其服务的效用。

个人服务在经济发展中占有特殊地位。在准和平生产阶段,特别是在其早期的生产发展阶段,个人服务的效用似乎通常是获取人力财产的主要动机。仆人的价值在于他们提供的服务。但这一动机之所以居于支配地位，并不是因为仆人在其他两方面的效用的绝对重要性有所下降，而是因为生活状况的改变突出了仆人的最后一个效用。女性和其他奴隶受到高度重视，他们既是财富的证明，也是积累财富的手段。在农耕部落中，女性和奴隶同家畜一样，是获取利润的常见投资形式。女性奴隶是准和平文化阶段经济生活中的重要特征，在处于该文化阶段——例如荷马时代[①]——的民族中，女性甚至被当作一种价值单位。在这种情况下，几乎毫无疑义，奴隶制是生产系统的基础，女性通常处于被奴役地位。这一系统中的主要人际关系是主仆关系。拥有财富的公认证据是拥有大量女性，以及拥有随后出现的负责照料主人、为主人生产物品的其他奴隶。

不久出现了一种劳动分工，即对主人的个人服务与照料成为一部分仆人的专职工作，而那些完全从事生产性职业的仆人与主人的直接联系越来越少。与此同时，那些从事个人服务（包括家务）的仆人，逐渐得以免于从事谋利的生产工作。

对一般生产性职业的豁免是一个渐进过程，通常从妻子

[①] 荷马时代也称为"英雄时代"或"黑暗时代"，时间约为公元前12世纪到公元前9世纪，其间古希腊地区在迈锡尼文明灭亡后重回氏族部落时期。——译注

或正妻开始。当社群发展到具备了定居的生活习惯之后，从敌对部落抢妻便难以当作其习惯性来源。这一文化进步实现后，正妻通常都出身高贵，而这一事实将使她更快地免于从事粗俗职业。高贵出身这一概念起源的方式及其在婚姻发展中的地位，在此无法讨论。此处只须说明，与累积财富或专属特权的长期接触，造就了高贵的出身。有这样身世的女性是婚姻的首选，一是可与她强大的亲戚结盟，二是因为人们感觉有财有势的家族的血统具有内在的卓越价值。妻子仍然是她丈夫的动产，正如她在被购买前是她父亲的动产一样，但她同时又具有来自父亲的高贵出身；因此她若从事其他仆人从事的低俗职业，会显得不合情理。不管她多么彻底地接受主人的控制，不管她与自己出生的社会阶层中的男性成员相比地位如何低下，由于她继承了她父亲的出身，这一原则使她居于一般奴隶之上；一旦这一原则有了约定俗成的权威性，她便在某种程度上被赋予了作为高贵出身主要特点的有闲特权。在这个出身可承袭原则的推动下，如果主人的财力允许，妻子的豁免范围将进一步扩大，直到她不再需要从事手工劳动和低贱杂役。随着生产的发展，财产越来越集中在相对较少的人手中，上层阶级所拥有财富的惯常标准得到提高。此后主人的其他（如果有的话）妻妾，以及直接服侍主人的其他仆人，也将逐渐享受到对手工劳动的豁免权，并随着时间的推移不再从事琐碎家务。而与主人关系较远的仆人,则较晚享受到类似的豁免。

如果主人的经济状况许可,鉴于个人服务的极端重要性,私人佣工或贴身仆人这一特殊阶级的发展受到进一步的推动。作为价值和荣誉的体现,主人的贵体最为重要。为了他在社会中的声誉地位,也为了他的自尊心,他高效的专业仆人必须能随时听候吩咐,他们的主职不能被任何副职干扰。这些专业仆人的效用更多地在于展示,而不是实际提供的服务。如果说他们不仅仅用于展示,那么他们对其主人的作用主要是满足他的控制欲。管理不断增加的家庭装备确实可能需要增加劳力;但由于装置的增加通常只是用来提高声誉而不是为了舒适,这一需求并不迫切。所有这些应用领域都可以由大量高度专业化的仆人更好地实现。因此,其结果是家仆和贴身仆人的数量不断增加,他们的分工差异也不断扩大,与此同时,这些仆人逐渐得以免于从事生产性劳动。由于他们的作用是证明其主人的财力,这些仆人的工作所包含的职责越来越少,他们的服务最终将变得有名无实。对那些为主人提供最直接、最显眼服务的仆人而言,情况尤为如此。因此,这些人的主要用处在于炫耀性地展示他们对生产劳动的豁免,同时证明其主人的财富和权力足以提供这项豁免。

在雇用大群特殊仆人来展现炫耀性有闲的做法取得相当进展后,男性开始超越女性,成为需要抛头露面的服务的理想人选。男性，尤其是精力充沛、风度翩翩的男性，在作为随从等仆人时，明显地比女性更有效、更奢侈。他们更适合这项工作，因为能显示出更多的时间和人力耗费。于是，在有闲阶级经济中，早期父权社会里带着一群侍女辛勤忙碌的家庭主妇成为过去式，取而代之的是贵妇与一众跟班。

在经济发展的任何阶段，在三六九等、各行各业中，贵妇及其跟班的有闲与绅士自身的有闲是不同的，其区别在于前者是明显很辛苦的一种职业。在很大程度上，这一职业的形式是无微不至地照顾主人，或面面俱到地维护和使用家庭设备；因此，这个阶级的所谓有闲，只体现在他们很少或完全不从事生产性工作，并不意味着他们避免了所有辛苦劳动。由贵妇或由家庭内宅仆人完成的工作通常十分繁重，这些工作也经常被赋予特定的宗旨，即它们对维持整个家庭的舒适性必不可少。只要这些服务能使主人或家庭其他成员更加健康或更加舒适，它们就被看作有效的工作。只有这部分有效工作以外的剩余部分，才被归类为有闲的表现。

但许多在现代日常生活中被归为家务的事务，以及许多为文明人的舒适生活所必需的"实用性"事务，具有仪式特征。因此，根据"有闲"在本文的意义，它们应当归为有闲的表现。尽管这些事务主要带有或完全带有仪式性，但它们从体面生活的角度看必不可少，即便对个人享受而言也依然不可或缺。然而，这些事务由其仪式性而具备了强制性和必要性，是因为我们被灌输了这样的需求，否则便会在礼仪方面陷入污秽卑鄙的境地。少了这些事务，我们会感觉不舒服，但并不是因为这会直接引起身体不适；尚未形成传统善恶观的人，也不会因此而感觉其品位受到冒犯。根据以上所述，在这些事务中花费的精力应当归类为有闲；如果这种有闲并非由经济独立的家庭负责人实施，则被称为代理（vicarious）有闲。

由家庭主妇和家仆实施的家务名目下的代理有闲，常常会演变成苦差事，特别是在声誉竞争紧张激烈之处。这在现代生活中很常见。在这种情况下，构成仆人阶层职责的家务或许更应被称为徒劳，而不是代理有闲。但后一种名称的优点在于说明了这些家务职责的由来，并清楚地表明了其效用的实质性经济基础；因为这些职业的主要用途是通过明显地耗费一定数量的时间和精力，来提高主人或整个家庭的金钱声誉。

这样就产生了附属或衍生有闲阶级，其职业是为原始或正统有闲阶级的声誉实施代理有闲。代理有闲阶级与有闲阶级的区别在于其习惯性生活方式的特点。主人阶级的有闲，至少从表面上看，是放纵自己不劳动的倾向，来提升主人自身的幸福感和满足感；但仆从阶级免于生产劳动的有闲，只是他们某种形式的表演，通常或主要目的并非其自身的舒适。仆人的有闲并非他自己的有闲。只要他是一个完整意义上的仆人，同时并不是正统有闲阶级中的低级成员，他的有闲通常是在专业服务的名义下度过的,而他的专业服务是为了进一步完善主人的生活。这种从属关系,明显地体现在仆人的行为举止和生活方式中。在妻子仍被主要视为仆人的漫长经济阶段中——也就是在男性族长制依然大行其道之时,类似的情况也发生在妻子身上。为了满足有闲阶级生活方式的要求,仆人不仅要表现出恭顺态度,也要表现出这种恭顺态度是特殊训练和反复练习的结果。仆人或妻子不仅要履行一定的职责并展现顺从的性格,更重要的是,他们应该显示出在恭顺方面的熟练技巧——训练有素,符合有效和炫耀性恭顺的标准。即使在今天,展现仆从关系时的天赋和技巧,仍构成高薪仆人的主要效用因素,也是有良好教养的家庭主妇的主要魅力之一。

一个好仆人的首要条件,是清楚地知道自己的地位。光知道如何实现某些预期的机械式结果是不够的,最重要的是他必须知道如何以适当的形式去影响这些结果。家政服务可以说有其精神性功能,并非机械式工作。于是逐渐形成了一个复杂的礼仪系统,特别用来管理仆人阶级实施代理有闲的方式。任何违反这些礼数标准的行为都会遭到轻视,主要原因不在于类似行为显示出仆人机械效率不高,甚至也不在于这暴露了仆人不具备恭顺的态度和气质,归根结底是因为这显示出特殊训练的缺失。个人服务的特殊训练需要时间和精力,明显的高水平服务说明该仆人无论过去还是现在都没有习惯性地介入任何生产性职业。这是代理有闲可追溯到久远以前的表面证据。因此，训练有素的服务所具有的效用，不仅在于满足主人对精良手艺的本能喜爱以及他对附庸人员的明显控制欲，更重要的是，与展示未经训练人员所实施的炫耀性有闲相比，此举能够证明主人所花费的人力更多。如果一位绅士的管家或男仆在摆放餐桌或备马套车时，因缺乏规范而使人认为他的习惯性职业可能是耕田或牧羊，那将是一大悲剧。这种拙劣的工作意味着主人没有能力雇用训练有素的仆人；也就是说，这意味着他无法耗费必要的时间、精力和教导，来训练出遵照严格规范提供特殊服务的仆人。如果仆人的表现体现出主人的资源不足，仆人存在的主要实质性目的将遭到破坏，因为仆人的主要用途是证明主人的财力。

或许会有人认为，以上所述意味着缺乏训练的仆人的罪过在于直接暗示了主人雇用他们的花费很少，或主人雇用他们是为了实际用途。这种观点当然不正确，并不存在如此直接的关联。这里所发生的只会是一般的情况。最初因为任何原因得到我们认可的事物，不久都会因其本身所带来的满足感而吸引我们；它渐渐成为我们思维习惯中本质正确的存在。然而，任何具体的仪态准则若想持续受到青睐，就必须继续得到构成其发展规范的习惯或倾向的支持，或至少不与之相左。对代理有闲或炫耀性服务消费的需求，是豢养仆人的重要激励。既然如此，可能无需太多讨论就能得出以下结论：任何对公认惯例的背离——这暗示着仆人学艺不精——都会使人难以忍受。对昂贵的代理有闲的需要，通过引导我们形成品味——对于这些事情正确与否的观念——间接地、选择性地起作用，并通过否定那些违背惯例的做法来将其剔除。

随着普遍公认的财富标准的提高，拥有和使用仆人作为一种表现富裕的手段也有所改进。豢养从事生产工作的奴隶证明了主人拥有财富和实力，但豢养不从事任何生产工作的仆人证明了主人拥有更多的财富和更强的实力。在此原则下，出现了一类多多益善的仆人，其唯一的职责是稀里糊涂地听凭主人差遣，以证明主人有能力白白消耗大量服务人力。于是，在仆人或附庸人员中产生了一类劳工，倾其一生维护有闲绅士的荣誉。就这样，主人豢养一群人为他生产商品，豢养另一群人——通常以妻子或正妻为首——为他消费，展现炫耀性有闲；由此证明他能承受巨大的金钱耗费，而骄人财力不受影响。

就以上这段对家政服务的发展和性质颇为理想化的概述而言，与其最接近的文化阶段是本书中所说的"准和平"生产阶段。在这一阶段，个人服务首次上升到经济制度的地位，并且在社会生活方式中占据最主要的位置。在文化的发展进程中，准和平阶段出现于掠夺阶段之后，二者是未开化生活中的两个紧邻阶段。准和平阶段的特征是遵守和平与秩序，但该阶段生活中存在许多压迫和阶级对立，因此不能称作完全意义上的和平。在许多方面，若从经济以外的角度来看，也可以将其命名为身份（status）阶段。"身份"一词很好地总结了这一阶段中处理人际关系的方法，以及处于该文化水平的人们的精神态度。但作为表征主要生产方式的术语，同时为表明在该经济发展阶段的生产发展趋势，"准和平"这一术语似乎更为可取。就西方文化的社会而言，这一经济发展阶段可能已成为历史，唯一的例外是社会中一个数量很少但非常显眼的部分，其中未开化文化特有的思维习惯只受到相对较少的破坏。

个人服务仍然是一个非常重要的经济因素，特别是在商品的分配和消费方面；但即便在这一方面，其相对重要性也无疑不及从前。代理有闲最充分的发展时期在过去，而不在当下，它在当下的最好表达可见于上层有闲阶级的生活方式。那些来自更古老文化阶段中的传统、习俗和思维习惯，能在现代文化中得到如此广泛的认可以及如此高效的发展，该阶级功不可没。

在现代工业社会中，可为日常生活提供舒适便利的机械装置得到高度发展。除非是为了沿袭过去的传统声誉标准，如今几乎无人雇用贴身仆人乃至任何类型的家仆。唯一的例外是受雇照料老弱病残者的服务人员。但这样的服务人员应被归类为受过训练的护士，而不是家政人员，因此他们虽看似规则的例外，实则不然。

例如，现今的中等富裕家庭雇用家仆的大致理由是，家庭成员无法心情舒畅地完成这样一个现代化家族所要求的工作。而他们无法完成这些工作的理由是，(1) 他们有太多的"社会职责"，以及 (2) 需要做的工作太多太困难。这两个原因可以重新表述如下：(1) 在强制性的礼仪规范下，这样一个家族中家庭成员的时间和精力，说起来全部都需要花在实现炫耀性有闲之上，包括礼节性拜访、驱车旅行、俱乐部、缝纫会①、体育运动、慈善团体以及其他类似的社交活动。将时间和精力都花在上述活动中的这些人私下里承认，所有这些仪式以及伴随而来的对服饰的讲究和其他炫耀性消费都非常令人厌恶，却完全无法避免。(2) 出于商品的炫耀性消费的要求，在住宅、家具、饰品、衣柜和膳食等方面，生活器具已经发展到相当精细繁复的地步，以致消费者必须在他人的帮助下才能正常使用。与帮助完成日常工作的被雇者的个人接触，对家庭成员而言通常是不愉快的，但必须忍受并支付报酬，以使他们分担这项麻烦的家庭用品消费。家政服务人员以及高水平贴身仆人这类特殊的存在，是有闲阶级为了金钱礼仪的道德需求而在物质享受方面做出的让步。

---

① 美国社会定期举行的慈善集会，参与者多为女性，常常讨论八卦或政治。——译注

代理有闲在现代生活中的最大体现是所谓家务职责。这些职责很快成为一类服务，其主要目的并非家长的个人利益，而是整个家庭的整体声誉——而家庭主妇在这个集体中是一个具有表面平等地位的成员。一旦这些职责所服务的家庭背弃了其古老的占有式婚姻基础，这些家务职责自然就不再属于原始意义上的代理有闲范畴；除非它们是由雇用的仆人实施的。也就是说，就生活现实而言，由于代理有闲的实施只能建立在身份地位或雇佣服务的基础上，一旦人际交流中的身份关系消失，在这方面的代理有闲也就随之消失。但还须在此基础上再限定一点：只要家庭存在，即使分裂为多个家长，为了保持家庭声誉而从事的这一类非生产性劳动仍应归为代理有闲，虽然其意义稍有改变。在此情况下，有闲是为了准个人化的共同家庭而实施，不再像以前那样仅为家庭的唯一家长而实施。

第四章
炫耀性消费

在前文关于代理有闲阶级的演化及其从劳工阶级整体中分化出来的叙述中，已经提到了劳动的进一步分工，即在不同类别仆人之间的分工。一部分仆人——主要是以代理有闲为职业的那些——开始承担新的附属职责——物品的炫耀性消费。实行这种消费的最明显形式，是身着号衣①和享用宽敞的仆人住房。另一个几乎同样显眼或同样有效且更为广泛流行的炫耀性消费形式，是贵妇和其他家庭成员对食物、衣服、寓所和家具的消费。

但在经济演化进程中，早在贵妇出现之前，作为金钱能力证明的专门物品的消费已经形成一个颇为复杂的系统。而在任何可称为"金钱能力"的事物产生之前，已经出现了消费的分化。它可以追溯到掠夺文化的初始阶段，甚至有人认为，这方面的早期分化在掠夺生活开始之前便出现了。这一消费物品方面最原始的分化，正如我们非常熟悉的后期分化，基本上带有礼仪特征，但与后者的不同之处在于，它并不植根于财富积累的差别。消费作为财富证明的效用，应被归类为衍生发展。它是早已存在并确立于人们思想习惯中的特征为适应新目标而经历选择后的产物。

在掠夺文化的早期阶段，由强健男性构成的荣耀上等阶级与由劳动女性构成的下等基层阶级之间的鸿沟，是当时唯一的经济分化。根据当时盛行的理想生活方式，男性的职责是消费女性生产的物品。女性能够享受的仅限于与其工作有关的消费，这是一种使她们能够继续劳动的手段，而不是为了生活的舒适和充实而进行的消费。物品的非生产性消费之所以是光荣的，首要原因在于这是实力的标志和受尊崇人士的特权；后来这种消费本身也变得十分光荣，尤其是对珍稀物品的消费。上等食品，通常还有罕见装饰品，是禁止女性儿童消费的；如果存在由男性组成的下等（奴仆）阶级，这一禁忌对他们也同样有效。随着文化的进一步发展，这种禁律可能成为具有不同严格程度的简单习俗；但无论维持该差别的理论基础是什么，无论它是一个禁律还是一个更大范围的传统惯例，常规消费方式的特点不会轻易改变。进入准和平生产阶段后，随着奴隶制确立为基本制度，这一基本原则得到不同程度的严格应用：生产阶级应当仅消耗对其生存所必需的东西。当然，奢侈品和生活中的舒适装备专属于有

---

① 号衣（liveries）指男仆、司机等穿着的特殊制服。——译注

闲阶级。在这一禁律下，某些食物——尤其是某些饮料——只供上等阶级专享。

饮食的礼仪性分化在酒精饮料和麻醉品的使用方面体现最为明显。如果这些消费品价格高昂，就让人感觉高尚尊贵。因此基层阶级——主要是女性——按照禁令不得使用这些兴奋剂，但那些可用极低成本获得兴奋剂的国家除外。从古代起，在所有父权制社会中，女性负责准备和管理这些奢侈品，而有权享用的从来都是出身高贵且有教养的男子。于是，因随意使用兴奋剂引起的醉酒和其他病态往往成为高贵之举，进而标志了那些有能力进行放纵的人的优越地位。在某些民族中，过度放纵引起的虚弱被普遍视为男子气概。更有甚者，在此起源下的某些身体疾病的名称，已成为日常言谈中"尊贵"或"高尚"的同义词。只有在相对早期的文化阶段，骄奢恶习的症状才通常被视为优越地位的标志，进而逐渐成为美德，得到社会的尊重；但某些骄奢恶习的声望得以长期保留，以致明显地淡化了人们对富裕阶级或贵族阶级男性的任何过度放纵行为的非难。同样的不公性区别，也使得女性、未成年人和下等阶级的任何放纵行为在当下遭到更加激烈的反对。即使在如今较为进步的民族中，这种不公性区别依然有其影响。在有闲阶级的示范作用对惯例的形成保持着强大影响力的地方可以观察到，在兴奋剂方面，女性仍然在很大程度上遵照相同的传统禁律。

这里所描述的对上层阶级女性实行的严格兴奋剂禁律，似乎是对逻辑的过度精炼，有悖于常识。但只要稍加留心就不难发现以下事实：之所以存在针对女性更为严格的禁律，部分原因在于强制性的惯例；一般说来，在父权制传统（即女性是动产）势力最强之处，这一惯例保持的影响力最大。时至今日，父权制传统在范围和严格性方面已受到很大限制，但尚未失去其重要性，这一传统认为女性是动产，只应当消费维持生计的必需品，除非她的进一步消费对主人的舒适或好名声有所贡献。奢侈品的消费，在其真正的意义上，是为了使消费者本身感到舒适的一种消费，因此是主人的一个标志。其他人若要进行任何类似消费，必须得到主人允许。在公众的思维习惯深受父权制传统影响的社群中，我们可以相应地找到残留的奢侈品禁律，这些禁律至少表现为不自由附属阶级按惯例不得使用奢侈品。这一点尤其适用于两种奢侈品，一种是附属阶级的使用会明显地降低主人的舒适或快乐，另一种是其合法性由于其他原因而遭受质疑。在西方文明世界广大保守中产阶级的概念中，对各种兴奋剂的使用至少冒犯了其中一条（甚至两条），因而让人难以接受；一个不容忽略的重要事实是，正是在父权制意识残留最严重的日耳曼文化的中产阶级中，女性在麻醉品和酒精饮料方面所受禁律的力度最大。女性的消费应当只服务于她们主人的利益，这个一般规则被视为正确而有约束力的，但该规则受到许多限制，且这种限制随着父权制传统的逐渐弱化而增加。对此的反对意见自然也出现了，有人认为，女性在服饰和家居用品方面日益增加的开支是这条规则的一个明显例外，但我们在后面的讨论中会发现，这个例外表面上虽然存在，但远不具有实质性。

在经济发展的较早阶段，通常只有有闲阶级才可以不受限制地进行商品消费，特别是上乘商品的消费——理论上所有超出最低维生限度的消费。进入后来的和平阶段以后，随着商品的私有制和基于雇佣劳动或小家庭经济的产业制度的出现，这一限制至少在形式上逐渐消失。但在诸多传统——有闲阶级制度通过这些传统影响了后期的经济生活——正在形成与发展的早期准和平阶段，这一原则已经有了常规法则的力量。它成为消费中无形遵守的规范，任何与之明显背离的情况都被视为反常，在进一步发展过程中迟早会被淘汰。

于是，准和平阶段的有闲绅士所消费的物品，不仅超越了维持生活和体能效率的最低需求，品质也日益优越。他随心所欲地消费最好的食品、饮料、麻醉品、寓所、服务、饰品、服装、武器装备、娱乐活动、护身符以及神庙活动。在他的消费物品逐步被改进的过程中，创新的动机原则和直接目标，无疑是使更精致的改良产品更有效地为消费者带来舒适和满足。但这并不是它们被消费的唯一目的。人们会按照声望准则来衡量这些创新，只有合乎标准的方能留存。因为消费更优质的物品是财富的证据,这便成为高贵的行为;反之,若消费的数量和质量不合格,则标志着消费者地位低下、财力不足。

在饮食等方面的精致程度上日益讲究的划分,如今不仅影响了生活方式,也影响了有闲绅士的培养方式和智力活动。他不再仅仅是有进取心的成功男性——身强力壮、足智多谋、勇敢无畏的男性。为了避免显得愚蠢,他也必须培养他的品味,因为品味对他分辨消费品之中一些细节的贵贱时必不可少。他成为诸多领域的鉴赏家:价值程度不同的精美食物、男性的饮料与装饰品、得体的服装与建筑、武器、竞赛、舞蹈以及麻醉品。这种审美能力的培养需要花时间、下苦功,因此对绅士的这方面的要求,往往使他的有闲生活变得颇为艰苦,因为他要学习如何以得体的方式度过表面上的有闲生活。绅士不仅需要大量消费而拥有合适的商品,还必须懂得如何以得体的方式进行消费。他的有闲生活必须以适当的形式进行。因而前面某一章中指出的礼貌举止应运而生。高雅的礼貌举止和生活方式,符合炫耀性有闲和炫耀性消费的规范。

贵重物品的炫耀性消费是有闲绅士提高声望的一种手段。随着他手中财富的积累,仅凭个人力量已不足以充分证明他的富裕。因此,他通过赠送昂贵礼物、举办高档宴会和娱乐活动,以获取朋友和竞争对手的助力。赠送礼物和举办宴会的最初由来或许不是单纯的夸耀，但它们很早就被用于这一目的，且该特征一直保留至今；因此，长久以来，这些惯例在这方面的效用都是其存在的坚实基础。奢侈的娱乐活动，如夸富宴①或舞会，尤其适用于这一目的。主人希望与其竞争对手一较高下，而他通过上述方式使其竞争对手成为他达到炫耀目的的一种手段。竞争对手在为主人进行代理消费的同时，见证了主人无法独自消受之物的消费，也在主人的安排下目睹了他在礼仪方面的娴熟技巧。

主人花大价钱设宴款待，此举当然也存在其他更友善的动机。节日聚会的习俗可能起源于交际和宗教方面的动机；这些动机也存在于该习俗的后期发展中，但不再是仅有的动机。近代有闲阶级的庆祝和娱乐活动，可能依然在较低程度上服务于宗教需要，在较高程度上服务于消遣和交际的需要，但它们也同样适用于不公性目的；尽管在这些更便于明言的动机中存在着貌似合理的非不公性理由，但这毫不影响上述活动被有效地运用于不公性目的。无论在物品的代理消费方面，还是在礼仪成就艰难而昂贵的展示方面，这些社交

---

① 夸富宴（potlatch）一词来自美洲西北部印第安人，奇努克语本义为"喂养""消费"。在某些资源丰富的部落，主人会在特定日子举行社交集会，广邀四方宾客，慷慨馈赠礼物，甚至以极度奢侈的献祭方式毁坏财物。这实际上是一种礼物交换系统，也是印第安人的信用经济体系，接受礼物的人要将其连本带息地归还给送礼者或其后代。可参考马塞尔·莫斯的《论礼物：古代社会里交换的形式与依据》一文，载《社会学与人类学》，佘碧平译，上海译文出版社，2014年出版。——译注

活动的经济效应并不因此而减弱。

随着财富的积累，有闲阶级的功能和结构进一步发展，且阶级内部开始出现分化。一个相当复杂的等级系统出现了。财富的继承以及随之而来的高贵出身的继承进一步加剧了这一分化。高贵出身的继承带来了义务性有闲的继承；那些有足够权势享受有闲生活的家族，可能没有足够的财富使其后代维持有尊严的有闲。他们的后人虽然继承了高贵血统，但没有足够的财物供其随心所欲地进行体面的消费。这便造就了一类囊中羞涩的有闲绅士，前文已经有所提及。这些半吊子有闲绅士处于一个等级层次系统中。那些在出身、财富或两个方面都接近于富裕有闲阶级的较高层次和最高层次者，其地位高于在出身和财富方面相对占劣势者。较低层次者，尤其是那些不名一文、微不足道的有闲绅士，通过依赖或效忠的方式依附于高层绅士，以便提高声望，或从赞助人那里得到维持有闲生活的资助。他们成为高层绅士的廷臣、侍从或仆人；他们得到赞助人的供养和支持，从而显示出他的社会地位，并成为他的多余财富的代理消费者。这些附属有闲绅士中的许多人，自己也同时拥有少量物品，因此，其中一些人几乎从未被视为代理消费者，另一些人则只在部分意义上是代理消费者。然而，赞助人的侍从和食客中的许多人，可以无条件地归为代理消费者。上述这些人，还有许多其他低层贵族，也都有一个依附于他们的人数不等的代理消费群体，其中包括他们的妻子儿女和侍从仆人等。

在这个代理有闲和代理消费的全部分层体系中，存在以下规则：这些职责必须以某种方式或者在某种情况或标识下实施，以便明确地显示这种有闲或消费属于主人，由此提高的声望也属于主人。这些人为其主人或赞助人实施的消费和有闲，代表了主人或赞助人为提高声望而进行的投资。就宴会和馈赠而言，这是再明显不过的，因为大家都在场见证，主人或赞助人立即获得了声望。在由心腹和侍从实施代理有闲和代理消费的场合，这些人邻近赞助人而坐，显然使得人人都明白他们由谁资助，所得到的声望自然归属于赞助人。随着需要以这种方式保证好名声的团体越来越大，需要用更明显的方法来指示所实施有闲的价值归属，因此，制服、徽章和号衣开始流行。穿着制服或号衣暗示着相当程度的依附性，甚至可作为实际劳役或表面劳役的标志。身穿制服或号衣的人可以粗略地分为两大类——自由人和奴仆，或者说高贵者和低贱者。他们提供的服务也可以相应地分出贵贱。当然在实践中不会严格一致地遵守这一区别；较高等服务中的低下事务和较低贱服务中的高贵事务由同一个人执行的情况并不鲜见。但是并不能因此而忽视一般的区别。可能会增加困惑的事实是，除了这种在高贵和低贱之间的根本区别——取决于所实施的表面服务的性质，还存在一个光荣和耻辱之间的次要区别——取决于享受服务的人或者说号衣所表明的主人的头衔。所以,有闲阶级所从事的正当职责是高贵的,如政务、战事、狩猎以及维护武器和装备等——简而言之,一切具有表面上的掠夺性的工作。另一方面,那些属于劳动阶级的职业是低贱的,如手工业或其他生产性劳动,以及卑贱的服务等。但是,为地位崇高者从事的低贱服务可能会成为非常光荣的职务,例如宫廷侍女、王后的女侍臣、国王的掌马官或猎犬饲养官等职务。以上所列的最后两种职务,显示出一个具有一定普适性的原则。低贱服务只要与战事和狩猎这种主要有闲职业直接相关——正如在上述情况中那样——就很容易因此获得荣誉性特征。通过这种方式,本质上较低贱的职业最终可能获得莫大荣誉。

在和平生产的后期发展阶段,雇佣一队无所事事、身着制服的武装人员这一习惯逐渐消失。此前由佩戴着赞助人或主人的标识的附属者所实施的代理消费,如今简化为由一队穿号衣的仆人来实施。因此,号衣的作用得到提升,成为奴役状态——更确切地说是奴性——的象征。武装人员的制服总是带有某种荣誉特征,但当号衣成为仆人的专有象征时,这种荣誉特征便消失了。对几乎所有被要求穿制服的人而言,制服变成了可憎之物。我们与盛行奴隶制的社会相去尚不远,因此对任何有奴性含义的刺激仍然十分敏感。一些公司规定其员工穿着专门制服,这种情况甚至也会引起反感。在这个国家,厌恶情绪已发展到一定程度,人们甚至对那些必须身着制服的政府职务——不管是军事职务还是非军事职务——产生了轻微而模糊的不信任感。

随着奴役制的消失，依附于任何绅士的代理消费者在整体上趋于减少。类似地，为他实施代理有闲的家属人数也在减少，且幅度或许更大。这两种人群虽然不是自始至终完全吻合，但大体说来是相符的。首先被赋予这些责任的家属是妻子，或者说正妻。可想而知，在制度的后期发展中，当履行这些责任的人数逐渐减少时，妻子被保留到了最后。在更高的社会等级中，需要大量这两种类型的服务；妻子当然仍由相当数量的家仆协助工作。而当社会层次降低到一定水平，代理有闲和代理消费的责任便开始由妻子一人承担。在西方文化社会，这种情况可见于下层中产阶级。

这里出现了一个奇怪的逆转。在这一下层中产阶级中，一个普遍的现象是，家长不再炫耀有闲。迫于环境的压力，这种行为已遭淘汰。但为了家庭及其家长的好名声，中产阶级的妻子仍在实施代理有闲。在任何现代工业社会中，若自上而下观察社会层次，家长的炫耀性有闲这一主要事实在相当高的层次上就消失了。受经济环境所迫，中产阶级家庭的家长为了维持生计，经常从事生产性居多的职业；当今的普通商人就是这样。但次要事实——由妻子实施的代理有闲和代理消费，以及由家仆实施的辅助代理有闲——仍然作为惯例盛行，对此不能轻视，否则会影响声望。因此，以下场面并不鲜见：男性极其勤勉地工作，以使他的妻子能以适当形式为他实施当时的常识所要求的那种程度的代理有闲。

在这种情况下，妻子实施的有闲当然不是简单地展示好逸恶劳和无所事事。这种有闲几乎总是伪装成某种工作、家务或社会服务的形式而出现，分析表明，伪装的唯一目的就是显示她并未也无须从事任何谋利或有实质性用途的事务。正如我们在礼貌这一门类下看到的，中产阶级家庭主妇花费时间和精力所进行的常规家务琐事中，很大部分都具有这一性质。倒不是说，她一手料理的具有装饰性和清洁性的家务成果不为经过中产阶级礼仪训练的男性所喜爱；而是家居装饰和整洁的效果所迎合的品味，是形成于礼仪准则的选择性引导之下的品味，该准则要求的恰恰是这些浪费精力的证据。这些效果之所以赏心悦目，主要是因为我们所接受的审美观让我们认为它们赏心悦目。在这类家务中，对形式和色彩的恰当组合，以及其他在严格意义上被归为审美目的的事物，都需要人们付出大量心力；不可否认，有时能够达到具有丰富美学价值的效果。我们在这里主要强调的是，就这些生活设施而言，家庭主妇的努力都受到某种传统的引导，而这种传统的形成法则就是炫耀性地浪费时间和物品。如果出于某种偶然性实现了美观和舒适，其实现的手段和方法都必须服从浪费精力的重要经济法则。中产阶级家庭用具中声誉更好、更"拿得出手"的部分,一种是炫耀性消费品,另一种是可以用来证明家庭主妇实施的代理有闲的装备。

在金钱等级中,当代理有闲需求在某一低点无以为继时,由妻子来实施代理消费的需求依然存在。在某一点以下,几乎不能观察到为了礼仪性清洁或其他类似原因而浪费精力的炫耀情况,且即便在对表面有闲的有意尝试确然不存在的情况下,礼仪仍要求妻子消耗一定物品,以维持家庭及其家长的声望。于是,由这一古老制度演化而来的近代结果是,起初在理论上和实际上都作为苦力和动产的妻子——男性所用物品的生产者——成为他所生产物品在形式上的消费者。但毫无疑问,妻子在理论上仍然是男性的动产;因为习惯性地实施代理有闲和代理消费,是不自由的仆人永久的标志。

由中下层阶级家庭实施的代理消费,不能算作有闲阶级生活方式的直接表达,因为处于该金钱等级的家庭不属于有闲阶级。我们不妨说,有闲阶级的生活方式在这里出现了一个次级表达。有闲阶级在声望方面位居社会结构的顶层,其生活方式和价值观也因此成为社会中的声望规范。所有更低的阶级,不可避免地要以某种相近的方式遵守这些标准。在现代文明社会中,社会各阶级之间的分界线逐渐模糊,不再一成不变。在这种情况下,上层阶级强加的声望规范,其强制性影响几乎畅通无阻地直达社会结构的最底层。其结果是，每个阶层的成员都将更高一层的流行生活方式视为他们理想的体面生活方式，并为达成这一理想拼尽全力。一旦失败，他们便将名誉扫地、颜面无存；为避免这一后果，他们必须遵守公认的规则，至少表面如此。

在任何高度组织化的工业社会中，良好声誉归根结底依靠金钱实力；展示金钱实力进而获得声誉或保持声誉的手段，正是有闲以及物品的炫耀性消费。因此，这两种方法都盛行于可能达到的最低阶层；在两种方法均被采用的较低阶层，这两种责任多数由家庭中的妻子和孩子承担。而在更低的阶层，任何程度的——哪怕是表面上的——有闲对妻子而言都断无可能，物品的炫耀性消费却仍然保留下来，并由妻子和孩子实施。家庭中的男性也能够在这方面有所作为，事实上，他通常正是这样做的。但在更贫穷的阶层——接近贫民的阶层，男性乃至孩子几乎都停止了流于表面的贵重物品消费，女性成为唯一能够为家庭体现金钱体面性的个体。社会中的任何阶级，即使是穷到了最为绝望凄惨的程度，也不会全盘放弃习惯性的炫耀性消费。这一范畴中的最后几项消费，除非在极端沉重的压力下，否则绝不会遭到摒弃。为了不放弃最后的装饰品，不卸下金钱的最后伪装，人们宁可忍受极大的悲惨和痛苦。没有哪一个阶级或国家会在物质要求面前卑微地退让，甚至不惜牺牲自己在更高层次或精神需求方面获得的所有满足。

从前文对炫耀性有闲和消费的发展过程的研究看，似乎两者之所以同样具有提高声望的效用，是因为它们有共同的浪费性元素。其一是时间和精力的浪费，其二是物品的浪费。两者都是炫富的方法，通常被视为等价物。只要不受其他来源的礼仪标准的影响，两者之间的选择就无非是何者更便于炫耀的问题。在经济发展的不同阶段，人们出于方便的考虑，会将不同的方法当作首选。问题在于，哪种方法能够最有效地作用于受众，影响其意见。在不同情况下，对这个问题，惯例给出了不同的答案。

只要社群或社会团体足够小和紧凑，名声能够通过共同生活环境有效传播——也就是说，只要个人在名声方面需要适应的人际环境仍囿于他的私人交际圈和街谈巷议——那么，这两种方法就几乎是同等有效的。因此，在社会发展的早期阶段，两种方法同样有效地发挥作用。但当分化进一步加剧，人们需要更为广泛的人际环境时，消费就开始超过有闲，成为维持体面的普遍手段。在后来的和平经济阶段中，情况尤其如此。随着通讯方式的发展和人口流动性的增加，个人如今置身于许多人的观察之下，展示物品（或许还有展示教养）是他唯一能在众目睽睽之下让人们了解其声望的方式。

现代工业组织发展也采取了另一条路线，在同一方向上发生作用。现代工业体系的紧张节奏常使许多个人、许多家庭毗邻而居，但除了在空间层面上，彼此之间很少有任何其他意义上的接触。严格意义上说，一个人的邻居与他在社交方面通常并不具有密切联系，甚至算不上他的熟人；但是他们的临时性好评仍具有高度效用。要想给这些个人日常生活的冷眼旁观者留下金钱实力方面的深刻印象，唯一的可行手段是毫不松懈地展示支付能力。在现代社会中，人们更频繁地参与各种大型聚会，如前往教会、剧院、舞厅、宾馆、公园、商店等，其中众多参与者对他人的日常生活一无所知。为了影响这些临时性的观察者，并保持在他们观察下的自我满足感，个人金钱实力应当大书特书，让人们毫不费力地观察到。因此很显然，目前的发展趋势是，与炫耀性有闲相比，炫耀性消费的效用有所提高。

同样值得注意的是，在社会中人际接触最广泛、人口流动最频繁的部分，消费被最为充分地当作提高声望的手段，人们也最为坚持于将其当作体面性的一个要素。城市人口与农村人口相比，炫耀性消费在收入中所占比例相对较大，消费的要求也更具迫切性。其结果是，为了表面上的体面，前者比后者在更大程度上习惯于勉强维生的拮据生活。于是我们看到，例如，与同等收入的城市工匠家庭相比，美国的农民及其妻儿的穿着明显更落伍，他们的举止也不甚文雅。并非城市人口天生更为渴望炫耀性消费带来的特殊的自我满足，也不是农村人口缺乏对金钱上体面的考虑；而是这方面证据的刺激性及其即时有效性在城市里更为明显。这种方法因此得到更频繁的使用，于是在攀比过程中，城市人口提高了他们炫耀性消费的正常标准，其结果是，城市中的人们必须支出相对较多的花费，才能显示出一定程度的金钱上的体面。符合这一要求的更高的常规标准成为新的强制性规则。体面的标准更高了，而人们必须遵守这一对体面外观的要求，否则便会丧失其社会地位。

与农村相比，城市里的消费在其生活标准中占据更加重要的地位。在农村人口中，消费的地位在某种程度上被储蓄和舒适的家庭环境所替代，通过邻里闲话的传播，后者足以实现类似于金钱声望的一般目的。舒适的家庭环境和在其中所享受的有闲——在这种享受存在之处——当然也在很大程度上被归为炫耀性消费；储蓄的情况也大体相同。工匠阶级的储蓄较少，在某种程度上的必然原因是，在他所处的环境中，相对于生活在农场和小村庄的人们而言，储蓄不是一个太有效的展示手段。在乡下，每个人都知晓别人的情况，尤其是金钱状况。工匠和城市劳动阶级受到的这些额外刺激，单纯就其本身而言（在最初始的发展阶段），也许并不会严重地减少储蓄的数量；但就其累积作用而言，通过提高体面性开支的标准，这些刺激会对人们的储蓄意愿形成不小的阻碍作用。

小城镇劳动者和手工业者以及城市下层中产阶级习惯于

在公众场合小酌、"请客"及吸烟,这是声望准则起作用的一个恰当例子。在熟练印刷工这一群体中,这种形式的炫耀性消费十分流行,也带来一定的遭人非议的明显后果。通常认为,这一群体之所以具有这方面的奇特习惯,是因为他们具有某种形式的尚不明确的道德缺陷,或者其职业以某种不确定的方式对其施加了道德荼毒。普通印刷厂中排版和印刷工人的情况可归纳如下。他们在任何印刷厂或任何城市所获得的技能,都很容易在几乎所有其他工厂或城市使用,也就是说,因特殊训练的需求而产生的惰性甚少。此外,这个职业需要较高的智力和较高的一般知识水平,其雇员通常比其他人更容易适应不同场所对他们工作要求的任何微小变化。因此,恋家感带来的惰性也很轻微。同时,这个行业的工资足够高,使得跳槽相对容易。其结果便是,受雇于印刷业的劳动力流动性很大,可能大于任何其他同样定义明确、数量可观的工人群体。这些人不断地结识新人,建立临时或短暂的关系,但这些流水之交的良好评价在当时也同样具有价值。人们天生喜欢摆阔,又希望博得好人缘,因此,在能够充分满足这些需求的方面,他们花钱毫不吝啬。这里与其他场合一样,习俗一旦开始流行,惯例便将其纳入公认的礼仪标准中。接下来,这一礼仪标准又将被作为新的出发点,以便在同一方向上取得进一步发展——因为当某一挥霍标准被行业中所有人理所当然地奉行之时,再单纯被动地遵循这一标准就没有任何价值了。

印刷工人的挥霍行为比普通工人更为严重乃是事实，其原因——至少在一定程度上——在于他们跳槽更容易，且该行业中的结识过程和人际交往更为短暂。但归根结底，这种高挥霍要求的实质，不过就是对优越地位和金钱体面性的表现欲，与法国自耕农吝啬节俭，美国百万富翁创办大学、医院和博物馆的动机并无二致。就城市的工匠和劳动阶级等人群目前的情况而言，无论他们的工资和收入水平有多高，除非炫耀性消费的标准在很大程度上被与之格格不入的其他人性特征所抵消，否则任何储蓄在逻辑上都是不可能的。

但除了财富及显富之外，也存在其他声望标准，以及其他带有不同程度强制性的行为准则，其中一些对炫耀性浪费的广泛基本准则做了强调或限制。通过对展示效果的简单测试，我们预期的发现是：起初，有闲和商品的炫耀性消费在金钱竞赛领域平分秋色；随着经济的继续发展以及社群规模的扩大，有闲将逐渐退出并趋于消亡，而商品的炫耀性消费的绝对重要性和相对重要性都逐渐提高；最后，除了仅用于维持生计的必需品之外，其他所有可用产品都将被纳入炫耀性消费的范畴。然而，实际发展历程与这一理想方式有所不同。有闲起初居于首位，在准和平文化阶段，有闲作为财富的直接表现以及体面的元素，地位远远领先于商品的浪费性消费。在那之后，消费的重要性与日俱增，目前，它无疑已占主要地位，但还远远没有达到将高于最低生活标准的全部生产利润吸收殆尽的地步。

有闲作为声望手段的早期优势，可追溯到高尚职业和低贱职业之间的古老区别。有闲之所以光荣并且成为必要，部分原因是它显示了对低贱劳动的豁免。高贵和低贱阶级之间古老分化的基础，是高尚职业和低贱职业之间的不公性区别；这种传统的区别，成为早期准和平阶段的人们必须遵守的体面准则。同时，促成有闲的优势地位的另一因素是，有闲与消费一样可作为财富的有效证据。事实上，在这一文化阶段，在个人所处的相对较小、较稳定的人际环境中，有闲的影响非常之大——借助于反对所有生产劳动的古老传统，它不仅造就了一个不名一文的大型有闲阶级，甚至还趋向于将社会劳动的生产量降低到维持最低生活的极限。这一对生产的极端抑制因奴隶劳动而得以避免，奴隶在比声望系统更具强制性的系统中工作，被迫提供超过劳动阶级最低生活水平的产品。此后，炫耀性有闲作为声望基础的用途相对减少，部分原因是消费作为财富证据的相对有效性的提高，另一部分原因则可追溯到另一种力量，它与炫耀性浪费的惯例相异，在某种程度上甚至是相互对立的。

这个相异因素便是工作本能。在其他条件允许的情况下，这种本能使人看重生产效率和所有可为人所用的事物，也使人反对物质或精力的浪费。工作本能存在于每一个人身上，即便在非常不利的情况下也能够得到体现。因此，无论一笔开支实际上是何等浪费，它必须至少在表面目的上有一些貌似合理的借口。在前面章节中已谈到，在特殊情况下，本能如何最终发展为对掠夺的爱好，发展为贵贱阶级之间的不公性划分。当它与炫耀性浪费法则发生冲突时，工作本能更多的不是表达为对实质性用途的坚持，而是表达为对明显无用事物的持久厌恶和无法容忍。作为一种天生的意向，工作本能的引导主要直接作用于那些明显违背其要求的事物。对于那些虽对其要求有实质性违背但需要反思才能察觉的事物，本能的影响并不那么及时，且约束力有限。

只要所有劳动仍然都专门或通常由奴隶完成，所有生产性劳动的低贱性就会在人们的头脑中根深蒂固，于是工作本能在生产有用性方面无法真正起作用；但当准和平阶段（以奴隶制和身份为代表）逐渐发展为和平生产阶段（以雇佣劳动和现金支付为代表），这种本能开始更有效地发挥作用。接下来，它开始积极地塑造人们的价值观，并至少成为一种自我满足的辅助准则。撇开细枝末节不谈，那些没有兴趣达成某个目标或无意促成某些事物或关系为人类所用的人（成人），在今天只占少数，且止在不断减少。工作本能的倾向可能在很大程度上被更直接的强制性动机——追求光荣的有闲以及避免有失体统的实用性工作——所抑制，因此，它可能仅以伪装的形式出现，例如"社会责任"、准艺术或准学术技能、住宅的维护和装饰、缝纫会活动或服饰改良，以及在服饰、纸牌、游艇、高尔夫和各种体育运动方面的造诣。尽管它可能在环境的压力下最终流于空虚，但这一事实不能否定本能的存在，就像诱导母鸡坐在一窝瓷蛋上亦不能证明其孵蛋本能是虚假的一样。

当今人们谋求某种形式的具有目的性的活动，这种活动不会产生个人或集体的任何收获，从而不会不雅；这一不易完成的任务，标志了现代有闲阶级和准和平阶段有闲阶级的不同态度。正如前文所述，早期阶段盛行的奴隶和身份制度，强烈反对单纯掠夺之外的任何其他目标。但仍然有可能发现一些职业，其常规职责是对敌对群体或本群体内阶级实施强力攻击或镇压；这有助于缓解压力，使得有闲阶级能够发泄其无处可用的能量，而无须从事具有真实或表面实用性的职业。在某种程度上，打猎的做法也如出一辙。当社群发展为一个和平生产组织时，土地被大量占用，打猎的机会所剩无几，此时，人们寻求有意义职业的能量压力只能在其他方向找到宣泄口。随着强制性劳动的消失，实用性工作不再带有之前那样强烈的耻辱感，于是工作本能得到了更充分持久的展现。

在某种程度上，有闲阶级可从事的最不易遭到反对的活动类型发生了改变，以前得以在掠夺性活动中发泄的能量，现在一部分发泄在有表面实用性的目标上。表面上毫无目的的有闲开始遭到反对，特别是一大部分平民出身的有闲阶级无法认同那种退休式悠闲（otium cum dignitate）的传统。然而，把所有生产性质的职业视为耻辱的声望准则仍然存在，它不认可任何实用性或生产性的职业，极短期的风潮除外。其结果是，有闲阶级实施的炫耀性有闲发生了变化，这一变化更多是形式上的，而不是实质性的。人们通过一些伪装的形式，来调和这两个相左的要求。于是发展出种种繁文缛节和带有礼仪性质的社会责任；建立起许多组织，其官方风格和名称中体现了一些似是而非的改进目标；来来往往，许多空谈，到最后，讲话者可能没有机会去反思其言论的有效经济价值是什么。与假装有意义的职业密不可分的，通常是——倘若并非总是——一种相当可观的指向某种严肃结果的目的性努力。

在代理有闲的较窄领域内，存在一个类似的变化。在父权制的最充分发展时期，家庭主妇只会在明显的无所事事中打发时间，而在高级和平阶段，她把时间用来刻苦钻研家务。家务的这一发展的突出特点已在前文指出。

在炫耀性开支——无论是商品、服务还是人类生活——的整个演化进程中，有一个明显的暗示：为了有效地增进消费者的好名声，它必须是对非必需品的开支。为了获得声誉，它必须具有浪费性。对最低生活必需品的消费从来都不会产生声望价值，除非是与低于最低生活极限的一贫如洗的穷人相比较；但这种比较只能反映出最平淡无奇、最无吸引力的礼仪水平，得不出什么开支的标准。除了富裕方面，其他方面的不公性比较也能构成生活标准；例如在道德、体能、智力或审美力的表现形式等不同方面的比较。所有这些方面的比较在当下都很盛行，且在这些方面所做的比较通常与金钱方面的比较联系紧密，两者几乎难以区分。就目前对智力和审美力（或熟练程度）的表现的分等定级而言，情况尤其如此；其结果是，我们经常把实质上的金钱差异阐释为审美或智力方面的差异。

从某一方面看，"浪费"一词的使用是不恰当的。在日常言谈中，这个词带有贬义。它之所以被用在此处，是因为缺少一个更好的术语来恰当地描述相同范围的动机和现象。它不应被看作暗指人类产品或人类生活的不合理开支的贬义词。从经济理论的角度来看，这里涉及的开支并不比其他任何开支更合理或更不合理。之所以称其为"浪费"，是因为这种开支在整体上对人类生命或人类幸福并不起作用，而不是因为从选择它的个人消费者的角度来看，它当真是精力和开支的白白耗费或误用。如果消费者选择了这种方式，那么，与其他不会因其浪费性而遭反对的消费方式比较而言，他就无须考虑这种方式的相对效用问题了。消费者所选择的任何形式的开支，抑或他在做出选择时所追求的任何目的，都因为他的偏好而对他产生了效用。从个别消费者的角度来看，这种浪费性问题不会出现在严格意义上的经济理论范畴中。因此，我们将"浪费"一词用作技术术语，并不意味着反对消费者的动机或他在这一炫耀性浪费准则下追求的目的。

但从其他角度看，值得注意的一点是，"浪费"一词在日常生活用语中意味着对被视为浪费的东西的反对。这个常识性意义本身就显露出工作本能。对浪费的普遍谴责说明，普通人为了让自己心安理得，必须能够在人类的一切努力和享乐中看到生活和幸福感的整体性提升。为了获得完全的认可，任何经济事实都必须证明它在客观上具有实用性——普罗大众角度所认为的实用性。个人之间相比较得到的相对优势或竞争优势，并不满足经济道德，因此，竞争性开支并未受到这种道德的认可。

在严格精确的意义上，除了在不公性金钱比较中产生的开支，炫耀性浪费名下不包括任何其他东西。但要想将任何给定内容置于其名下，进行开支的人无须将其看作真的浪费。生活标准的某个元素起初被认为是主要是浪费，最终在消费者的心目中成为生活的必需品，这是时常发生的事情。而且通过这种方式，它可能会变得像其他任何物品的习惯性开支一样不可或缺。那些有时被归为炫耀性消费且可说明这一原则适用方式的物品有：地毯和挂毯、英式餐具服务、侍者服务、丝绸帽子、浆洗过的亚麻桌布以及多种珠宝和服饰。在相应的习俗惯例形成之后，这些东西就变得不可或缺；无论这些开支是否被归类为浪费（根据其术语含义），都与其必要性毫无关联。若要决定这一点，所有开支都必须经历的检验是，它是否直接有助于从整体上改善人类生活——是否在客观上对生活进程有推进作用。因为这是工作本能的判断基础，而对于任何有关经济真实性或充分性的问题，最终的裁决依据都是这种本能。这是一个用冷静常识给予判断的问题。因此，这个问题不在于，在现有个人习惯和社会习俗情况下，某种开支是否能够使某个消费者感到满足或安心；而在于，抛开已有的品味，抛开习惯和传统礼仪的准则，其结果是否在生活的舒适或充实方面提供了净增益。任何惯例性支出，只要它所依据的惯例来源于不公性金钱比较——只要可以想象，如果没有金钱声望原则或相对经济成功的支持，就不可能成为惯例和常规——那么这类支出必须归类为浪费。

显然，列入炫耀性浪费范畴的开支对象不一定完全是浪费性的。一件物品可能兼具实用性与浪费性，它对消费者的效用可能由实用性和浪费性以任意比例构成。消费品，乃至生产品，一般都包含这两个元素作为其效用成分；但一般说来，浪费性元素在消费品中往往占主导地位，而为生产用途设计的物品则恰好相反。即便是那些一眼看上去纯粹用于炫耀的物品，也总可以找到一些至少在表面上有用的目的；另一方面，即便是用于某些特殊工业生产进程的特制机械和工具，乃至最简陋的人类生产器具，只要仔细观察，仍可在其中发现炫耀性浪费——或至少是炫耀的习惯——的痕迹。对于任何物品或服务，若其首要目的和主要元素是炫耀性浪费，无论这一点是多么显而易见，断言其效用中不存在有用目的仍将是危险的；而对于任何以实用性为主的产品，若断言浪费性元素与其价值（无论当前或未来）毫无关联，其危险性只是稍轻而已，犹如五十步笑百步。

第五章
生活的金钱标准

对于任何现代社会中的广大人群而言，他们产生物质享受之外的开支的直接原因，并不是他们刻意在可见消费的奢侈性方面超越旁人，而在于他们渴望在消费物品数量和质量方面达到体面性的惯常标准。引导这种渴望的，并不是一个必须遵循的一成不变的标准，也不是说在超越这一标准之后便不再有任何激励。标准是灵活的；只要有足够时间适应金钱能力的任何增长，并获得继此增长后的新的更大规模开支的能力，那么这一标准就可以无限扩展。开支规模一旦确定，对之缩减要比随着财富的增加而将其扩大困难得多。经分析，许多惯例性开支条目几乎是纯粹的浪费，因此这些开支只是为了体现荣誉而已；然而，一旦它们被纳入体面性消费的范畴，从而成为人们生活方式的一个不可或缺的部分，此时若要放弃它们，其艰难程度不亚于放弃与物质享受相关乃至为生命和健康所必需的开支。也就是说，由于带有明显浪费性质的荣誉性开支能带来精神上的幸福感，它或许比大部分满足身体健康或只是维生所需的"较低级"开支更为必要。众所周知，降低生活"高"标准与降低已经相对较低的标准一样困难；虽然前者的困难是精神上的困难，而后者可能涉及对物质享受的削减。

倒退是困难的，但在炫耀性开支方面更进一步却相对容易；事实上，后者的发生是再自然不过的事情。若手头有增加可见消费的手段，消费却未增加，那么这种罕见的情况在公众看来是需要提供解释的，而在这方面未达到要求的人会被冠以爱财如命的负面评价。另一方面，对刺激的快速反应被公认为正常之举。这说明，我们试图企及的开支标准，通常不是已经达到的普通平均水平，而是一种理想的消费水平，恰好在我们可企及的范围之外，或者说它是一个需要跳一跳才能摘下的果子。这方面的动机在于竞赛——不公性比较造成的刺激，它激励我们去超越那些我们在习惯上看作与自己同属一个等级的人们。相同实质的内容也可以用通俗的语言表达为：每个阶级羡慕和竞赛的对象，都是在社会层次上恰好居于其上一级的阶级，很少有人会与居于其下或远居其上的阶级相比较。换句话也就是说，我们在开支方面的体面标准，正如在竞赛的其他目标上的体面标准一样，是由声望比我们高一级的阶级的惯例所决定的；最终的结果是，所有声望和体面的准则以及所有消费标准，都可以不知不觉地逐级追溯到社会和金钱地位上最高的阶级——富裕有闲阶级——的思维习惯和惯例，在阶级间区别较为模糊的社群中尤为如此。

这个最高阶级将在大体上决定什么样的社会生活方式是体面或具有荣誉的；他们的职责是通过言传身教来展示这种最高级理想形式的社会救赎方案。但较高层有闲阶级实施的这种准教士职责受到一定的实质性限制。在任何上述礼仪要求方面，这个阶级都不能随意地使与之相关的流行思维习惯发生突然变革或逆转。任何变化都需要时间，以渗透到人群中，改变人们的惯常态度；而改变在社会地位上离上流较远的那些阶级的习惯，则尤其需要时间。在人口流动性较低或阶级之间的差距较大较明显之处，这一过程较为缓慢。但如果时间允许，有闲阶级在社会生活方式的形式和细节方面的决定范围很大；而对于声望的实质性原则，它能够实施改变的范围则非常小。有闲阶级的言传身教，对所有居于其下的阶级，有着法规的力量；但在制定下达的规则作为管理声誉的方式和方法——塑造较低阶级的习惯和精神态度——之时，这个权威性法则经常在炫耀性浪费准则的选择性引导下运作，在不同程度上受到工作本能的调节。除了以上规范，还需要补充另一个广泛的人性原则——掠夺意向，就普遍性和心理内容而言，它介于上述两者之间。有关掠夺意向在塑造广为接受的生活方式方面的作用，后文将进行讨论。

于是，声望准则不仅要适应经济环境与传统，也要适应生活方式为其所调节的那个阶级的精神成熟程度。尤其值得注意的是，无论声望准则在起初有多高的权威性，无论它多么符合声望的基本要求，如果随着时间的推移，或在传递到一个金钱地位较低的阶级的过程中，它被发现与文明民族中体面的终极依据背道而驰，即不能适用于金钱方面成功的不公性比较的目的，那么对这一声望准则的正式奉行必然将无以为继。

显然，在确定任何社会和任何阶级的生活标准方面，这些开支准则有很大的发言权。同样显而易见的是，任何时候或在任何给定社会等级中流行的生活标准，又对荣誉性开支应采取的形式以及这种"高等"需求对民众消费的支配程度，有很大的发言权。在这方面，公认的生活标准所施加的控制主要是消极的；它几乎唯一的作用，就是防止已经成为习惯的炫耀性开支规模发生倒退。

生活标准的本质是习惯，是应对给定刺激的习惯性标准和方法。从已适应的标准发生倒退的困难，实质上是打破已形成的习惯的困难。把标准向前推进相对容易，这意味着生命进程是一个展开活动的进程，无论何时何地，只要对自我表达的阻力有所降低，它将立即在新方向上展开。但沿着这样一条低阻力线表达的习惯一旦形成，即使环境的变化使得这条线上的外部阻力明显上升，生命也仍会在习惯的出口寻求发泄。这种得到增强的在特定方向上表达的便利性——也被称为习惯——能够抵消大幅增长的在该方向上展开生活的外界阻力。不同的习惯或习惯性模式，与表达方向一起，构成了个人的生活标准；两者在与环境对抗的韧性方面，以及在给定方向寻求发泄的迫切性方面，存在着明显的差别。

用当前经济理论的语言来表达就是，尽管人们不愿意在任何方面削减其开支，但他们在某些方面比在其他方面更不愿意削减；所以，尽管人们不愿意放弃任何习惯性消费，但有些消费类别是他们极其不愿意放弃的。消费者最为依赖的消费品或消费形式，是通常所说的生活必需品或最低维生保障品。最低维生保障品当然不是硬性规定的物品，没有明确的定义，也没有不变的种类和数量；但在这里，可以认为它包含或多或少确定的一组为生计所必需的消费品。可以假定，在逐步紧缩开支的过程中，这些最低保障品通常到最后才被放弃。也就是说，一般说来，支配个人生活的最古老、最根深蒂固的习惯——关于人作为生物体的生存的习惯——是最为持久和迫切的。在这之上是更高的需求，即个人或种族较晚形成的习惯，它们以某种不规则、绝非一成不变的方式分等分级。这种高等需求中的一些，如某些兴奋剂的习惯性使用、救赎的需要（在末世论的意义上）或好的名声，可能在某些情况下，优先于较低或较初等的需求。一般说来，一种习惯历史越久远，中间的间断越少，且与生活进程中的前期习惯形式越接近一致，它就越有韧性。如果习惯中所涉及人类的特殊天性，或者在习惯中得到展现的一些特殊倾向，已经与生活进程深入相关，或者与某一种族的生活史紧密联系，那么这种习惯将更为强势。

不同人形成不同习惯的不同难易程度，以及放弃不同习惯的不同难易程度，说明了某一习惯的形成不是简单的适应时间长短的问题。在确定什么样的习惯将支配个人的生活方式方面，性格中的遗传倾向和特点，与适应时间的长短起着同等重要的作用。遗传倾向的普遍类型，或者换句话说，任何社群中主要种族的性格类型，都将进一步决定什么是社群的习惯性生活进程的表达范围和形式。在个人习惯的快速确定性形成方面，遗传的特有倾向可能起到非常重要的作用，例如，有些人极容易染上酗酒的恶习；类似地，天生在宗教方面有特殊倾向的人，很容易——且会不可避免地——形成奉行宗教仪式的习惯。也有些人特别容易陷入所谓浪漫的爱情，其原因大致相仿。

遗传倾向因人而异，在某些特定方向开展活动的容易程度方面也各有不同；有些习惯符合或基于相对较强的特殊倾向或相对特别容易的表达方式，它们便逐渐对人的幸福感产生重大影响。在决定构成生活标准的一些习惯的相对韧性方面，这种倾向是起到一定作用的，这就解释了人们为何极其不愿意放弃任何炫耀性消费的习惯性开支。作为上述习惯的基础的倾向或爱好，是那些在竞赛中得到展现的倾向；而竞赛——为了不公性比较——的倾向有着古老的起源，并且是人类的普遍天性。它很容易在任何新形式的积极活动中出现，且在它曾有过习惯性表达的任何形式中都有很大的韧性。个人一旦习惯于通过某一荣誉性开支的途径寻求表达——在这些活跃和深入的竞赛倾向引导下的一定类型和方向上的活动，已经逐渐成为对给定的一组刺激的习惯性反应——那么他对这种习惯性开支将是极难割舍的。另一方面，当金钱实力的增加使个人能在更大范围内更深入地展开其生活进程时，种族的古老倾向一定会施加影响，确定生活应该在什么方向上展开新的活动。在这些倾向中，有些已经以一些相关的表达形式积极发挥作用，有些得到当前认可的生活方式提供的针对性建议的协助，有些具备实施的现成物质手段和机会，这些倾向在塑造个人新增力量的展现方式和方向上，发言权尤其大。具体地说，在任何社会中，只要炫耀性消费是人们生活方式的组成部分，那么个人呈现其增长的支付能力的方式，很可能是在受认可的炫耀性消费途径上进行开支。

除了自我保护的本能之外，这种竞赛倾向在经济动机中可能是最强、最活跃和最持久的。在工业社会中，这种竞赛倾向体现为金钱竞赛；就目前的西方文明社会而言，上文实际上等同于说它体现为某种方式的炫耀性浪费。因此，提供最基本物质需求之后社会生产效率或商品产出的任何增量，随时为炫耀性浪费的需求所吸收。在现代情况下，如果这一结果没有出现，其原因通常在于个人财富增长速度过快而使开支习惯难以匹配，也可能是相关的个人推迟了炫耀性消费的增长，通常是为了将预期的总开支集中进行，以达到更加壮观的效果。生产效率的提高，使得维持生计所需的劳动力更少，勤劳的社会成员的能量往往被用于追求炫耀性开支的更高结果，而不是放慢前进的脚步，享受更为舒适的节奏。生产效率的提高使得减轻压力成为可能，但压力并未因此而减轻，因为产出的增加被转而用于满足一个可以无限扩张的需求——在经济理论中通常归类为高等需求或精神需求。约翰·密尔（J.S. Mill）之所以能够说"所有机械发明是否减轻了任何人的日常辛劳，迄今仍是一个疑问"，主要就是因为生活标准中存在这样一个元素。

每个人所属的阶级或社会中公认的开支标准，在很大程度上决定了他的生活标准。公认开支标准的直接作用是，他会习惯性地仔细考虑这个标准，并为相应的生活方式所同化，从而在他的常识中，这一标准就是正确而良善的；然而，间接作用是，由于大家普遍坚持将公认的开支规模作为规矩来遵守，为了不受人轻视、遭人排斥，他也必须遵守这一规矩。接受和实践流行的生活标准不仅令人愉快，也符合个人利益，一般说来，若想获得个人舒适和生活中的成功，就必须这样做。考虑到炫耀性浪费元素，任何阶级的生活标准通常是该阶级收入所允许的最大限度,并有不断增长的趋势。因此,这对人们重要活动产生的影响,是使他们心无旁骛地追求可能获取的最大财富,并抵制不具有金钱利益的工作。同时对消费产生的影响则是,人们为了博取观察者的好感,集中采取最容易被他们观察到的消费途径;而有些倾向和爱好,由于其展现不会带来时间和物品的荣誉性开支,便因无人问津而逐渐遭到废弃。

这种对可见消费的偏爱导致的结果是,与人前的光鲜相比,大多数阶级的家庭生活是相对简陋的。这一歧视带来的次要结果是,人们习惯性地掩饰自己的私生活,以免遭到他人窥探。在能够私下进行而不受质疑的那部分消费方面,他们会避免与邻居的一切接触;因此在大多数工业发达的社会中,人们的家庭生活方面具有排他性;进一步的发展结果是,隐私和矜持是所有社会中上等阶级礼数规范的一个很重要的特征。那些具有迫切的炫富性消费需求的阶级出生率很低,这很可能是由于这些阶级急于维持基于炫耀性浪费的生活标准。要想体面地养育一个孩子,所需的炫耀性消费以及由此而增加的开支非常可观,从而成为遏制生育的一个强大因素。这可能是马尔萨斯[①]的谨慎控制措施中最有效的一种。

---

① 托马斯·罗伯特·马尔萨斯(Thomas Robert Malthus, 1766~1837),英国经济学家,1798年发表《人口论》。——译注

生活水平这一元素的影响——一方面是在物质享受和维持生计等较不为人知的方面缩减开支，另一方面是少生或不生孩子——在致力于学术研究的阶级中得到最充分的体现。由于人们认为这一阶级的才能和造诣高于常人且不可多得，这些阶级通常会被归入高于其金钱等级的社会等级。对他们而言，体面开支的规模相应地被拔高，用于生活中其他目的的余量极其有限。在环境的作用下，学者在这些事情上关于何为好、何为正确的习惯性理解，以及社会对其在金钱体面方面的期望，都高得超乎寻常——以这个阶级的财富和收入能力的普遍程度来衡量，相对于与其名义社会地位相同的非学者阶级来说，上述结果明显偏高。在任何现代社会，只要这些职业未出现祭司式的垄断，学者就会不可避免地与金钱上比自己优越的阶级接触。这些上层阶级的高金钱标准渗透到学者阶级中，严格程度几乎丝毫未减；其后果是，在用于炫耀性浪费的物品占比方面，社会上任何其他阶级都无法与学者阶级相匹敌。

第六章
品味的金钱准则

我们已多次提醒：尽管对消费起调节作用的规范在很大程度上是出于炫耀性浪费的要求，但不能将消费者在任何情况下的行为动机简单地理解为该原则的单纯呈现。通常，他的动机不外乎以下诸愿望：遵循已确立的惯例，避免对他不利的关注和批评，同时，在消费品的种类、数量和质量方面以及在其时间和精力的得体使用方面，符合公认的体面准则。一般情况下，这种规范性惯例的观念存在于消费者的动机中，并施加直接的约束力，对众目睽睽之下进行的消费尤其如此。但它也存在于不大为外人所知的消费中，例如在内衣、食物、厨房用具和其他服务性质而非炫富性质的家用器具中，也可以观察到相当程度的规范性昂贵元素。若仔细观察所有这些实用性物品，会发现它们具有一些能够增加其成本并提高其商业价值的特征，但就这些物品显而易见的实际设计目的而言，这些特征并不能相应地提高物品的使用性能。

在炫耀性浪费法则的选择性监管下，出现了一个公认的消费准则，其作用是使消费者在其消费的商品及其使用的时间和精力方面，保持一定的昂贵性和浪费性标准。这种规范性惯例的出现直接影响了经济生活，同时对其他方面的行为也具有间接而次要的影响。有关生活表达的任何一方面的思维习惯，必然会影响其他方面的生活中关于何为良善与正确的习惯性观点。构成个人有意识生活的思维习惯是一个有机综合体，其中经济利益并不独立于所有其他利益之外。例如，对于它与声望准则的关系，前文已经进行了一些讨论。

在辨别何种生活和商品正当而光荣这一方面，人们在炫耀性浪费原则的引导下形成了一套思维习惯。在此过程中，这一原则将侵犯另一些行为规范，这些规范与金钱光荣准则并无根本性的关联，但在一定程度上具有直接或附带的经济意义。因此，荣誉性浪费准则可能会直接或间接地影响责任观、审美观、效用观、对虔诚和仪式恰当性的观念以及科学真理观。

至于荣誉性开支通常是在哪个特定场合或以哪种特定方式侵犯道德行为准则，在这里几乎没有讨论的必要。实际情况是，有些人专门监督和劝阻任何背离公认道德准则的行为，他们对此十分关注，并已做出大量说明。在现代社会中，社会生活的主要经济和法律特征是私有财产制，道德准则的一个突出特征便是私有财产神圣不可侵犯。而私有财产神圣不可侵犯的习惯，会遭到其他寻求财富的习惯（通过炫耀性消费获得好名声）的侵犯，这一论断无须多加强调或解释，就能为大家所接受。多数对财产的侵犯，特别是严重的侵犯，即来源于此。当罪犯以不法手段获得大笔横财，根据纯粹的道德准则应属罪大恶极之时，却通常得以免于极刑或严正指责，这是一种尽人皆知的社会流弊。与小偷小摸相比，这些通过不法行为获得巨大财富的窃贼和骗子更有机会逃脱法律的严惩；而他所增加的财富以及他对这些不义之财的得体消费方式，还会为他赢得一些好名声。赃物的得体消费，对有礼数教养的人而言格外具有吸引力，甚至会大大削弱他们对缺德者道德堕落的感觉。也可以注意到（这一点更加切中要害），如果犯罪动机是为了使他的妻子儿女能过上"体面"生活的光彩目的，我们都倾向于宽恕他对财产的侵犯。如果他的妻子一向"养尊处优"，这一点将作为减轻其过错的额外理由。也就是说，我们很容易宽恕这样一种犯罪，其犯罪目的是使犯罪人的妻子能为他实施时间和物品的代理消费，以满足金钱体面标准的要求。在这种情况下，对一定程度炫耀性浪费习惯的认可，与所有制神圣不可侵犯的习惯相左，在一定程度上甚至会使人对应该赞美还是责备无所适从。对涉及明显的掠夺或盗窃元素的缺德行为，情况尤其如此。

这一议题在此几乎无须深究，但以下评论并无不妥：

与所有制神圣不可侵犯概念交织的所有那些相当可观的道德规范，本身就是财富值得尊崇这样一种传统心理带来的结果。此外，那些受到尊崇的财富的主要价值在于通过炫耀性消费获得好名声。金钱体面与科学精神或知识追求的关系，将在另一单独篇章中较为详细地讨论。对虔诚或仪式的价值与充分性的观念，在此也不必多说。这个话题会在稍后的篇章中顺便提及。然而，荣誉性开支的惯例在塑造公众品味——有关神圣事务的正确观和价值观——方面，有很大的发言权，因此我们或许可以指出炫耀性浪费原则与一些习见的宗教仪式和观点之间的关系。

显然，炫耀性浪费准则造就了所谓的虔诚消费中的很大部分，例如圣所、法衣以及其他同类物品的消费。在一些现代教派中，人们认为神祇偏爱并非人工建造的寺庙，但即便如此，该教派的圣所和其他物产仍按照某种体面程度的浪费性开支概念建造和装修。只需要稍加观察或反思——两者同样有效——我们就会确信，教堂的昂贵壮丽，能够使参拜者的心境明显更为振奋愉悦。再想想神圣处所的任何贫穷肮脏的迹象都使所有旁观者产生的羞耻感，我们便会更加确信上述事实。任何宗教仪式用品在金钱方面都应该是无可指责的。这是一个强制性的要求，无论对这些用品在美观或其他效用性方面有多大的宽容度。

同样值得注意的是，在所有社群，特别是在住宅的金钱体面标准不高的社群，当地的圣所与会众的住宅相比，在建筑和装修方面更显华丽，更具炫耀性浪费元素。这一点几乎适用于所有教派——无论是基督教还是异教——但对较古老和较成熟的教派尤其适用。与此同时，圣所通常并未促进其成员的物质享受。事实上，一方面，与会众的简陋住宅相比，圣所对会众的身体舒适鲜有帮助；另一方面，人人都觉得，有关真善美的正确开明的观念，要求圣所中不存在任何可能使信徒感觉舒适的东西。若要在圣所装修中采用任何令人舒适的元素，它至少应该经过严格筛选并被简朴的外表所掩盖。至于近来那些声名最为显赫的教堂，人们在花费方面不惜代价，但却严格贯彻简朴原则，使得教堂装修简直成为一种折磨肉体的手段，从外表上看尤其如此。在虔诚消费方面，即使是有精致品味的人群，也几乎无不认为由这种耗费巨大的简朴效果所带来的不舒适感在本质上是正确良善的。虔诚消费的本质是代理消费。这一虔诚方面的简朴准则，其基础是炫耀性浪费消费的金钱声誉，依据的是代理消费应当明显地无助于代理消费者的舒适这一原则。

在有些教派中，人们并不认为圣所中供奉的圣徒或神祇会现身于此，亲自享受该处所，以满足人们赋予他的奢侈品味，于是所有这些教派的圣所及其装修便带有简朴的性质。而在另一些教派中，人们赋予其神祇的生活习惯更接近于世间君主的生活习惯，神祇被认为会亲自享用这些消费品，于是这些教派的宗教设施便具有不同的特点。在后一种情况下，圣所及其装修更多地体现出世俗主人或所有者专门用于炫耀性消费的物品所具有的特点。另一方面，如果宗教器具仅仅用于神祇的服务，也就是说，以他的名义由他的仆人代理消费，那么宗教设施便体现出专门用于代理消费的物品所具有的特点。

在后一种情况下，圣所和宗教器具的设计目的并不在于提高代理消费者的生活舒适性或完美性，或至少不给人以这样的印象：他们消费的目的是为了消费者的舒适。因为代理消费不是为了提高消费者的生活完美性，而是为了提高作为消费受益者的主人的金钱声誉。因此，众所周知，教士的法衣昂贵而华丽，但不甚方便；而在一些教派中，为神祇服务的祭司不被看作他的伙伴，因而其着装朴素而不舒适。在世人看来，这些都是理所应当的。

这样，浪费性原则对仪式功能准则领域的侵犯，不仅仅在于建立了一个体面昂贵的虔诚标准。它不但涉及方法，还涉及手段；不仅引起了代理有闲，也引起了代理消费。教士的最好风度是超然从容、漫不经心，不为声色诱惑所动。对于不同的教派，以上说法的适用程度当然有所不同；但在所有神人同形同性（anthropomorphic）教派教士的生活中，明显可以看到对时间的代理消费的痕迹。

代理有闲准则同样也普遍存在于宗教仪式的外观细节

中，这一点稍加指明就不难为旁观者所见。所有仪式都有一个值得注意的倾向，即将自身简化为对各种常规的演练。这一常规的发展在成熟的教派中最为显著，同时其教士在生活和装束方面更加庄严、华贵而严肃；而对教士、法衣和圣所等方面要求不甚严格的较为年轻的教派，在其礼拜的形式和方法中也可看到这一常规的发展。随着教派日渐成熟巩固，服务的演练（"服务"这个词对上述论点是一个重要提示）越来越简略，但仪式的简略非常符合正确的宗教品味。对此有一个充分理由，即仪式的简略能够直接说明，享受该仪式的主人已经远远超越了由其仆人实施真实有用服务的这一庸俗需求。他们是一群不事谋利的仆人，而他们的不事谋利意味着其主人的光荣。这里无须指出，教士的职责其实与仆人的职责十分类似。令人愉快的是，我们认识到问题的实质在于，在这两种场合，服务之所以明显被简化，是因为它只是形式上的执行而已。教士在执行其职责的过程中不应敏捷灵巧，否则会使人认为他的工作是多余的。

在这一切之中，当然存在着关于神祇的气质、品味、习性和生活习惯的明显暗示，而这些都是由生活在金钱声誉准则传统下的信徒赋予的。通过占领人们的思维习惯，炫耀性浪费原则影响了信徒关于神祇的概念，以及人与神之间关系的概念。当然，金钱美之美的广泛影响在较年轻的教派中最为明显，但它其实无处不在。所有民族，无论处于哪个文化阶段或启蒙程度，都热衷于弥补其神祇在个性和习惯环境的可靠塑造方面的明显不足。他们借助想象力来丰富和填补有关神的存在及其生活方式的情景，并习惯性地赋予他一些特性，以构成他们理想中伟人的形象。人们在寻求与神祇交流时所采取的方式方法，被尽可能地同化为当时他们心目中对神的设想。人们觉得，如果采用公认的特定方法，并伴以在公众理解中与神祇天性特别符合的特定物质环境，那么神祇将以最大的魅力现身并起到最佳效果。人们普遍接受的适合这种交流场合的理想举止和设施，当然在很大程度上，是基于公众在所有正式交往中，对人们的仪态和周围环境的内在价值和内在美的认知。基于这一原因，若将声望的金钱标准存在的所有证据都直截了当地归为金钱竞赛的基础规范，这种分析宗教行为的方式将具有误导性。而公众通常设想神祇十分爱惜其金钱地位，认为他之所以避免和谴责肮脏的处所和环境，仅仅是因为肮脏的处所和环境在金钱方面不入流——这种设想同样是一种误导。

即使考虑了所有这些情况，我们对神祇属性的概念以及我们关于什么是与神祇沟通的恰当方式的概念，看起来仍然直接或间接地受到金钱声誉准则的实质性影响。在人们的感觉中，神祇的生活习惯一定是特别宁静和悠闲的。每当人们出于教诲目的或唤起虔诚想象的目的，对他的居所进行诗意描绘时，那些妙笔生花的虔诚信徒必定会在听众的想象中展现出神的遍布财富和权力标识、大量仆从环绕的宝座。在这些对天国居所的一般展示中，这群仆人的职责是代理有闲，他们的时间和精力，在很大程度上被用于对神的美德和功绩进行非生产性的演练；而展示的背景，则充满了贵金属与各种贵重宝石的闪耀光辉。金钱准则对宗教理想的这样一种极致影响，只出现在虔诚想象的较为粗俗的表达中。南方黑人的宗教想象中就有这种极端情况。他们中的妙笔生花者不愿凑合运用任何比黄金便宜的东西，在这种情况下，他们对金钱之美的坚持，导致画面中出现令人咋舌的金黄色泽效果——这让具有较严肃品味的人着实无法忍受。但无论在哪个教派，金钱的价值理念都被用来补充礼仪的恰当典范，而后者引导了人们关于宗教器具中何为正确的观念。

同样，还存在一种感觉——且这一感觉被付诸实践——即神的教士仆人不应该介入生产性工作；任何种类的工作——任何一种实实在在对人类有用的职业——不得在神祇所在地或圣所附近进行；任何人来到这里，都必须清除其服装或身体上任何被视为不敬的生产特征，着装应较日常服装昂贵；在专为颂扬神祇或与神祇交流的假日，任何人都不能进行对人类有用的工作。即使是不重要的附属人员，也应在七天内抽出一天实施代理有闲。

在所有这些人们关于何种虔诚奉行和人神关系堪称恰当的未受教化的观念之中，金钱声誉准则的有效存在显而易见，不论这些准则对虔诚性判断所造成的影响在这方面是直接的还是间接的。

这些声望准则在公众对消费品的美感或效用性方面，有一个类似的但更深远的效果。金钱体面性的要求，在相当可观的程度上影响了实用品或装饰品的美感和效用性。人们是否喜用某种物品，在一定程度上取决于它是否体现了炫耀性浪费；这种物品在人们感觉中的效用性，在某种程度上与其浪费性以及对表面用途的不合适程度成正比。

因美而受到推崇的物品，其效用与其昂贵程度密切相关，这一点可以用一个简单例子来说明。手工制作银匙的商业价值约为十到二十美元，但它通常并不比机器制作的同样材料的汤匙更好用（在"好用"的本来意义上）。它甚至并不比机器制造的"贱"金属（如铝）汤匙更好用，而后者的价值可能不过十几美分。事实上，就其表面目的而言，前一种汤匙通常不如后一种有效。当然，对此很容易提出反对意见：如果用这一观点来看问题，就忽略了贵重汤匙的一个主要用途（倘若不是其唯一的主要用途）；手工制作的汤匙满足了我们的品味和审美，而机器制造的贱金属汤匙除了可供使用之外，没有任何其他价值。这一反对意见所陈述的虽然是毫无疑问的事实，但若仔细思考就会发现，它显然只是貌似合理，绝非确凿无疑。看起来，（1）虽然用不同材料制成的这两把汤匙都具有适用于其目的的美观与效用，手工制作的汤匙所用的材料比贱金属贵一百倍左右,但它在纹理或颜色上并不具有远高于后者的内在美,在机械效用上也没有任何明显的优越性;(2) 如果人们在仔细检查后发现,想象中的手工制作汤匙其实只是一个很逼真的赝品——从表面线条看来似乎与手工锻造品别无二致,只有专业人士通过仔细观察方能辨别真伪——这时,物品的效用,包括使用者由此构想出来的、对美的物品的满足心理,便会立即下降八九成,甚至更多;(3) 如果这两把匙子的外观由一个相当仔细的观察者看来也几乎无差别,只能通过测量哪把更轻来揭穿赝品,在这种情况下,只要较便宜的匙子不是一种新品且可用低廉的价格获得,那么这种形状和颜色的等同几乎不能增加机制匙子的价值,也不会明显地提高使用者品玩时所获的"美感"。

匙子的案例颇具代表性。从对昂贵且被视为美的产品的使用和品玩中得到的超级满足感,通常在很大程度上是对伪装为美感的奢侈感的满足。我们对高级物品的格外欣赏,其实主要是对其高级荣誉特性的欣赏,而不是单纯对美的欣赏。这个炫耀性浪费的要求通常并未有意识地存在于我们的品味准则中,但仍作为一个约束规范而存在,这一规范选择性地塑造和维持我们关于美的观念,并指导我们区分哪些事物可以被恰如其分地视为美,哪些则不可以。

正是在这一点上,即当美观与荣誉相遇并混为一体时,在任何具体情况下，都极难在效用性和浪费性之间做出区分。经常出现的情形是，用于炫耀性浪费这一荣誉性目的的物品，同时又是一件美的物品；而造就其荣誉性效用所付出的劳动，常常可以并确实赋予该物品以形态美和色彩美。使问题进一步复杂化的事实是，许多物品如宝石、金属和其他一些用作装饰品的材料，其作为炫耀性浪费物品的效用，来自它们最初作为美的物品的效用。例如，黄金本身就具有令人高度瞩目的美；许多（如果不是大多数）高价艺术品在本质上是美丽的，虽然它们常常具有一些实际的限制；类似的情况也适用于制作衣服的某些物料、某些风景画以及许多其他东西，只是在程度上有所不及。如果不是因为它们拥有的内在美，这些物品几乎不会让人孜孜以求，也不会成为垄断它们的拥有者和使用者引以为傲的资本。但这些东西对其拥有者的效用通常并不在于它们的内在美，而在于人们占有或消费它们时所获得的荣誉感，或借此而避免的骂名。

除了在其他方面的效用性之外，这些物品本身是美的，并具有相应的效用；如果它们可以被独占或被垄断，它们便是有价值的；因此，这些物品成为令人垂涎的宝贵财产，对其进行专属享受满足了拥有者的金钱优越感，对其进行品玩也同时满足了他的美感。但它们的美（在该词的朴素意义上），是它们被垄断或拥有商业价值的机会，而非其理由。"宝石给人以美的感受，其稀有性和价格则使其更显卓越，倘若价格低廉就达不到这一效果。"事实上，在通常情况下，人们对这类美丽物品鲜少有垄断或应用的意图，除非是基于其作为炫耀性浪费物品的荣誉特征。这一类物品中的大多数——部分个人装饰品除外——不仅可用于获取名声，在应用于任何其他目的时也同样有效，不论观察者是否为其拥有者；需要补充的是，即便是个人装饰品，其主要目的也是赋予佩戴者（或拥有者）荣誉，使其区别于那些无法获得者。美的物品的审美效用性并不因占有而得到大幅或普遍的提高。

迄今为止，我们经过讨论所得出的一般规律是，为了符合我们的美感，任何有价值的物品都必须同时符合美与昂贵的要求。但这并非全部。除此之外，昂贵性准则对我们品味的影响还在于，昂贵性标志与物品的美的特征在我们的欣赏中密不可分，而两者共同作用的结果却仅仅归为对美的欣赏。昂贵性标志逐渐被公认为贵重物品的美的特征。它们作为可敬的奢侈标志而招人喜爱，这种喜爱与对物品美的外观和颜色的喜爱混为一体；例如我们常常说一件衣服"非常漂亮"，但其实几乎所有对这件物品的美学价值的分析所得出的结论只会是：它在金钱方面具有荣誉性。

这种昂贵和美的元素的交融和混合，或许在衣服和家具上体现最为明显。在服装方面，声望准则决定了何种外形、颜色、材质和一般效果的服饰在当时被视为合适的；对这一准则的背离会冒犯我们的品味,并被认为背离了审美真理。我们对流行服装的认可绝不是出于假装。我们很容易觉得那些时尚的东西讨人喜欢,在大多数情况下这种喜欢绝对不只是幻想而已。例如,当时尚是高光泽面料和中性色的商品时,粗糙的布料和鲜亮的色彩效果就会令我们看着不舒服。今年款式的时髦帽子对我们感情上的吸引力,无疑要比去年款式的同样时髦帽子的吸引力强烈得多;但依我看,再过二十多年,要从内在美的角度决定哪一顶帽子更好,将会是一件极端困难的事情。因此可以说,单纯从服装与人体的物理联系考虑,绅士帽或漆皮皮鞋的高光泽,与磨光的旧袖子上类似的高光泽相比,并不见得有更多的内在美;然而毫无疑问,所有(西方文明社会中)有良好教养的人本能而真挚地认为前者是非常美的,而对后者则毫不犹豫地予以摒弃,因为它在一切意义上引起的感觉都令人不快。除非有审美之外的某种迫切理由,否则无法想象如何能诱使任何人使用诸如文明社会中的高顶礼帽这样的设计。

随着人们进一步习惯对物品昂贵性标志的鉴赏性感知,并习惯性地将美与声望划等号,他们开始认为:美而不贵,即是不美。于是就会产生以下情形,例如,一些漂亮花卉常被视为令人讨厌的杂草;而另一些相对容易栽培的花卉,则被无力负担更为奢侈昂贵品种的较低层中产阶级所接受和推崇;但它们被另一些人视为俗物而予以摒弃,这些人经济情况较好，负担得起昂贵花卉，且在花卉产品的金钱美方面接受过较高层次的教育；更有一些花卉，与上述品种相比并无更多内在美，但培育成本极高，那些在礼貌环境的关键引导下培养了品味的花卉爱好者，便对之大为赞美。

社会不同阶级的品味差别，也可见于许多其他种类的消费品中，例如家具、房屋、公园和花园。有关这些不同种类的商品中何者为美的观点之所以不同，并不是因为朴素审美观所遵循的规范存在差异。它不是在审美禀赋上的本质差别，而是在不同声望准则之间的差别，这些准则规定了什么样的对象在评论者所属阶级的荣誉性消费的范围之内。它是一种礼仪传统方面的差别，即哪些种类的消费品，可以在不损害消费者声望的条件下，以品味和艺术之名进行消费。除了某些特定理由所引起的变动之外，这些传统或多或少地被该阶级生活的金钱标准所界定。

日常生活中有许多有趣的例子，能够说明实用物品的金钱美准则如何在不同阶级之间变化，以及惯常的美感如何与未经金钱声誉熏陶的感觉发生背离。其中一个例子是西方人所热爱的草坪，或修剪过的前后院草地或公园。对于生活在金发长颅（dolicho‐blond）人种为主要人口的社群中的富裕阶级，草坪尤其符合他们的品味。若仅作为感知的对象，草坪确实给人以美的感受，正因如此，它无疑直接吸引了几乎所有种族和所有阶级的目光；但相对于大多数其他人种，也许在金发长颅人种的眼中，草坪的美更加毫无疑义。与其他人种相比，金发长颅人种对广阔的草坪更为欣赏，再加上他们的某些其他气质，说明这一人种曾经是长期居住在气候潮湿地区的游牧人。他们所遗传的倾向使他们很容易在一片保存完好的牧场或放牧地中获得乐趣，因此修剪过的草坪在他们看来十分美丽。

出于审美目的，草坪应为奶牛牧场；今天在某些情况下——伴随而来的奢华环境排除了被他人非难为节俭的可能——奶牛被引入草坪或私人土地来还原金发长颅人种的田园生活。这种情况下使用的奶牛通常是昂贵品种。一般而言，奶牛几乎不可避免地会带来关于节俭的庸俗联想，这就使它成为用于装饰目的的长期有效的障碍。因此，在任何情况下，除非环境奢华而不会引起这一联想，否则人们一定会避免使用奶牛作为品味爱好的对象。当人们无法抑制用草食动物来充实牧场的强烈愿望时，通常会把奶牛换成一些不是十分恰当的替代物，如鹿、羚羊或类似的珍奇野兽。这些替代物，虽然在西方田园牧人眼中不如奶牛那样美丽，但在这种场合却仍然受到青睐，因为它们特别昂贵或无实际效用，从而具有良好声望。无论在事实上还是在联想中，这些动物都不具备庸俗的营利性。

公园当然与草坪属于同一类型，充其量都只是对牧场的模仿。这样的公园当然最好是用来放牧，草地上的牛群本身就会使其美丽大大增色，对于任何见过保养良好牧场的人而言，这一点无须强调。但值得注意的是，出于金钱元素对流行品味爱好的影响，人们很少采用这种方法来布置公共场所。熟练工匠在受过训练的保养者指导下完成的最佳作品，充其量也只是对牧场不同程度的模仿，其成果总是缺乏牧场的艺术性效果。在一般大众的心目中，牛群会带来关于节俭和实用性的明显联想，它们的存在会使公共游乐场显得廉价而令人不堪忍受。这种布置场地的方法相对而言成本低廉，因而有失体统。

与此属于同一类的，是公共场所的另一个特点，即在精心展示昂贵性之余，又营造出简单和大致适用的假象。就私人场地而言，只要其管理者或所有者的品味是在中产阶级的生活习惯之下形成的，或在老一辈上层阶级的传统之下形成的，就也会显示出同样的表面特征。对于现代上层阶级来说，他们所中意的场所，在这些方面的特征并不如此明显。在这类有良好教养的人群中，老一辈和新一辈之间的品味之所以存在差别，是因为经济状况发生了改变。类似的差别除了可见于游乐场地的公认理想标准，也可以在其他方面感受到。这个国家像大多数其他国家一样，直到近半个世纪，才有很小比例的人口拥有了令他们无须节约的足够财富。由于沟通方式不完善，这一小部分人是分散的，相互之间缺乏有效的接触，因而不具备发展可置昂贵性于不顾的品味的基础。拥有高雅品味的人们，不遗余力地反对庸俗的节俭。当朴素的美感偶尔因认同廉价或节俭的环境而显现出来，这种美感将得不到"社会认同"——仅当有相当多的志同道合者时，才能够产生"社会认同"。因此，缺乏有效的上层阶级意见来监管在场地管理方面可能存在的廉价迹象；其结果是，有闲阶级和下层中产阶级之间在理想游乐场地的外貌方面并无明显分歧。这两个阶级构建其理念的考虑相同，都是为了防止金钱声望在其眼前受损。

今天，理念方面的分歧开始显现。有闲阶级中的一部分经历了一代或更多代免于工作和不愁金钱的生活，现在已壮大到足以形成和维持品味方面的看法。成员流动性的增加也使"社会认同"容易在本阶级中获得。在这一上层阶级中，免于节俭是如此稀松平常的一件小事，以致失去了它作为金钱体面之基础的效用。因此，近来上层阶级的品味准则不再一贯坚持展示昂贵性或严格防止节俭的出现。在社会地位和知识水平较高的人群中，产生了对公园和游乐场地中乡土元素和"自然"元素的偏爱。这种偏好在很大程度上是工作本能的表露，它导致的结果具有程度不一的一贯性。这种偏好很少完全不矫揉造作，有时会转变为某种对乡土元素的幻想，类似于上文所提及的。

即便在中产阶级的品味中，也存在如下嗜好：他们喜欢使用大体适用的、能够明显暗示出直接性和不具浪费性用途的设计；但在这种情况下，也依然要完美地遵守荣誉性的无效用准则。于是，这一准则体现为伪装效用性的不同方法和手段，如乡土式栅栏、桥梁、凉亭、阁楼等设计，以及其他类似的装饰性特征。其伪装效用性的表现与经济美感的初衷之间分歧最大者，见于乡土式的铸铁栅栏和格子架，或水平地面上蜿蜒迂回的车道。

至少在某些情况下，上层有闲阶级已超越了这些借效用性之名行金钱美之实的方案。但在新晋有闲阶级以及中下层阶级的品味中，艺术美仍然需要用金钱美来补充，即便对那些主要因自然美而获得赞赏的对象也是如此。

在这些事情上的流行品味，从人们对修剪美化工作以及公共场所常见花坛的普遍高度欣赏中便可看出。金钱美在中产阶级品味中优于艺术美，关于这一点，最好的例证或许是对不久前被哥伦布纪念博览会①所占场地的改建。这一证据表明，即便人们避免了所有外表上的奢华显露，荣誉性昂贵需求仍然强有力地存在。这项改建工程若由不受金钱品味准则引导的人员负责实施，其实际艺术效果将会有很大的差别。实际上，这项工程的进展甚至得到了城市人口中上层阶级毫无保留的认可，这表明在此情况中，该城市的上中下各层阶级在品味上几乎不存在分歧。在这个发达金钱文化的代

---

① 1893 年在芝加哥举行的著名世界博览会，纪念哥伦布（Christopher Columbus）于 1492 年"发现"美洲。——译注

表性城市中，人们极不愿意看到自己的美感背离炫耀性浪费这一重要文化原则。

对大自然的热爱，或许是从一个更高阶级的品味准则借鉴而来的，这种热爱有时在金钱美准则的引导下以意想不到的方式表现出来，其结果在旁观者乍看之下似乎是不合常理的。例如，在这个国家的荒芜地区，植树是一种广为认可的做法，而这项实践被沿用于树木茂盛的地区时，却成了一项荣誉性开支；因此以下现象并不罕见：在树木茂盛的郊外，一个村庄或一名农夫砍掉原生树木，随即在农田周围或沿街补种一些引进品种的树苗。这样，原先生长着栎树、榆树、水青冈、灰胡桃、铁杉、椴树和桦树的一片森林遭到砍伐，取而代之的是糖槭、杨树和爆竹柳树苗。人们觉得只有具有装饰性和荣誉性目的的物品才高贵，而保留廉价森林树木将会有损体面。

金钱声誉对品味的类似普遍引导，在对动物的盛行审美标准中也有迹可循。这一品味准则在确定奶牛在流行审美标准中所处位置时所起的作用，前文中已经谈到。其他家养动物，如家禽、猪、牛、绵羊、山羊和役用马等，只要对社会生产有一定程度的作用，就同样符合该准则。这些家畜具有生产物品的性质，并服务于有用的、往往有利可图的目的；因此，不能说它们是美的。对那些通常没有生产目的的家养动物，如鸽子、鹦鹉和其他笼养鸟，以及猫、犬和骏马，情况有所不同。这些通常是炫耀性消费的项目，因此具有荣誉的性质，可以理所当然地认为它们是美的。上层阶级通常很喜爱这类动物，而对金钱上的下层阶级而言，以及对有闲阶级中的少数人——在他们看来，"摒弃节俭"这一严格准则在一定程度上是过时的——而言，两类动物同样都是美的，在美丑之间无须划定一条严格的金钱分界线。

对那些具有荣誉性并被视为美的家养动物，应该提到其价值的一个附加基础。除了属于荣誉性宠物类的笼养鸟（它们属于这一类完全是因为其不具有谋利性），值得特别注意的宠物是猫、犬和骏马。猫在荣誉性方面不如其他两种宠物，因为它的浪费性不够，有时甚至可以服务于有用的目的。同时猫的禀性不适合荣誉性目的。它以平等的姿态与人共处，毫不理解身份关系，而身份关系是自古以来在价值、荣誉和声望方面的一切优越性的基础；此外，猫也无法助益于其主人与邻居做出不公性比较。但对于这最后一条规则，一种珍贵稀有的安哥拉猫是例外，它因其昂贵而稍具荣誉性价值，并因此获得认领金钱美的特别权利。

犬的优点在于无实用价值及其特殊禀性。它经常被称为人类的最好朋友，其智慧和忠诚都受到赞扬。这样说的意思是，犬是人的仆人，有绝对顺从的天赋，并能像奴隶般快速揣度主人的心思。这些特点使它很适合身份关系——对当前目的而言，必须视其为有效用的特点——除此之外，它还具有审美价值较为模糊的一些特点。在宠物中,犬的卫生最差,且习惯最坏。作为补偿,它对主人恭顺谄媚,却随时准备对其他任何人造成伤害和不适。犬还充当迎合我们控制欲的角色,由于它也是一项开支,并且通常不服务于生产目的,它在人们心目中具有稳固的良好声誉。同时,在我们的想象中,犬与狩猎有关,而狩猎是一种有价值的职业,是光荣的掠夺性冲动的体现。

犬由于处于这一有利地位,它所具有的任何形体美和运动美,以及任何它可能拥有的值得称道的精神特点,通常都会得到认可和放大。即便是那些由犬的爱好者培育的长相怪异的犬,也被许多人诚心诚意地认为是美的。这些品种的犬(以及其他特殊培育的宠物)的美学价值的评等,取决于这种变异所采取的特定方式的怪异程度和不稳定程度。就当前的目的而言,这种基于结构的怪异性和不稳定性的独特效用,可以归结为极端的稀缺和由此产生的昂贵费用。畸形犬(例如男性和女性所养的宠物犬的一些流行品种)的商业价值,在于其高昂的生产成本,而它们对所有者的价值主要在于它们可用于炫耀性消费。通过对荣誉性高价格的反映,它们间接地获得了社会价值;于是,通过语言和思想上的简单替换,它们开始获得赞赏,并被认为是美的。由于对这些动物投入的心血绝无谋利性质,也没有实用价值,这一举动便获得了良好的声誉;于是人们给予它们关心的习惯不会受到轻视，这就可能发展成为一种持久的、最具仁慈特点的习惯性依恋。所以，在给予宠物的喜爱方面，昂贵准则作为一个规范相当遥远地存在着，它指导并塑造了人们的感情以及感情对象的选择。接下来我们会注意到，对人的喜爱也符合类似情况，只是此时规范起作用的方式有所不同。

骏马的情况与犬的情况十分相似。总的说来，它价格昂贵，具有浪费性，且在生产方面毫无效用。若要说它在增强社群幸福感或提高人类生活便利性方面有什么用途，那便是通过展示力量和矫健身姿来满足大众的审美观。这当然是一种实质上的效用性。马不具备狗那样的忠顺依赖的精神天赋；但它能够有效地满足主人的冲动，即将环境中的"灵性"力量为自己所自由支配，并通过这些体现自己的主要个性。骏马至少有成为不同等级赛马的潜力；就这一点而言，它对其主人具有特别的效用性。骏马的效用主要在于能够有效地充当一种竞赛手段；如果它胜过了邻居的马，主人的侵略和控制意识就得到了满足。这方面的用途并不具有谋利性，但总体看来，具有相当一致的浪费性，而这种浪费颇具炫耀性，因此骏马的使用是荣誉性的，这就赋予了骏马强有力的假定声誉地位。除此之外，严格意义上的赛马作为一种赌博工具，也具有类似的非生产性和荣誉性。

所以，从审美意义上说，骏马是幸运的，因为根据金钱方面的良好声誉准则，人们能够合情合理地纵情赞赏它可能拥有的一切美或效用性。它的自命不凡是炫耀性浪费原则所允许的，并得到了支配和竞赛的掠夺天性的支持。此外，马是一种美的动物，不过，有些人既不是赛马爱好者，也未被赛马爱好者的判定所带来的精神约束遏制美感，他们的品味爱好未受过教化，在其眼中赛马并无特别之处。对这种品味未受教化的人来说，最美的似乎不是育种家通过选择性培育得到的赛马，而是外形未经多少改变的马。尽管如此，当一位作家或演说家——尤其是那些能言善辩者——举例说明动物的优雅和效用性时，出于言词的需要，他会习惯性地提到马；且在结束全文之前，他常常会明确地表示自己脑中所想的是一匹赛马。

值得注意的是，即便在只具有一般品味的人群中，从他们对各种马和狗的不同程度的欣赏方面，也可以识别出有闲阶级声望准则的另一个更为直接的影响。例如在这个国家，在某种程度上，有闲阶级的品味所依据的是英国有闲阶级中盛行（或被认为盛行）的惯例习惯。在这方面，马比狗更符合上述情况。对马，特别是骑乘马——其作用充其量只是简单的浪费性展示——而言，人们通常认为，马的英国化程度越高，就越是美。就声望而言，英国有闲阶级是这个国家的上层有闲阶级，所以它是下层阶级的榜样。这种在审美方法和品味判断形成方面的模仿，不一定导致虚假的爱好，或至少不会导致虚伪或做作的爱好。建立在这一基础上的爱好和建立在任何其他基础上的爱好一样，都是认真的、实质性的品味判定，而两者的区别在于，这种品味追求的是声望上的妥当，而不是审美上的真实。

应该指出，这种模仿并不局限于马本身的美感，它也包括服饰和马术等。因此，正确或具有声誉美的骑乘姿势或仪态也是由英国的惯例决定的，马术步法也不例外。决定什么符合、什么不符合金钱美的准则的因素有时具有偶然性，对此可举例如下：英式骑乘姿势，以及使这种笨拙的骑乘姿势成为必然的令人苦恼的古怪步法，是旧时道路的残留影响，当时英国的道路情况十分糟糕，泥沼遍布，马匹几乎无法以舒适的步态通行。马原本生长于地质坚硬、空旷开阔的野外，对于任何适合在这种地带自如活动的动物来说，英国的道路在上世纪的大部分时间里都泥泞难行，马也无法以其正常步法行走。于是，如今有高雅马术品味的人会以不舒服的姿势骑坐一匹短尾矮脚马，并以令人痛苦的步法行走。金钱声誉准则对品味准则的影响，不仅体现在消费品（包括家养动物）上。在个人美方面，也存在着类似的情况。例如，按世俗传统，富裕成熟男性往往与高贵（有闲）举止和富态相联系，而人们对这些特点情有独钟。为避免任何可能的争议，对于这类流行偏好，这里不予重点讨论。在某种程度上，这些特点已被视为个人美的元素。另一方面，同属于这一范畴的是女性美的某些元素，这些元素十分具体明确，可以逐条进行评价。一种相当普遍的情况是：在某些社会所处的经济发展阶段中，女性对上层阶级的价值是她们所提供的服务，此时，理想的女性美是强壮魁梧。构成欣赏的基础是体形，容貌则是次要的。在早期掠夺性文化中，这种理想典范的例子是荷马诗篇中的女子。

在随后的发展中，当世俗方式中上层阶级妻子的职责逐渐转变为代理有闲时，这种理想典范发生了变化。此后，理想典范包括的特征被视为来源于长期坚持执行的有闲生活，或伴随这种有闲生活而产生。在这些情况下公认的理想典范，可以从骑士时代诗人和作家对美丽女性的描述中收集得来。那个时候，在传统情况下，上层阶级的女士被认为处于长期受保护的地位，严格地免于从事一切有用的工作。由此产生的骑士主义或浪漫主义的美丽典范主要集中在容貌上，并体现为其精致，包括精致的四肢和婀娜的身材——尤其是纤细的腰肢。在当时描绘女性的图画中，以及现代对骑士思维和感觉的浪漫模仿中，其腰身纤细到弱不禁风的地步。相当大部分现代工业社会人口中，依然还存在同样的理想典范；但可以说，在经济和文明发展最为落后，身份和掠夺性制度保存最为完好的那些现代社会，这一典范保留最为持久。这说明，在现代化程度最低的社会中，骑士主义的理想典范保存得最好。这一感伤的或浪漫的典范，大量留存于欧洲大陆国家富裕阶级的品味中。

有闲阶级论 | 117

在已经达到较高生产发展水平的现代社会中，上层有闲阶级积累了巨大的财富，足以使女性免于从事一切粗俗生产劳动。女性作为代理消费者的身份开始在这部分人群中失去地位；其结果是，女性美的典范从纤细优雅、皮肤透亮和怯弱苗条的女性，恢复为古代类型的女性，后者不排斥自己的手足乃至躯体的健壮丰满。在经济的发展进程中，西方文化中美的典范经历了从强壮女性到优雅淑女，又从优雅淑女重回强壮女性的转变；而这一切都顺应了金钱竞赛条件的变化。在某一时期，竞赛的迫切要求需要有强壮的奴隶；在另一个时期又需要有代理有闲的炫耀性表现，因而要求明显的弱不禁风；但如今的形势使得后一个要求开始变得不合时宜，因为随着现代生产效率的提高，女性的有闲可以在很低的声誉等级中出现，它不再是最高金钱等级的明确标志。

除了炫耀性浪费的规范对理想女性美施加的这种一般性控制，为了说明这一规范在男性对女性的审美方面的极端细致的约束，尚有一两个细节值得特别提及。我们已经提到，在炫耀性有闲被视为取得好名声的手段这一经济发展阶段，美的典范要求女性手足小巧、腰身纤细。这些特征，连同其他伴随的结构性缺陷，都能说明当事人不能从事实用性工作，必须无所事事地由主人供养着。这样的女性花费昂贵又毫无用处，因而具有作为金钱实力证据的价值。其结果是，在这一文化阶段，女性会考虑改变自身外表，以便更符合当时经过教化的品味；而在金钱体面准则的引导下，男性认为由此引起的人为的病理性特征颇具吸引力。例如在西方文化中，束腰的习惯广泛存在并长期流行，中国女性缠足的习惯也是如此。对未经训练的感官而言，两者无疑都是令人厌恶的摧残行为，需要习惯才能适应。但在金钱声誉的支持下，它们已经成为男性生活中的荣耀性项目，对其具有无可争议的吸引力。作为金钱美和文化美的项目，它们逐渐成为理想女性气质的组成部分。

这里指出的事物的审美价值和不公性金钱价值之间的关系，当然并不存在于评价者的意识中。一个人在对一件装饰品形成品味判断时，只要他所寻思的是，该对象是浪费性的、享有良好声誉的，因而可以被合理地认为是美的；那么这种情况下的判断并非真诚的（*bona fide*）品味判断，不在我们的考虑之列。这里所强调的声誉与对象美之间的联系，通过声誉的事实对评价者思想习惯的影响而实现。对于给定对象，他习惯于做出各种不同类型——经济、道德、审美或声誉——的价值判断，而他从审美观点所做的评价，将受到他在任何其他观点上对其赞赏态度的影响。这一点尤其适用于与审美观点联系十分紧密的其他观点（如声誉）。基于美观的评价与基于声誉的评价之间，并不如想象中那样有着清晰的划分。在这两种评价之间特别容易出现混淆，因为在言谈中，人们并不会习惯性地用一个特别的术语来区别性地描述对象在声誉方面的价值。其结果是人们常常把用于指定美的类别或元素的术语，用来涵盖这一未命名的金钱价值元素，于是便容易出现相应的观念混乱。所以在公众的观念中，对声誉的要求与对美感的要求混为一体，不带有公认声誉标志的美不为人所接受。然而，金钱声誉的要求和纯粹意义上美的要求，在任何可观程度上都不具有一致性。因此，若将金钱上的不合格现象从我们的环境中剔除，那么大量不符合金钱方面要求的美的元素，也将遭到不同程度的剔除。

品味的基本规范有着古老的渊源，其出现可能远早于这里所讨论的金钱制度。因此，由于人类思维习惯在过去的选择性适应，大部分对美的要求恰恰通过廉价的设计和结构得到了充分满足，这些设计和结构以直截了当的方式展示出它们所履行的职责以及服务于其目的的方法。

或许我们应当回顾现代心理学的观点。形式之美似乎是一个关于统觉（apperception）灵敏性的问题。这一命题或许可以加以推广。如果将关联、暗示和"表达"等被归类为美的元素抽象化，那么任何被感知对象中的美，意味着头脑倾向于根据对象所提供的方向展开统觉活动。但是活动趋于展开或表达的方向本身，是长期强化的习惯对思想进行引导的方向。就美的要素而言，这一习惯得到了长期彻底的强化，它不仅诱发了上述感知形式的倾向，还导致了生理结构和功能的适应性。当经济利益参与美的构成时，它的参与形式是有关目的充足性的暗示或表达，是显然有助于生活进程的有益因素。任何物体若能简洁明确地暗示出它在生活物质方面的功能和效率，就能充分展示其经济便利性或经济效用性（可以被称为物体的经济美）。

正因为如此，在有用的物品中，朴实无华者最美。但由于声誉的金钱准则摒弃那些专门用于个人消费的廉价物品，我们对美的物品的渴望必须通过折衷方式满足。我们必须用某种设计来巧妙地规避审美准则，这种设计能够提供荣誉性浪费开支的证据，同时也符合我们对实用性和美观的挑剔感觉的要求，或至少满足能够替代该感觉的某些习惯的要求。品味的这种辅助感觉是新鲜感；而后者获得满足的方式是好奇心的替代呈现——当人们察看巧妙而令人费解的设计时，好奇心便油然而生。由此得出的结论是，多数被认为是美的并起到这一作用的物品，显示了设计中相当大的智慧，其目的是迷惑旁观者——用看似不可能为真的无关暗示和提示来布下迷阵——但同时又给出证据，证明除了使它具备用于其明显经济目的的全部性能所耗费的精力之外，这件物品还耗费了额外的精力。

这一点也许可以用取自我们的日常生活和日常接触范围之外（从而也在我们的偏好之外）的一个例子来说明。比如引人注目的夏威夷羽毛斗篷，或一些波利尼西亚岛屿的著名装饰性扁斧上的雕花手柄。这些物品无疑是美的，既提供了令人愉悦的形状、线条和颜色的组合，又显示了设计和制作中的高超技巧和智慧。同时，这些物品显然无法提供任何其他经济目的。然而，在精力浪费准则的指导下，巧妙而令人费解的设计的演化并非总能如此顺利。其结果常常是几乎完全扼杀了所有可能体现美或效用性的元素，取而代之的是明显的愚蠢无能所带来的智慧和精力浪费的迹象；以至于我们日常生活中的许多物品，甚至许多日常衣物和装饰品，若不是迫于约定俗成的传统压力，简直令人难以容忍。这种用机巧和花费来代替美和效用性的例子很多，例如，我们在家庭建筑、家庭艺术或编织品、各种服饰——尤其是女性和教士的服饰——中都能看到。

审美准则要求一般性的表达。炫耀性浪费要求的"新颖性"与这一审美准则相左，其结果是使我们的品味对象的外表成为特殊风格的堆砌，而这些特殊风格受到昂贵性准则的选择性监控。

设计中对炫耀性浪费目的的这一选择性适应过程，以及金钱美对艺术美的替代，在建筑学的发展中尤为显著。任何人若要将美的元素从荣誉性浪费元素中分离，他将极难找到一栋能勉强入眼的现代文明住宅或公共建筑。我们城市中较高级的住宅和公寓，其正面五花八门、形式各异，但都既昂贵又不舒适，是各色各样的建筑灾难。而被视为美的对象的，则是未经艺术家染指的建筑物的侧墙和后墙，它们通常反而是建筑物的精华部分。

就物品对审美之外的其他目的的效用性而言，刚才所说的炫耀性浪费法则对品味准则的影响仍将适用，我们对于这方面效用性的观点同样受到炫耀性浪费法则的影响，只是关系稍有变化。商品的生产和消费是人类生活进一步展开的手段；而其效用首先在于，它们能够有效地用作达到该目的的手段。而这个目的首先在于个人生活在绝对意义上的充实。但人类的竞赛倾向既已将商品消费作为不公性比较的一种手段，也就赋予了消费品作为相对支付能力证据的次要效用。这种消费品的间接或次要用途使消费具有了荣誉特征，继而使得最能服务于消费的竞赛目的的商品具有了荣誉特征。昂贵商品的消费是受人称道的；就一件商品而言，如果其成本相当可观地超过了只适用于表面平庸目的的商品的成本，那么它便是荣誉性的。因此，商品的奢侈昂贵性标志是其价值的标志——消费这些商品能够高效率地服务于间接的不公性目的；相反，如果商品的制作过于节俭，只是为了适应所需的平庸目的，不包含昂贵性余量以便进行令自己满足的不公性比较，那么它就是低贱的，毫无吸引力可言。这一间接效用，赋予了"上等"商品大量价值。为了迎合高雅的效用性，物品必须包含少量的这种间接效用。

起初，人们或许只是对简朴的生活方式不以为然，因为这种生活表明当事人缺乏消费能力，进而表明其缺乏金钱方面的成功；然而，他们最终养成了摒弃廉价物品的习惯，认为它们因廉价而在本质上是不光彩的、是有失身份的。随着时间的推移，这种荣誉性开支的传统世代相承，消费品的传统金钱准则得到进一步发展和强化，时至今日，我们终于完全相信所有不贵的东西都是无价值的，从而毫不怀疑以下格言的正确性，"便宜无好货"。推崇昂贵的物品，反对低廉的物品，这一习惯是如此根深蒂固地植入我们的思想中，我们本能地坚持，在一切消费中至少需要一些浪费性昂贵元素，即使对于在严格私密状态下进行消费、断无张扬打算的商品也是如此。即便在自己家里这样的私密场合，若在日常饮食中使用手工制作的银餐具、手绘的瓷器（其艺术价值通常可疑）和高档亚麻桌布，那么我们都会真心诚意、毫无疑虑地感觉自己在精神上更为高贵。当我们已习惯于某种生活标准并将其视为有价值时，任何倒退都被视为对我们个人尊严的严重冒犯。也正因为如此，在过去十年里，烛光成为比任何其他光源更令人愉快的晚餐光源。在有教养的人眼中，与石油、天然气或电力供应的光源相比，烛光更为柔和，更为舒适。三十年前可完全不是这样，在那个时候或在那之前不久，蜡烛一度是最便宜的可供家用的光源。即便是现在，除了仪式照明之外，蜡烛也不是一种可接受的或有效的照明光源。

上述种种由一位尚健在的贤明政客总结为一句名言："衣贱令人贱"，人们无不感受到这句格言的说服力。

在商品中寻找奢侈昂贵的标志，并要求所有商品都应该具有间接效用或不公性效用，这种习惯导致衡量商品效用的标准发生了变化。在消费者对日用品的鉴赏中，荣誉性元素和单纯效率性元素并没有被分开，两者共同构成了商品未经分析的综合效用性。在由此形成的效用性标准下，物品仅凭借物质充分性是难以符合要求的。为了臻于完美并被消费者完全接受，它必须同时展示出荣誉性元素。这样带来的结果是，消费品的生产者在商品生产中努力满足基于这一荣誉性元素的要求。由于他们自己也处在同样的商品价值标准的控制之下，他们在这方面干劲十足，也颇具成效；而且当看到商品缺乏恰当的荣誉性润饰时，他们会发自内心地感到难过。因此，今天用作交易的商品，无不包含不同程度的荣誉性元素。任何像第欧根尼①那样坚持将所有荣誉性和浪费性元素从其消费中剔除的消费者，在现代市场上将无法找到能满足其最普通需求的物品。事实上，即使他依靠自己的努力来直接满足其需求，他也会发现难以或无法放弃自己头脑中已有的思维习惯；他几乎一定会在其自制的日常必需消费品中，本能地、无意地加入包含浪费劳力的荣誉性和准装饰性

---

① 第欧根尼（约公元前412～前324年），古希腊哲学家，犬儒学派代表人物。——译注

元素的某种东西。

众所周知，买主选购商品时，更多地注意商品的外表和工艺，而不是任何效用性标志。为便于销售，制作商品时除了要实现其原定的实际使用功能，还必须包含相当可观的某种额外工作量，使商品获得体面昂贵的标志。这种使明显的昂贵性成为一项可用性准则的习惯，当然会提高消费品的总成本。这就使我们在某种程度上将价值与价格等同起来，从而对廉价物品有所戒备。消费者通常竭力试图以最低价格获取适用的物品；但惯例所要求的明显昂贵性，已经是商品效用性的凭证和组成部分之一，这会使他拒绝那些不含大量炫耀性浪费元素的商品，因为其档次太低。

需要补充的是，消费品这些特点中的很大一部分——在公众的理解中扮演效用性的角色，而在这里作为炫耀性浪费元素提及——对消费者之所以具有吸引力，除了昂贵性这一原因之外，还存在其他原因。这些特征通常显示出技巧和高超工艺的证据，即便这些对商品的实质效用性并无贡献；但毫无疑问，正是主要在这种证据的基础上，特定的荣誉效用性标志首先流行起来，而后成为物品价值的通常组成元素长期存在。仅就这一点而言，高超工艺的展示是令人愉快的，即便就其较远的、目前尚未考虑的结果而言，这种展示是徒劳无用的。人们在品玩精巧作品时，会得到艺术感的满足。但也需要补充说明，高超工艺的证据，或为适应某一目的而采取的精巧有效手段的证据，若不符合炫耀性浪费准则，就无法长期得到现代文明的消费者的青睐。

这里所取的观点，从机器制造产品在消费经济中的地位上得到有力验证。服务于同一目的的机器制造商品与手工制造商品之间的重要差异在于，前者通常更适合于其首要目的。机器制造的商品是更完美的产品，显示出更完美地适应目的的手段。但这并不能使它们免受轻视和贬低，因为它们在荣誉性浪费方面落了下风。手工劳动是一种更浪费的生产方法，所以用这种方法制造的商品更适合于金钱声誉目的；因此，手工劳动的标志具有了荣誉性，那些显示出这种标志的商品比相应的机制商品更为高档。尽管可能存在例外，但在通常情况下，手工劳动的荣誉性标志是手工制品外形上的一些小瑕疵和不平整之处，显示出工人在执行设计时未能达标。因此，手工制品优越性的根据，是一定范围内的粗糙。这一范围不可过大，否则商品将显得做工拙劣，这将成为低成本的证据；同时又不可过小，否则商品显出只有通过机器才能达到的理想精度，这又会是低成本的证据。

手工制作的商品之所以在有教养的人们看来具有超群的价值和魅力，就在于它们所带有的荣誉性粗糙特征，而对其粗糙痕迹的欣赏，实质上是对鉴别能力的考验。人们需要接受训练，形成关于所谓商品外观的正确思维习惯。机器制造的日常用品，往往因为其过度完美，而受到粗俗和欠教养人群的赞赏和青睐，这些人并未对高雅消费的细节给予应有的考虑。机制产品在礼仪方面的劣势，说明了在对商品外表修饰的任何昂贵创新中，技能和高超工艺本身并不足以确保它们得到认可和永久的青睐。创新必须得到炫耀性浪费准则的支持。商品外观的任何特点，无论其本身如何令人愉快，无论它如何适合有效工作的品味，只要它最终冒犯了金钱声誉法则，就无法被容忍。

消费品因"平庸无奇"——或换句话说，低廉的成本——而导致的礼仪上的劣势或不洁感，受到许多人的格外重视。对机器制造产品的排斥，往往就是对这种商品平庸性的排斥。平庸的东西是指那些很多人（在金钱上）能够企及的东西。对这些物品的消费因而不具备荣誉性，因为当与其他消费者进行不公性比较时，它无助于达到对己有利的目的。因此，消费这种商品，甚至是看它一眼，都会引起有关低贱生活的可憎联想，卑贱的感觉充斥于头脑中，而这对敏感的人来说是极端令人厌恶和沮丧的，他们会避免品玩这些商品。有些人十分武断地坚持自己的品味爱好，又不具有天赋、习惯或动机来区分自己各种品味判断的根据，对他们来说，荣誉感与美感、效用性混为一体，如同上文所述那样。其结果是，他们对于美和效用性的综合判断，完全取决于他们的偏爱和兴趣使他们在理解对象时向哪一方面偏倚。于是，低廉或平庸的标志通常被视为缺乏艺术性的标志，人们在此基础上建立了关于什么符合审美礼仪、什么属于审美禁忌的方式或准则，以便对品味问题进行指导。

上文已经指出，在现代工业社会的日常消费品中，廉价的、因而不得体的物品，通常是机器制造的产品；与手工制造的物品相比，机器制造商品外观的通用特征在于，它们在工艺上更加完美，在执行设计细节时精度更高。因此，手工制造商品可见的不完美性，由于其具有荣誉性，也就在美观方面或效用性方面（或两方面）被视为优越性的标志。于是，人们开始颂扬不完美性，其中约翰·罗斯金和威廉·莫里斯①在当时是这方面的热心代言人；在此基础上，他们开始发起并推进对物品粗糙性和精力浪费的倡导。接下来又出现了有关回归手工生产和家庭生产的宣传。倘若那些明显更完美的商品在当时不是更便宜的话，上述这组人所做的那么多工作和结论都不可能实现。

当然，我们在此打算讨论或者说能够讨论的，只是这个审美学派的经济价值。我们的讨论并无贬低之意，主要是描述这一学说对消费和消费品生产的影响趋势。

---

① 约翰·罗斯金（John Ruskin, 1819~1900），艺术批评家和社会改革家。威廉·莫里斯（William Morris, 1834~1896），诗人、艺术家和社会主义者。两人均为英国工艺美术运动领军人物，同样提倡回归自然之美，反对用机器制造物品代替手工制造物品。——译注

莫里斯晚年从事的图书制作，或许最有力地说明了品味发展的偏向在生产中的表现；那些在凯尔姆斯科特出版社①的工作中被认为明显有效的步骤，包括字体、纸张、插图、装订材料和封面工作，也适用于现代艺术书籍的一般制作，只是程度稍减。在过去，人们需要利用匮乏的器械来对付那些难以处理的材料，因此书籍制作是一场结果难以预测的艰苦奋斗，其产品自然也较为粗糙。然而，后期图书产业对卓越产品提出的要求，却在一定程度上基于与当年粗糙制作接近的程度。由于需要手工劳动，这些产品较为昂贵，与只为效用性目的而生产的书籍相比，它们用起来也不那么方便；因此，它们要求购买者有任意消费的能力，以及可以浪费的时间和精力。正是在这一基础上，今天的出版商正在回归"旧风格"，并使用多少过时的其他字体风格，其可阅读性较差，书页的外观与"现代"书籍相比较为粗糙。即便是科学期刊——除了对与其科学有关材料进行最有效的介绍，没有任何其他表面目的——也高度屈从于金钱美的要求，在出版科学论著时采用旧字体、直纹纸②，书页未裁。而那些表面目的并不限于对内容的有效展示的书籍，在这方面当然有过之而无不及。于是我们看到的书有着更加原始的字体，

---

① 凯尔姆斯科特出版社（Kelmscott Press）1890年由莫里斯创建，以其特有的排版设计和华丽装帧印制限量版书籍。——译注
② 带有贯穿页面水印细纹的纸张，用于装饰目的。——译注

手工制造的毛边纸，过多的页边距和未裁的书页，封面展现出煞费苦心的粗糙感和精心营造的不合时宜。从单纯效用性角度来看，凯尔姆斯科特出版社把这件事情做到荒唐的程度，它出版的现代图书采用过时的拼写，以黑体字印刷，并用配有皮带的松软皮纸装订。此外，还有一个确立艺术图书制作的经济地位的典型特征：这些更优雅的书籍是限量印刷的。限量版实际上是一份保证——虽然有些生硬，但确实如此——表示这本书是稀缺的，因而是昂贵的，并赋予其消费者金钱上的优越性。

这些图书产品对有文化品味的购买者的特殊吸引力，当然不在于购买者对图书的奢侈以及优越的粗陋产生了有意识的、朴素的认可。这里与手工制品优于机制产品的情况类似，偏好的意识基础都是人们赋予较为奢侈笨拙的物品的内在卓越性。这些模仿古老过时的制作过程的图书，其卓越性主要被视为在美学方面的超群效用；但也不难找到一位有教养的爱书人，他坚持认为这一笨拙的产品作为印刷语言的交流媒介也具有更好的实用性。就毛边书的超群美学价值而言，爱书人的论点可能具有一定根据。这种书纯粹是从美观角度进行设计的，其结果通常是设计师的某种程度上的成功。然而，这里要强调的是，指导设计师工作的品味准则，是在炫耀性浪费法则的监管下形成的，而该法则选择性地排除任何不符合其要求的品味准则。那也就是说，毛边书可能是美丽的,但设计师可以发挥的范围却受到非美学要求的限制。如果产品是美丽的,它也必须兼具昂贵和使用不便的双重属性。然而,就书籍设计者而言,这种强制性品味准则并不完全由浪费法则的原始形式塑就;该准则在某种程度上符合掠夺性气质的次级表达,即对古老或过时东西的崇拜,其中的一支特殊发展被称为古典主义(Classicism)。

在美学理论中,若要在古典主义(或拟古崇拜)准则和美学准则之间划一条界线,即使不是完全行不通,至少也是极端困难的。出于审美目的,几乎没有做这种区分的必要,且这条界线实际上并不一定存在。就品味理论而言,对拟古主义(archaism)公认典型的表达,不论其获得认可的基础是什么,最好都评定为美的元素;其合理化毋庸置疑。但我们当前的目的在于确定何为公认品味准则的经济基础,以及确定这些经济基础对商品分配和消费的意义,就该目的而言,做出区分并不像上面所说的那样无关紧要。

机制产品在文明消费方式中的地位,可以用来指出炫耀性浪费准则和消费礼数规范之间关系的性质。无论对艺术和品味问题,还是对商品效用性的目前意义,这一准则都不充当创新或主动原则。在将来,它也不会成为一个创造性原则,不会用来实现创新并增加新的消费项目和新的成本元素。我们所讨论的这一原则,在某种意义上,是消极的而非积极的法则。这是一种调节性的而非创造性的原则。它很少直接引起或开创任何习惯或惯例，它的作用只是进行选择。炫耀性浪费并不直接为变化和增长提供基础，但在其他基础上产生的创新要想继续存在，一个必备的条件就是符合炫耀性浪费的要求。无论惯例、习惯和开支方法以哪种方式出现，都受到这一声誉规范的选择；而它们与其要求的符合程度，决定了它们在与其他类似的惯例和习惯的竞争中是否更适合存在。在其他条件相同的情况下，浪费性更明显的惯例或方法，在这项法则下的生存机会更大。炫耀性浪费法则不能作为变化的起源，它的影响只是使适于在其控制下存在的形式长期存在。它的作用是保存适者，而不是开创可接受者。它的职责是检视一切，把握住适合其目的的事物。

第七章
服饰——金钱文化的表达

这里可以通过一些例子，较为详细地说明我们目前提出的各种经济原则如何在生活进程某一方向上应用于日常事实。对于这一目的，在所有消费领域中，服饰方面的花费提供了最为贴切的说明。尤其值得一提的，是在服饰上得到表达的商品的炫耀性浪费原则，虽然其他与金钱名声相关的原则同样在服饰上得到了体现。能够有效彰显个人金钱地位的方法不止一种，这些方法无时无地不在流行中；但在服饰上的花费比其他大多数消费方式都更具优势，因为服饰是显而易见的，观察者只需看一眼我们的服装便能判断我们的金钱地位。此外，与任何其他方面的消费相比，在服饰方面的消费中，用以向外人炫富的花费的存在更为明显，表现也更为普遍。大家都深以为然的简单道理是，所有阶级用于服装的大部分花费，更多是为了体面的外表，而不是为了自身的保护。当我们在服饰方面未达到社会惯例所设的标准时，我们会产生极其强烈的寒酸感，大概没有任何其他情况会让我们有这样的感觉。人们会牺牲非常可观的生活舒适装备乃至生活必需品,以实现在某一消费方面的得体炫耀性浪费,这种情况在服饰方面的适用程度比其他消费项目更为显著。因此,人们在严寒气候下为了服饰得体而衣衫单薄的情形,实非罕见。在任何现代社会中,用于服饰原材料的物品的商业价值,在极大程度上是基于时尚和商品的名声,而不在于它对于穿着者自身的刻板用途。对服饰的需求,很明显是一种"高等"需求或精神需求。

这种对服饰的精神需求并不完全是——甚至并不主要是——对花费的纯粹展示欲。炫耀性浪费法则对服装消费的引导,就像对其他消费的引导一样,主要通过塑造品味和体面准则间接地进行。一般情况下,炫耀性浪费的服装的穿着者或购买者的有意识的动机,在于符合既定惯例的要求,并达到公认的品味和声望标准。这并不仅仅是因为人们必须接受服饰的礼数规范引导,以避免不利的关注和评论,尽管这一动机本身确实十分重要;更重要的原因是,在服饰方面,对昂贵性的要求已在我们的思维习惯中根深蒂固,昂贵服装之外的一切都令我们本能地厌恶,不假思索地认为便宜货是缺乏价值的——正所谓"衣贱令人贱"。"便宜无好货"这句话用在服饰方面远比用在其他消费方面更加令人信服。基于品味和效用性这两方面的原因,在"便宜无好货"的信条下,一套廉价的服装被视为低劣的。一件物品在我们眼中的

有闲阶级论 | 135

美观和适用程度，在某种程度上与它们的昂贵程度成正比。除了极少数无关紧要的例外，无论赝品对昂贵正品的模仿如何精妙，我们都会觉得一件昂贵的手工制作服装，不管在美观还是效用性方面，都远超比较便宜的赝品；赝品之所以令我们感觉不舒服，并不在于它的形状或颜色不佳，实际上也不在于任何视觉效果方面的不足。仿品对正品的模仿可能极其逼真，以至于只有通过最严格的检验才能鉴别真伪；而一旦被发现为伪，其审美价值和商业价值均直线下降。不仅如此，我们也可以比较有把握地宣称：随着仿品相对于正品价格的折扣比例的增加，其审美价值也在某种程度上成比例减少。商品因其所处金钱等级的下降而失去其美学地位。

但服饰作为支付能力的证据，其功能并不仅限于展示穿着者消费了超过其身体舒适所需的贵重商品。就其作用而言，商品的简单炫耀性浪费是有效而令人满意的；它是金钱上成功的良好表面证据，因而是社会价值的表面证据。但服饰除了作为浪费性消费的第一手原始证据以外，它还有更微妙、更深远的潜在作用。除了显示穿着者有能力进行任意的浪费性消费，如果它同时还能说明此人并不为生存压力所迫，那么其社会价值的证据将得到显著加强。于是，为了使我们的服饰有效地达到其目的，它不仅应当昂贵，也应当让所有的观察者都明白，穿着者没有介入任何类型的生产劳动。我们的服饰体系被精心设计为目前这种与其目的完美符合的体系，在其演变进程中，这一证明的辅助作用得到了应有的重视。若对符合公众认知的优雅服装进行详细探讨，就能看出：它在被设计的每个步骤都传递了穿着者不习惯做任何有用工作的印象。任何一套服装倘若沾有泥土或带有磨损，因而显现出穿着者参与体力劳动的痕迹，就绝不会被视为优雅的或体面的——这一点其实无须多言。干净整洁的服饰之所以有令人愉快的效果，其主要原因（如果不是全部原因）在于它暗示出穿着者能够享受有闲，无须参与任何种类的生产劳动。漆皮皮鞋、光洁无瑕的亚麻织品、光鲜亮丽的圆筒形礼帽，以及能大大提升绅士的天生尊贵感的手杖，这些物品的大部分魅力来自一个共性：它们都能清楚地表明，穿戴者在这样的行头下是无法从事任何直接对人类有用的职业的。优雅服饰之所以能达到其优雅目的，不仅因为其价格昂贵，还因为它是有闲的标识。它不仅表明使用者能够消费大量财富，也说明他只进行消费，不进行产出。

与男装相比，女装更能显示出穿着者不从事生产性职业。相比于男性的高帽子，女帽的款式更为优雅，让女性更加不可能参与工作——这是一个无须争辩便能得出的结论。女鞋增添了所谓的法式高跟，其精良优美提供了强制性有闲的证据：很明显，穿着这种高跟鞋将不可能参与任何——哪怕是最简单最必要的手工作业。裙子和其他具有女性特征的衣物，则在更大程度上符合上述规律。我们之所以对裙子有执着的爱好，其实质性原因仅仅在于，裙子价格昂贵，且处处对穿着者形成阻碍，使她无法行使任何实用性职责。女性把头发留得特别长的习惯，也是出于类似的原因。

但女装不仅比现代男装更能说明穿着者对劳动的豁免，它还专有极具个性的特色，在性质上区别于男性惯于实践的任何事物。这一特色是以紧身胸衣为典型例子的一类发明。在经济学理论中，紧身胸衣实质上是一种摧残，其目的是降低穿着者的活力，并令其无法胜任工作——这种影响不但明显，而且是永久性的。诚然，紧身胸衣减损了使用者的个人魅力，但这一损失因声望的提高而得到补偿，这种声望来自她明显愈加奢侈的消费和明显愈加虚弱的体质。我们完全可以确定，就事实而言，女装的女性气质发生了演变：女装注重的是更有效地妨碍有用动作的施展。男女服装之间的差异，至此只是简单地指出了一个典型特点。接下来，我们将讨论其出现的原因。

于是，至此，我们有了炫耀性浪费的大致原则，此为重大且主要的服饰规范。而炫耀性有闲原则作为该原则的一个从属原则和必然结果，发挥着二级规范的作用。在服饰结构中，这些规范体现在各式各样的设计里，它们能够说明穿着者没有——或可顺便说明其不能——从事生产劳动。除了这两个原则之外，还有几乎具备同等约束力的第三个原则，任何人只要对本论题稍作思考就不难想到。服饰不仅必须具有炫耀性昂贵和不便的性质，还必须紧跟时代潮流。对于时尚不断变化这一现象，尚无令人满意的解释。衣着必须符合公认的最新风格，而公认的时尚每一季都在变化，这些是每个人都十分熟悉的事实，但还没有一种理论能够解释这种持续不断的变化。我们当然可以十分坚定而诚实地说，这一新颖性原则是炫耀性浪费法则的另一个推论。显然，如果每一件衣服都只能短期使用，如果上季的服装都不能在本季继续使用，那么服饰的浪费性花费将大大增加。这看起来有相当程度的可靠性，其实不过是一个消极推论。这一考虑无非就是令我们有理由判断炫耀性浪费规范控制监视着与服饰有关的一切，因此时尚的任何改变都必须符合浪费的要求；但什么是使时尚改变并被人们接受的动机，它并未给出解答；而我们为什么必须（如我们所知道的那样）在特定时间段内遵循某种特定时尚，它也未能给出解释。

为了找到一个能够作为时尚中发明和创新的动机的创造性原则，我们不得不追溯到导致服装起源的非经济性原始动机——装饰的动机。对于这一动机是如何以及为何在昂贵性法则的指导下得到发展，我们不予详细讨论。总体而言，时尚的每一次创新都力争达到某种展示形式，这种新形式比被替代的旧形式更符合我们对式样、颜色或有效性的感觉。不断变化的流行时尚体现出我们对符合自己美感的事物的孜孜以求，但由于每一次创新都受到炫耀性浪费规范的选择性影响，创新能够发生的范围在某种程度上受到限制。新的时尚不仅必须更美——更常见的情况是，不像被它所替代的东西那么令人讨厌——而且必须符合公认的昂贵性标准。

初看起来，在这样一种不懈追求服饰之美的努力下，人们似乎应当会逐渐达到艺术上的完美状态。我们也许会自然而然地期待，时尚在一个或多个服装类型上显现出明显的趋势，逐渐发展为适合人类体型的典型形式；我们甚至可能认为自己完全有理由抱有这样的希望：在对服饰倾注多年的心血和努力之后，时尚应该已经相对完美和相对稳定，接近屹立不动的艺术理想。但事实并非如此。断言今天的流行时尚在本质上比十年前、二十年前或五十年前、一百年前的更合适，将是非常危险的。另一方面，不会有人反对下面的主张：两千年前流行的风格，比今天最精巧、最煞费苦心的服饰更加合宜。

然而，以上对时尚的解释还不充分，我们必须做进一步的说明。众所周知，在世界各地已有一些风格和类型相对稳定的服饰，例如，在日本、中国和其他东方国家是这样，类似情况也存在于希腊、罗马和其他古代东正教民族中；另外，近代以来，几乎每个欧洲国家的农民群体都是如此。在绝大多数情况下，有资格的批评家认为，这些国家或大众的服饰要比风格不断变化的现代文明服装更合宜，更具艺术性。同时，它们也（至少通常）不具有明显的浪费元素；也就是说，在其结构中更容易被注意到的，是昂贵性之外的其他元素。

这些相对稳定的服饰，通常非常严格而狭隘地囿于局部地区，并且随着地区的改变呈现出轻微的系统性差异。这些服饰无一例外都出自比我们更贫穷的民族或阶级，在这些服饰所属的国家、地区和时代中，其人民——或至少其阶级——相对而言是均匀、稳定和定居不动的。也就是说，经受住时间和观点考验的稳定服饰所出现的环境，与现代文明大城市——其中相对流动的富裕人口引领了时尚——的环境相比，不具有那么强势的炫耀性浪费规范。在稳定的、艺术性的服装出现的国家和阶级，金钱竞赛采取的方向是炫耀性有闲，而不是商品的炫耀性浪费。所以通常可以认为，在那些商品的炫耀性浪费原则最为强势的社会，例如我们当今的环境，时尚是最不稳定、最不合宜的。这一切都表明，昂贵性和艺术性服饰之间是相互对立的。就事实而言，炫耀性浪费规范与服饰应该是美的或合宜的这一要求互不相容。针对时尚的不断变化，这种对立关系提供了一种解释，而无论昂贵性准则还是美观准则都无法单独提供这样的解释。

声誉标准要求服饰显示出浪费性开支的迹象，然而，对于朴素的品味而言，所有的浪费都是令人不悦的。心理法则指出，所有男性——女性或许更甚——都厌恶徒劳，无论是精力的徒劳还是开支的徒劳，就像人们一度认为大自然厌恶真空[1]一样。但炫耀性浪费原则需要明显的无效花费，由此产生的服饰的炫耀性昂贵便因此具有本质上的丑陋性。于是我们发现，在服饰的所有创新中，每一处增加或改变的细节，都为了避免受到谴责而力图显示出某种表面目的；同时，在炫耀性浪费的要求下，这些创新之处不会超越这种显而易见的伪装范围。即使在最随意的设计中，时尚也几乎从未摆脱过对某种表面用途的模仿。然而就服饰的时尚细节而言，其表面用途的虚伪性总是过于明显，而其徒劳无用的实质给我们的印象糟糕到无法忍受，于是我们求助于新的时尚。但新的时尚仍然必须符合光荣的浪费和徒劳无用的声誉要求。很快，它的徒劳性变得像其前身一样可憎；浪费法则允许的唯一补救办法，是在新的构建中寻求解脱，但新的构建又是同样地徒劳无用，同样地站不住脚。这就是时兴着装的丑陋本质和不断变化的原因。

在对时尚变换的现象做出如上解释之后，下面要做的是用日常事实予以验证。其中一个众所周知的日常事实是，在任一特定时间段内流行的式样会博得所有人的喜爱。一种新式样广泛流行并在一季内备受青睐，而且，至少当它还是一

---

[1] 人们很早就知道，只要抽去水管里的空气，水就会沿管上升。亚里士多德说这是因为"大自然厌恶真空"。直到 17 世纪，才由玻意耳（Boyle）、托里切利（Torricelli）和帕斯卡（Pascal）等人依次用实验证明其实是空气重量造成的压力导致水柱上升进入真空区域。——译注

件新奇事物时，人们普遍认为新的式样具有吸引力。这种流行式样被认为是美的，一部分原因在于其与旧式样不同而带来的抚慰，另一部分原因在于其声誉良好。我们在上一章中提到，声誉准则在一定程度上塑造了我们的品味，在其引导下任何事物都会被视为合适的，直到其新颖性逐渐减弱，或直到声誉保证转移到用于同一个一般目的的另一种新结构。在任何给定时期，被称为美或"可爱"的流行式样是短暂而虚假的。对此的证据是，在这许多层出不穷的时尚式样中，没有一个能经受住时间的考验。隔了五六年或更久以后再看，我们当今最流行的时尚都会被视为怪异，甚至丑陋。我们对最新事物的短暂依恋，并非基于审美的理由。当我们内在的美感有足够的时间发挥作用，并拒绝这个难以理解的最新设计时，这种依恋便土崩瓦解。

开发一种在审美上可憎的时尚所需的时间或长或短，在任何给定案例中，所需的时间长度与所涉及时尚的内在丑陋程度成反比。根据时尚的丑陋与其不稳定性之间的时间关系，我们可以推断：时新式样更新换代越快，就越不符合合理的品味。因此可以推定，社会——特别是社会的富裕阶级——在财富、流动性及人际交流范围方面的发展程度越高，炫耀性浪费法则在服饰问题上就越有话语权，美感就越容易被金钱声誉准则遏制或压倒，时尚的更迭就越快，每次流行的时尚也将越怪异，越让人难以忍受。

这个服饰理论中至少还有一点有待讨论。以上所述的大部分内容不仅适用于女性着装，也适用于男性着装——虽然在现代，几乎所有上述要点适用于女性着装的程度更高些。但在一点上，女性服饰与男性服饰之间有实质性的区别。女性服饰明显更注重的特征，是那些能证明穿着者得以免于或无力从事一切低俗生产性职业的特征。女装的这一特点意义重大，它不仅完善了服饰理论，也确认了上文所述的女性在过去和现在的经济地位。

此前我们已经在"代理有闲"和"代理消费"的部分讨论了女性的地位，其中可以看到，在经济发展的进程中，为户主实施代理消费成为女性的职责，在女装设计中也考虑到了这一点。对于体面的女性而言，具有明显生产性质的劳动尤为低俗，因此，在对女性服饰的设计中必须采取特别的措施，使旁观者强烈地意识到以下事实（实际上通常是虚构的）：穿着者没有从事实用性工作的习惯，也不能从事这类工作。礼数要求体面的女性比相同社会阶层的男性更坚定地摒弃实用性工作，并更多地展示有闲。一想到任何有良好教养的女性必须从事实用性工作以求谋生，我们就会感到非常气愤。因为这不是"女性领域"。她的领域在家庭内部，她应该"美化"家庭，而她本人应该是家中的"主要装饰"。而在目前，男户主还不能被称作家中的装饰。这一特点，以及礼数要求女性更加不懈地重视其服饰和附属用品的昂贵展示的这一事实，都加强了前文已经提出的观点。由于当前社会是由父权制演化而来的，我们的社会制度在很大程度上把女性的功能界定为证明家庭的支付能力。按照现代文明的生活方式，女性所属家庭的好名声应当是她特别关心的事情；而保持好名声主要依仗的是荣誉性开支和炫耀性有闲的系统，因此这就成为女性的领域。在金钱上较高层阶级力图实现的理想生活方式中，对炫耀性物质和精力浪费的关注通常是女性的唯一经济功能。

在女性仍不折不扣地充当男性财产的经济发展阶段，实施炫耀性有闲和消费是她们必须提供的服务的一部分。女性并不具有独立自主性，她们所实施的明显花费和有闲，提高的并不是自己的声望，而是其主人的声望；因此，家庭中女性的花费越昂贵，不事生产的性质越明显，她们的生活就越为人所称道，越能有效地服务于其家庭或主人的声誉目的。于是女性不仅必须提供有闲生活的证据，甚至还要使自己失去从事实用性活动的能力。

正是在这一点上，男性服饰不及女性服饰，而这是有充分理由的。炫耀性浪费和炫耀性有闲之所以具有声望，是因为它们是经济实力的证明；而经济实力之所以具有声望或荣誉性，归根结底是因为它是成功和优势力量的证明；因此，由任何个人自己提供的浪费和有闲的证据无法维持某种形式或提升到某个高度以证明他并非缺乏能力或会为此感到明显不适；因为这种展示在此情况下证明的不是他的优势，反而是劣势，这就与其本来的目的背道而驰。于是，只要女性通常（或在一般情况下）将浪费性开支和不从事生产实施到一定程度，以致展现出明显的不舒适或由自己引起的生理缺陷，那么人们直接的推论便是，该女性实施这种浪费性开支并承受这种生理缺陷，并不是为了提高她自己的金钱声望，而是为了她在经济上有依赖关系的某人的利益——在经济理论中，这一关系归根结底是一种奴役关系。

下面将这一结论应用于女性服饰，并对其做一具体说明：高跟鞋、裙子、不实用的帽子、紧身胸衣——对穿着者舒适性的普遍漠视，是所有文明女性服饰的明显特征。这些证据表明，在现代文明生活方式中，女性对男性的经济依赖理论上仍存在——在高度理想化的意义上，她依然是男性的奴隶。女性所实施的所有这种炫耀性有闲和着装，其简单原因在于她们隶属于人这一事实：在经济功能的分化中，她们被给予的职责就是证明其主人的支付能力。

女性服装和（特别是穿号衣的）家仆服装之间有着明显的相似性。两者都很精巧地显示出不必要的昂贵性，两种情况下都展现了对穿着者的身体舒适的明显忽视。但在大费周章地坚持无用性（倘若不说是坚持穿着者的体质虚弱）方面，主妇的着装相较于家仆而言更胜一筹。这是顺理成章的；因为，在理论上，按照金钱文化的理想方式，主妇是家中的首席家仆。

除了仆人之外，至少还有一类人的装束使其类似于仆人阶级，并具有许多使女性服饰带有女性气质的特点。这一类人便是教士。教士的法衣突出地显示了所有能展现仆从地位和有闲生活迹象的特征。所谓的法衣，华丽、怪异而又不方便，至少从表面上看，其不舒适的程度已经到了令人烦扰的地步。就上述特点而言，法衣比教士的日常习惯表现得更为明显。同时，人们期望教士不从事任何有用的工作，并在公众面前显示出冷漠惆怅的面容，这与训练有素的家仆非常相似。教士通常把脸面刮得很干净，这也与家仆相似。教士与贴身仆人在风度和服装方面的类同，来源于两者在经济功能方面的类同。根据经济学理论，教士是积极服侍神的贴身仆人，所穿的制服是神授的制服。为了恰如其分地展示出他高贵主人的尊严，制服的昂贵是理所应当的；但其设计又显示出对穿着者的身体舒适甚少顾及或毫不顾及，因为这是一项代理消费，由此增长的名声并不属于仆人，而属于不在场的主人。

一方面是女性、教士和仆人的服饰，另一方面是男性的服饰，两者之间的界线实际上并不总是能够被观察到，但几乎毫无疑义的是，它总是以相当确定的方式存在于流行的思维习惯中。当然也有些离经叛道的男性（且为数不少），出于对具有无瑕名望的着装的盲目热情，无视男女服饰之间的

有闲阶级论 | 147

理论界线，他们穿着的服装明显是用来折磨肉身的。然而，每个人都会毫不犹豫地注意到，这样的服饰对男性而言是不正常的。我们习惯于说这种服饰是"娘娘腔"的；有时你会听到这样的评论：那位着装精美的绅士穿得像侍者一样讲究。

对这一服饰理论中的一些明显矛盾，值得进行更详细的讨论，这尤其是因为，在服饰更为成熟的后续发展中，这些矛盾标志着一种相当明显的趋势。紧身胸衣的流行就是这里所引规则的一个明显例外。然而，通过更细致的审视便能看出，这一明显例外，其实是对以下规则的一个证明：服饰中任何一个特定元素或特点的流行，都基于其作为金钱地位证据的用途。众所周知，在生产力更先进的社会中，紧身胸衣只在严格界定的社会阶层中采用。贫困阶层的女性，尤其是农村人口，除了作为节假日的一种奢侈品之外，并不习惯使用紧身胸衣。在这些阶级中，女性需要努力工作，谁也没有闲情逸致在日常生活中为了假装有闲而折磨肉体。而在节假日使用这种物品其实是在模仿更高阶级的体面准则。而在这个以贫困和体力劳动为特征的阶层之上，所有女性——包括最富裕和最值得尊敬的女性在内——为了避免其社会地位受到指责，紧身胸衣对她们而言几乎都是不可或缺的，这个惯例一直延续到我们之前一两代人为止。只要尚未形成这样一个阶级，他们足够富裕而能使其成员免于从事任何必需的体力劳动，且同时其人数又足够众多而得以形成我行我素的独立社会群体，能够在其内部实行只为阶级中的主流意见所左右的专门行为规则，那么，上述规则就始终成立。时至今日，拥有大量财富的足够强大的有闲阶级已经形成，于是任何对其被迫进行体力劳动的指控，都是徒劳无功、无关紧要的；因此在这个阶级中，紧身胸衣在很大程度上遭到废弃。

在这条规则下，免于穿着紧身胸衣的例外情况只是虚有其表。这些例外人群是具有较低生产结构——更接近古代的准生产类型——的农村中的富裕阶级，以及更先进工业社会中的新兴富裕阶级。后者还没有时间脱离他们在之前较低金钱等级时的平民品味和声望准则。在那些新近暴富的美国城市中，紧身胸衣的这种残存在较高社会阶级中并不少见。如果把"势利"一词作为不带任何贬义的术语，可以说紧身胸衣在很大程度上留存于势利时期——在金钱文化中从较低向较高水平过渡的无所适从时期。也就是说，在所有具备紧身胸衣传统的国家中，只要紧身胸衣能通过展现穿着者的身体缺陷，达到展示荣誉性有闲的目的，它就会一直存在。其他用于降低个人可见效率的摧残手段和设计，自然也符合上述规则。

对于炫耀性消费的各种条目而言，类似的情况应该也同样成立。的确，类似规则似乎在轻微程度上适用于服饰的各种不同特征——尤其是使穿着者有明显不适或表面不适的特征。在过去的一百年,尤其在男性服饰的发展中,可以感觉到一种趋势,那就是不再采用令人厌烦的开支方式和有闲标志,虽然这些东西可能在历史上起过好的作用,但若在今天的上层阶级中沿用,则是多此一举——例如使用扑粉假发和金色花边,以及定期修面的做法。近年来,修面在上流社会中稍有回归,但这可能只是对仆人必须使用的方法的暂时性的无知模仿,想必会像我们祖辈的扑粉假发一样,最终退出历史舞台。

上述这些指标以及其他类似的指标能够同样直截了当地向所有观察者表明,那些使用它们的人通常并不从事实用性工作。如今,这些指标已经被其他更为细致地表达同样事实的方法所取代,对于那些较小的精英圈子里受过品味训练的人也即人们博取好感的主要对象而言,这些方法有着同样明显的效果。如果展示者需要吸引的大部分公众并没有受过训练以察觉财富和有闲证据的微妙变化,那么,早期较粗糙的宣传方法便可立足。当逐渐成长的富裕阶级达到一定规模,阶级成员有闲暇获取技巧来解读开支的微妙迹象,宣传方法也将随之精细化。"刺眼"的服饰对有品味的人构成了一种冒犯,因为它显示出一种对粗俗之人未经训练的感官的过度迎合。对有教养的个人而言,只有他所在阶级的高层成员经过教化的感官所授予的光荣声誉,才有举足轻重的影响。由于富裕有闲阶级已成长壮大,或者说有闲阶级中成员之间的接触非常广泛，足以构建一个荣誉性的人际环境，在此过程中人们往往会有计划地将人口中的低下部分排除在外，甚至剥夺他们作为提出赞成或反对意见的观众的资格。这一切带来的结果就是方法的精细化，更趋细微的计谋，以及服饰中象征手法的精神化。一旦上层有闲阶级在有关体面的所有事务上树立了榜样，社会其他阶层也会逐步完善其服饰系统。随着社会在财富和文化方面的进步，支付能力也就显而易见了，而这需要观者具备逐渐提高的辨识力。事实上，对不同的宣传媒介的这种更高的辨识力，是高级金钱文化中一个很重要的元素。

第八章
免除生产和保守主义

人类的社会生活，与其他物种的生活类似，都是一种生存斗争，因此也是一个选择性适应过程。社会结构的演化，是制度经历自然选择的过程。在人类制度和人类性格方面已经取得和正在取得的进步，可以被广义地视为对最合适的思维习惯的自然选择，以及个人对环境的被迫适应过程，这一环境随着社会的发展和人类制度的改变而不断变化。一方面，制度是选择和适应过程的结果，这一过程塑造了精神态度和倾向的主要类型；与此同时，制度又是生活和人际关系的特殊方法，因此反过来也是选择的有效因素。而不断变化的制度，又进一步选择出具有最合适禀性的个人，同时通过形成新的制度，使个人的气质和习惯进一步与变化的环境相适应。

塑造人类生活发展和社会结构发展的力量，最终无疑可以归结为生命组织和物质环境；但对于当前目的，最好把这些力量近似地描述为一种环境（部分是人类的，部分是非人类的）以及一个具有相当明确的生理和智力结构的人类主体。总体或平均而言，人类主体处在不同程度的变化之中，这种变化主要服从的规则无疑是对有利变异进行选择性保留的规则。在很大程度上，对有利变异的选择也许是种族类型的选择性保留。任何社群，倘若其人口是由不同种族元素混合而成的，那么在其生活史的任意给定时刻，总会有这个或那个具有持久且相对稳定的身体和气质类型的种族上升为支配地位。任何时刻的形势，包括当时实施的制度，将有利于某一种类型特点的生存和支配，而不利于另一种的生存和支配；在这样的情况下被选择来沿袭并进一步发展传统制度的人，在相当程度上会以类似的方式来塑造这些制度。但除了发生在几种相对稳定的思维特点和习惯之间的选择过程之外，在占支配地位的一种或多种种族类型的特有倾向的一般范围内，无疑也同时进行着思维习惯的选择性适应过程。通过在相对稳定的几种类型中进行选择，任何人口的基本特征都可能发生变化；但在同一类型范围内对细节的适应，以及在有关任何一个或一组社会关系的特殊习惯性观点之间进行的选择，同样会引起变化。

　　适应过程主要是在几种稳定的气质和性格类型之间的选择，还是人的思维习惯对变化中环境的适应？就当前的目的而言，这一关于适应过程本质的问题，不及以下事实重要：制度用这样或那样的方法实现了改变和发展。制度必须随着变化的环境而改变，因为它们在本质上是对这些变化的环境所给的刺激做出反应的一种习惯方法。这些制度的发展就是社会的发展。制度实质上是个人和社会对某种关系和某种作用的普遍思维习惯；在某一特定时间或在社会发展的某一特定阶段所实施的制度的总和，构成了当时的生活方式；在心理层面上，这种生活方式可以大致表征为一种盛行的精神状态或一种盛行的理论。就其一般特征而言，这种精神状态或生活理论，归根结底是一种普遍的性格类型。

今天的形势通过强制性选择过程塑造明天的制度，这一过程中形势作用于人们对事物的习惯性看法，从而改变或加强继承自过往的观点或思维状态。对人们生活起引导作用的制度——亦即思维习惯——正是以这种方式从更早时期得到的；这一更早时期距今或近或远，但无论如何，制度肯定是在过去被制定并为人们所接受的。制度是过去的产物，与过去的环境相适应，因而永远不会完全符合当前的要求。这个选择性适应过程，必然永远无法赶上社会在任意时刻所处的不断变化的形势；因为环境、形势以及生活迫切需要——它们强制人们进行适应，并对适应结果施加选择——日复一日地改变；社会中的每一个后续形势，一经确立便立刻趋于过时。发展每迈出一步，这一步本身就构成了需要新的适应的一个形势变化；后者又成为下一步调整的出发点，如此周而复始，永无止境。

尽管这可能是乏味的老生常谈，但我们仍要指出，今天的制度——当今广为接受的生活方式——与今天的形势并不完全符合。同时，人们倾向于把现在的思维习惯永远维持下去，除非环境迫使其改变。于是被传承的这些制度，这些思维习惯、观点、心理状态、倾向等，本身便是保守的因素。这便是社会惯性、心理惰性和保守主义因素。

社会结构改变、发展并适应变化环境的方式，仅仅是改变社会中几个阶级的思维习惯，或者归根结底，是改变组成社会的个人的思维习惯。社会的演化本质上是个人在环境压力下的心理适应过程，新环境不再能容忍在过去的环境下形成的适应当时环境的思维习惯。这一适应过程究竟是持续存在的种族类型之间的选择和生存过程，还是个体的适应和获得性遗传过程，在此并不十分重要。

尤其是从经济理论的角度看，社会的进步是一个近似精确的"调整内部关系以适应外部关系"的持续渐进的过程，但这一调整永远不可能被明确界定，因为"外部关系"在"内部关系"的渐进变化中不断改变。近似程度可高可低，取决于调整的便利程度在已经改变的环境的迫切要求下，人们会重新调整其思维习惯，但这种调整在任何情况下都只会是缓慢和不情愿的，而且只有在公认观点已经站不住脚的紧迫形势下才会发生。制度和习惯性观点对已变化环境的重新适应，是对外部压力的反应，其实质是对刺激的反应。因此，重新调整的自由和便利程度——也就是社会结构的成长能力——在很大程度上取决于形势在任何给定时间对社会中各成员起作用的自由度——各成员承受环境制约力的程度。社会的任何部分或任何阶级,如果在任何重要方面躲避了环境的约束力,那么这一部分或阶级的观点或生活方式,对已发生变化的一般形势的适应将更缓慢;而这将会延缓社会转变的进程。富裕的有闲阶级正是处于这样的环境中,得以免受导致改变和重新调整的经济力量的影响。可以说,归根结底,导致制度发生重新调整的力量——特别是在现代工业社会中——几乎完全属于经济性质。

任何社群都可以被视为一种生产或经济机构,其结构由所谓的经济制度所组成。这些制度是社群在与其所生活的物质环境的互动中开展生活进程的习惯性方法。在给定环境中,当人类展开活动的给定方法已经以这样的方式设计好,社群的生活将比较容易地在这些习惯的方向上得到表达。社群将利用环境的力量,以便按照从过去学到的并体现在这些制度中的方法来生活。但随着人口的增加,以及人们驾驭自然力量的知识和技能的拓展,群体成员之间关系的习惯方式,以及开展群体生活进程的习惯方式,不再带来与以前同样的结果;由此造成的生活条件,不再像以前那样以相同的方式分配或分摊到不同成员中,也不再对他们产生相同的效果。就群体生活进程而言,在原先的条件下,如果群体生活进程开展的某种方式，在效率或便利程度方面可达到大致最佳的结果；那么在已变化的条件下，同样的生活方式将不会产生在这方面可能达到的最佳结果。在人口、技能和知识发生变化的条件下，按传统方式进行的生活的便利程度可能不会比原先条件下的差；但如果改变方式来适应变化了的条件，那么便利程度降低的可能性会更小。

群体是由个体组成的，群体的生活就是（至少从表面看来）互不相干地进行着的所有个体的生活。群体公认的生活方式，是各个体对人类生活中何为正确、良善、得当和美好的共识。如果与环境打交道的方法发生变化，生活条件将进行重新分配，但这并不会给整个群体的生活便利程度带来等同一致的改变。条件的改变可能会增加群体生活的整体便利程度，但重新分配通常会使群体中某些成员的生活便利或充实程度降低。当人口、技术方法或生产组织发生进步时，至少对某些社群成员而言，他们若想方便而有效地采纳变化的生产方式，就必须改变其生活习惯；在此过程中，他们对于生活习惯中何为真、何为美的原有概念，将无法继续保持。

任何人在被要求改变其生活习惯及其与同伴之间的习惯性关系时，都会感觉到新增的迫切需求所要求的生活方式与他习惯的传统生活方式之间的差异。正是那些处于此种境地的人，才有最强大的动力来重建公认的生活方式，也最容易被说服去接受新的标准；而正是出于生计的需要，人们才会被置于这一境地。环境对群体施加的压力——导致群体生活方式发生重新调整——对群体成员的影响体现为金钱上的迫切需要；外部力量在很大程度上转化为金钱或经济上的迫切需要，正是基于这一事实，我们可以说，在任何现代工业社会中，引起制度重新调整的力量主要是经济力量；或者更具体地说，这些力量以金钱压力的形式体现。我们这里所考虑的重新调整，实质上是人们对于何为正确、何为良善的观点的改变；而改变人们对正确和良善观点的手段，在很大程度上是金钱的迫切需要带来的压力。

对于人类生活中何为良善、何为正确的观点，任何改变充其量都只能缓慢发生。任何在所谓进步的方向上发生的改变尤其如此，也就是说，在与古代状况——可以作为社会演化中任一阶段的出发点的状况——存在分歧的方向上，改变尤其缓慢。倒退和回到人们在过去早已习惯的观点是较为容易的。任何与过去的观点相背离的发展，如果其主要原因并不在于种族类型的替换导致旧观点与新类型的某些气质不相容，那么上述的倒退就尤其容易发生。

在西方文明的生活史中，现今阶段的前一个文化阶段是本书中所说的准和平阶段。在这一准和平阶段，身份法则是生活方式中的显著特征。该阶段的标志性精神状态，就是统治与个人顺从，无须指出，今天人们要回归到那种精神状态将是何等容易。当时的那种精神状态，与其说是被完全符合随后发展出来的迫切需要的思维习惯所取代，不如说是由于当今的迫切经济需要而被不稳固地暂时搁置。在组成西方文化人口的所有主要种族的生活史中，经济演化中的掠夺阶段和准和平阶段似乎都持续了很长时间。因此，那些文化阶段所特有的气质和倾向非常稳固，任何一个阶级或社群只要失去了维持后期发展出来的思维习惯的力量的作用，就会不可避免地快速倒退为具有符合以往心理结构的一般特征。

众所周知，当一些个人——乃至一些相当大的群体——与较高的工业文化相隔离，而处于较低的文化环境或较为原始的经济形势之中时，他们很快便会显示出倒退为掠夺性精神特征的迹象。金发长颅人种的欧洲人与其他在西方文化中有联系的种族相比，似乎更容易倒退到未开化阶段。在后来的移民和殖民史中，这样的小范围倒退的例子比比皆是。狂热的爱国主义是掠夺性文化的典型特征，其存在常常是现代社会中最显著的倒退标志，若不是出于对冒犯这种狂热爱国主义的担心，我们完全可以将美国殖民地作为异常大规模倒退的一个例子，虽然倒退发生的范围还不是很广。

在任何高度组织化的现代生产社会中，普遍存在着经济上的迫切需求，而有闲阶级在很大程度上避免了来自这些经济需求的压力。对有闲阶级而言，奋力谋生的需要不像对任何其他阶级那样紧迫；这种特权地位带来的后果是，当形势要求制度进一步发展并重新适应已经发生改变的生产环境时，我们应当预期到，有闲阶级是社会各阶级中反应最慢的一个。有闲阶级是一个保守的阶级。社会中一般经济情况的迫切需要，并不会随意或直接地影响这个阶级的成员。他们不需要改变生活习惯和对外部世界的观点来适应变化了的生产技术的需求，不会因此而有任何损失，因为他们并不是充分意义上的生产社会的有机组成部分。因此，这些迫切需要难以使这一阶级的成员产生对现有秩序的不安，从而使其放弃已经习惯的观点和生活方法。有闲阶级在社会演化中的职责，是延缓趋势，保留过时的事物。这绝不是什么新鲜的主张，而是长期以来公众的普遍看法。

富裕阶级在本质上是保守的，这一论断受到普遍认同，且不需要任何有关该阶级在文化发展中的地位和关系的理论观点来提供太多帮助。人们对这个阶级的保守主义所提供的解释通常有失公允，认为富裕阶级之所以反对改革，是因为他们能通过维持现状拥有卑劣的既得利益。我们在这里提出的解释，不归结于卑劣的动机。该阶级对文化方式改变的反对是一种本能，它主要不是基于物质上好处的利益算计；而是当人们背离广为接受的处世做事方式时的一种本能的反感——这种反感情绪人皆有之，且只能为环境压力所克服。生活和思维习惯的一切改变都是令人讨厌的。富人和普通人之间在这方面的差异，主要并不在于促生保守主义的动机，而在于他们暴露在推动改变的经济力量之下的程度。富裕阶级的成员不像其他人那样容易屈服于对改革的要求，因为他们并未受到强迫而非屈服不可。

富裕阶级的这种保守主义是其非常明显的一个特点，它甚至已经成为公认的体面标志。对于社会中较为富裕因而声誉较好的人群而言，保守主义作为其特征，获得了一定的荣誉性或装饰性价值。它已经达到了约定俗成的地步，于是对保守观点的坚持便自然而然地被包含在我们对体面的观念中；对所有希望在社会声望方面无懈可击的人，保守主义是势在必行、必不可少的。保守主义作为上层阶级的一个特点，是得体的态度；相反，改革作为下层阶级的现象，是粗俗的行为。我们之所以对所有社会改革者产生本能的反感和厌恶，其中首要的——也是最无须考虑即予采纳的元素——是这些事情在本质上给人带来的粗俗感。所以，即使人们承认改革者所代表推行的某一案例具有实质性价值——这种情况很容易发生，只要他力图革除的弊端在时间、空间或人际关系上离我们足够遥远——他们仍然会不可避免地感到，与改革者的联系至少是令人不快的，且必须避免与他发生社会接触。改革是一种失礼的行为。

富裕有闲阶级的惯例、行为和观点，对社会中其余阶级而言，是约定俗成的行为准则，这一事实使得该阶级的保守主义具有了额外的影响力和影响范围。于是，所有声誉良好的人都不得不依样效仿。因此,凭借其作为良好礼仪化身的高级地位,较富裕阶级对社会发展所施加的阻碍作用,远远超过了该阶级凭借其人数可能获取的力量。有闲阶级的规定性示范作用,极大地强化了所有其他阶级对任何改革的抗拒,并使人们钟情于那些世代相传的良好制度。

就阻碍人们采用更合时宜的常见生活方式而言,有闲阶级还有另一种方式,能够在同一方向上施加影响。严格说来,上层阶级进行引导的这第二种方法,与上述的本能保守主义以及对新思维模式的厌恶并不属于同一范畴,但我们仍可在此对其进行讨论,因为它至少与保守的思维习惯有许多共同之处,它们都阻碍改革和社会结构的成长。在任何给定时间和任何给定人群中流行的礼仪规范、常规和惯例,带有不同程度的有机整体的特性;因此,在系统中某一点的任何明显变化,即便不引起整条线上的重新组合,也会牵涉到其他点的变化或重新调整。如果所做的改变只是直接触及系统中很小的一点,随之而来的常规结构的紊乱可能是不起眼的;但即便在这样的情况下,可以很保险地说,总体系统中会出现不同深远程度的紊乱状况。另一方面,如果一项改革试图抑制或彻底改组常见系统中一项头等重要的制度,人们会立即感到,这将导致整个系统的严重紊乱;如果因为系统中的主要元素发生了形式上的改变,就重新调整结构以适应新形式,这个过程即便不令人疑窦丛生,也将是痛苦而冗长的。

对于惯常生活方式中的任意特点，发生这样一种根本性的变化并非易事。要理解这一点，只需想一想，若在任何一个西方文明国家废止一夫一妻制、血缘关系的父系制度、私有财产或有神论信仰，或在中国废止祖先崇拜，在印度废止种姓制度，在非洲废止奴隶制，或在伊斯兰教国家实现男女平等，这些做法将会引起怎样的反应。在以上任何一个案例中，常规总体结构的紊乱都将会非常可观，这是无须多言的。实现这样的改革，将会使人们的思维习惯发生非常深远的改变——不仅表现在直接相关的方面，也表现在生活方式的其他方面。对任何此类改革的厌恶，其本质等同于在陌生的生活方式面前畏缩不前。

日常经验中一个熟悉的事实是，善良的人们对任何背离公认生活方式的建议会产生厌恶情绪。不难听到那些对社群给出有益忠告和训诫的人言之凿凿地声称，一些相对微小的改变，如废黜英国国教、简化离婚手续、赋予女性选举权、禁止酒精饮料的生产和销售、废除或限制继承权等，将会给社会带来深远的有害影响。我们被告知，这些改革中的任何一个，都将"撼动社会结构的基础"，"使社会陷入混乱"，"颠覆道德基础"，"让生活变得难以忍受"，"混淆自然界的秩序"，等等。以上各种表达在本质上都是夸大其词；但同时，像所有的夸张表述一样，它们显示出人们对所描述后果之严重性的强烈意识。人们认为,这些和类似的改革在搅乱公认生活方式方面的影响,与为社会人带来方便的一系列设计中的独立项目的简单改变相比,带来的后果要严重得多。明显适用于头等重要的改革的东西,也适用于较不重要的改变,只是适用程度有所降低。厌恶改变在很大程度上使人不愿花费心力重新做出调整,而调整对任何改变而言都是必需的;在任何给定文化或任何给定人群中,各种制度是一个相互关联的有机系统,这加重了人类在思维习惯中对任何改变的本能抗拒,即使对于他们自己认为不甚重要的问题也是如此。

由于人类制度的相互关联,这种加剧的勉强情绪带来的后果是,任何改革都需要殚精竭虑地做出必要的重新调整,比维持原状的代价要大得多。这不单单因为改变既定的习惯思维是令人厌恶的。被认可的生活理论的调整过程涉及某种程度的精神上的努力——人们多少需要付出长期艰苦的努力,使自己能在发生变化的环境中清醒立足。这个过程需要耗费一定的精力,为了成功地完成这一过程,人们除了应付日常生存斗争,还需要付出额外的精力。其结果是,不仅仅饥饿和劳苦会阻碍进步,奢侈生活同样也会阻碍进步,因为它阻断了一切对现状不满的机会。对于赤贫人群,以及那些精力完全消耗于日常维生斗争的所有人等来说,他们之所以保守,是因为他们没有精力去考虑后天;而那些家财万贯的人之所以保守，是因为他们很少有机会对当下的形势感到不满。

由这一论点可以推断，有闲阶级制度通过以下作用来使下层阶级趋于保守：尽可能多地剥夺下层阶级的维生手段，从而降低其消费，减少其可用的精力，使其没有精力学习和适应新的思维习惯。金钱等级上端的财富积累意味着下端的财富匮乏。众所周知，无论在哪里，人群中相当大程度的贫困对任何改革而言都是严重的阻碍。

财富分配不均除了引起上述的直接抑制作用之外，还有一个间接作用，它能够导致相同的结果。正如我们已经看到的，上层阶级在确立声誉准则时树立的有强大号召力的范例，促进了炫耀性消费的流行。炫耀性消费的流行作为所有阶级体面标准的主要元素，当然不能完全归结于富裕有闲阶级的示范作用，但有闲阶级的示范作用无疑强化了对炫耀性消费的实践和坚持。在这件事情上，礼仪的要求非常可观且具有强制性；因此，对于那些金钱地位足够高的阶级，即便他们完全可以消费远超过最低维生限度的物品，但他们在满足更为紧迫的生理需求后，经常将多余的可支配部分用于炫耀性礼仪，而不是用于增加物质享受和充实生活。此外，这种可获取的过剩资源，也有可能被花费于购置用于炫耀性消费或炫耀性食宿的物品。其结果是，金钱声望的要求趋于

(1) 将最低维生限度以外的部分用于炫耀性消费，以及

(2) 吸收维生所需之外的任何多余资源。总体结果是使社会的整体保守状态更加严重。有闲阶级制度直接阻碍文化发展的方式有：(1) 通过阶级本身固有的惰性，(2) 通过该阶级对炫耀性浪费和保守主义的强大示范，以及 (3) 间接地通过制度本身倚仗的财富和生活资料的分配不均的系统。

除此之外，保持现状对有闲阶级而言也能带来物质利益。在任何给定时间的现行环境下，这一阶级通常处于特权地位，因此可以预期，任何对现有秩序的背离，只会给有闲阶级招致损害，而不会带来任何好处。仅仅考虑到阶级利益的影响，该阶级的态度也应该是按兵不动。有闲阶级本就具有强烈的本能偏见，再加上与利益相关的这种动机，其保守态度便更加稳固。

当然，以上所述的一切，都无意对有闲阶级是社会结构中保守主义或倒退的倡导者和传播媒介这一点进行任何褒贬评价。有闲阶级施加的抑制作用可能是有益的，也可能是有害的。至于在任何给定情况下的利弊，是决疑论的问题，而不是一般的理论问题。保守元素的代言人经常提到，如果没有保守的富裕阶级对改革的一贯性、实质性的阻力，在社会改革和实验的推动下，社会将发展为难以维持、无法容忍的局面，而这只会引起人们的不满，诱发灾难性的反应。这一观点（作为政策问题）也许有其真实性，但这一切都不在当下的讨论范围内。

然而，抛开所有的贬低与所有对是否有必要抑制轻率改革的反对和疑问不谈，对于被称为"社会进步"或"社会发展"的环境调整，有闲阶级必然一贯起着延缓作用。该阶级的典型态度可以概括为以下格言："存在皆合理"；而若将自然选择法则应用于人类制度，则可得到公理："存在皆谬误"。对当今的生活而言，现行的制度并不完全是错误的，但它们一定在某种程度上存在错误。我们现行的制度来自为适应过去发展中某一时刻的形势而对生活方法进行的调整，这种调整或多或少是不合适的；所以现行制度的错误，不仅仅是因为现在的形势与过去的形势之间存在时间差距。这里所用的"正确"和"错误"，当然并非对孰是孰非的判断。它们只不过是（无道德倾向）演化观点的应用，意指与有效演化进程的相容与否。有闲阶级制度借助于阶级的利益和本能，通过制定准则和强大的示范作用，维持现存的失调制度，甚至主张回归到一种更古老的生活方式——这种方式甚至比被认可的、来自最近过去的过时方式，更不符合当前形势下生活的迫切需要。

尽管我们就老办法的保留进行了许多讨论，制度的变化和发展仍然是不争的事实。惯例和思维习惯在累积成长，习俗和生活方法在选择性适应。值得一提的是，有闲阶级的职责是引导并延缓这一成长；但对于它与制度成长之间的关系，可说的内容却不多，除非它涉及的制度主要与经济直接相关。这些制度——经济结构——可以根据它们服务于经济生活的两个不同目标，大致区分为两大范畴。

若采用传统术语表述，这两大范畴是获得制度和产出制度；若采用前几章在其他情况下应用过的术语，它们是金钱制度和生产制度；此外也可以使用其他不同的术语，称其为服务于不公性和非不公性经济利益的制度。前一个范畴与"商业"有关，后一个则与刻板意义上的产业有关。后一类并不经常被视为制度，在很大程度上是因为它们并不与统治阶级直接相关，因此很少作为立法或审议讨论的主题。如果它们受到注意，通常是因为人们从金钱或商业角度对其进行探讨，而这也正是当今时代的人们——尤其是上层阶级——在经济生活中主要考虑的方面。对于经济事务，这些阶级很少有商业方面以外的兴趣，但与此同时，思考社会事务却主要是他们的责任。

有闲（即非生产性有产者）阶级与经济进程的关系是一种金钱关系——是获取关系，而非产出关系；是掠夺性关系，而非服务性关系。当然，他们的经济职责有可能在间接层面上对经济生活进程至关重要；这里绝对无意贬低有产阶级或工业界领袖的经济功能。我们的目的只是指出这些阶级与工业进程以及经济制度之间关系的实质。他们的职责具有寄生特性，他们的兴趣是尽量转移物品为自己所用，并将所有东西保留在自己手中。商业世界的传统就是在这一掠夺或寄生原则的选择性监视下成长起来的。它们是所有制的传统，是古代掠夺性文化在不同间接程度上的衍生物。但这些金钱制度并不完全符合今天的情况，因为它们是在过去的情况下发展而来的，而过去的情况与目前的情况已有所不同。因此，即使从金钱上的有效性考虑，这些金钱制度也不够恰当。工业生活发生了变化，获取方法也必须随之改变；金钱阶级对调整经济制度具有一定的兴趣，但他们只是想做出一定的调整，使得自己能够最好地获取与工业进程持续性相容的私人收益。一个颇具持续性的趋势由此形成：有闲阶级引导制度发展，以达到塑造有闲阶级经济生活的目的。

金钱利益和金钱思维习惯对制度成长的影响，可见于有利于财产担保、合同强制执行、金钱交易便利和既得利益的那些法规和约定。在这些方面涉及的变化会影响破产和清算、有限债务责任、银行和货币、劳动者联盟或雇主联盟以及信托和联营。这种形式的社会制度设施仅仅与有产阶级直接相关，并与他们的资产成比例；也就是说，与他们在有闲阶级中的排名成比例。但在间接层面，这些商务生活的惯例对工业进程和社会生活至关重要。因此，金钱阶级通过引导这方面制度的发展，服务于社会的最重要目的，不仅保留了已被认可的社会生活方式，还塑造了工业进程。

这一经济制度结构及其改善的直接目标，是为了更加便利地实施和平有序的掠夺；但其长远影响远超当前的目标。

一方面，更方便的商业行为容许工业和工业以外的生活得以更不受干扰地进行，另一方面，日常事务中需要运用敏锐辨析力来处理的那些纷繁复杂情况因此被消除，这就使得金钱阶级本身成为多余的。一旦金钱交易成为常规，就不再需要工业界领袖。不消说，这样的完美状况，还有待在某个不确定的未来实现。另一方面，现代制度中有利于金钱利益的倾向，趋向于用"无灵魂"的股份制公司来取代领袖，这使得有闲阶级所有权的重要作用变得可有可无。因此，在间接层面上，有闲阶级的影响对经济制度的发展所造成的倾向具有十分可观的生产重要性。

第九章
古老性格特征的保存

有闲阶级制度不仅影响社会结构，也影响社会成员的个人性格。一旦某一倾向或观点被公认为生活的权威标准或规范，它将反作用于将其接受为规范的社会成员的性格。这种倾向或观点将在某种程度上塑造他们的思维习惯，并将对人们的能力和倾向的发展做出选择性的监控。该效果之所以能够达成，部分原因在于所有人都经历了强制性的教育适应过程，部分原因在于那些不合格的个人和家族遭到选择性淘汰。未能接受公认方式所推动的生活方法的那些人，会遭到不同程度的淘汰和抑制。金钱竞赛和免除生产原则正是以这样的方式被确立为生活准则，在需要人们进行适应的形势中，成为具有一定重要性的强制因素。

炫耀性浪费和免除生产这两个普遍原则对文化发展的影响，通过以下途径实现：一是引导人们的思维习惯，从而控制制度的发展成长；二是选择性地保持人性中有助于有闲阶级方式下的生活便利的特定性格特征，从而控制社会的实际气质。有闲阶级制度在塑造人的性格时，主要趋向于在精神留存（survival）和回归（reversion）的方向上进行。它对社群气质的作用，其本质是抑制精神发展。尤其是在后来的文化中，制度在整体上呈保守趋势。这一论点实际上是众所周知的，但在这里的应用可能使许多人感到陌生。因此，尽管可能是重复冗长的老生常谈，我们或许仍有必要对其逻辑基础进行回顾。

社会演化，是气质和思维习惯在群体生活的环境压力下的选择性适应过程。思维习惯的适应就是制度的成长。但是随着制度的成长，发生了更具实质性的改变。"当务之急"的不断改变，不仅引起人们的习惯的改变，也造成了人性的相应变化。随着生活条件的改变，社会中的人本身也在变化。后来的民族学家认为，这种人性变异是在几个相对稳定持久的种族类型或种族元素之间的选择过程。人们倾向于回归到或通过近乎严密的纯育①获得人性的某种类型，这些特定类型的主要特征被固化，以大致符合与当今形势有所差别的过往形势。西方文化的种群就是由几个相对稳定的种族类型构成的。在现今的遗传种族中仍存在着这些种族类型，但这些类型并不表现为精确特殊的单一模式，也并非一成不

---

① 纯育（breeding true），或称"真实遗传"，指由于亲本的基因型相同并且都是纯合的，子代中不出现性状分离而始终保持和亲本一样的性状表现。——译注

变,而是表现为具有一定数量变种的某种形式。种族类型的某些变异,是几种种族类型及其混种在史前和有史以来文化发展中经历的漫长选择性过程的结果。

因长期一贯的选择性过程而发生的这种类型本身的必然变化,尚未受到探讨种族生存的作者们的充分注意。构成西方文化的种族类型,在经历这一相对晚期的选择性适应过程后,产生了两种主要的不同人性变异,这正是我们在此所讨论的内容。令我们感兴趣的是,今天的形势将会如何影响这两条不同路线上的进一步变异呢?

可以对民族学观点作一简要概括;为了简明扼要,这里以极端概略和简单的方式,对我们关注的类型和变异的清单以及回归和留存的方式进行简单展示,这一展示不便用于任何其他目的。暂且不论我们文化中次要而边缘的种族元素,工业社会中的人们往往真实遗传自三个主要种族类型中的某一个:金发长颅型、褐发圆颅型和地中海型①。而在每一个主要种族类型之中,其回归趋向于至少两个主要变异方向:一是和平型即前掠夺型变种,一是掠夺型变种。这两个性格变种中,前者总是更接近于一般类型,是各类型在群体生活最初阶段的回归代表,对此是能找到考古学或心理学实证

---

① 褐发圆颅型(brachycephalic‐brunette),"圆颅"与"长颅"相对,指短宽颅骨;地中海型(Mediterranean)是人类学在20世纪对欧洲高加索人种的一种分类,特征为暗肤色、窄头型、黑发等。——译注

的。这种变种被用来代表现有文明人在和平、蒙昧生活阶段的祖先,该阶段先于掠夺型文化、身份制度和金钱竞赛的发展而存在。第二种类型,即掠夺型变种,被视为主要种族类型及其混种在较近时期变异的留存,主要是在掠夺文化和后来的准和平阶段的竞赛性文化——即严格意义上的金钱文化——的训练下,通过选择性适应过程而形成的。

根据公认的遗传规律,可能存在来自相对遥远过去的留存特征。在普通、一般或正常情况下,如果种族类型发生了变异,则该类型的性格特征将大致以其在最近的过去的状态进行传递——这一最近的过去可以称为遗传现状(hereditary present)。在这里,遗传现状可表述为后来的掠夺型以及准和平型文化。

这种最近的——从遗传上说依然存在的——掠夺型或准掠夺型文化,其典型人性的变种正是现代文明人在一般情况下倾向于纯育的对象。就未开化时代被奴役或被压制的阶级的后裔而言,这一主张需要加上一些限定条件,但这些限定条件可能并不像最初设想的那样严格。就整体人口而言,这种掠夺型和竞赛型变种似乎并没有达到高度的一致性和稳定性。也就是说,现代西方人继承的人性,在构成其类别或各种能力和倾向的相对强度方面,远非均匀一致的。另一方面,从群体生活的最新迫切需要的角度来看,遗传现状中的人类稍显古老。而在变异法则下现代人主要倾向于回归的类型，是某种更加古老的人性。另一方面，从个体中出现的不同于一般掠夺型气质的回归性格特征看来，前掠夺型变种在其气质元素的分布和相对强度方面，似乎有更大的稳定性和更大的均匀对称性。

人类倾向于进行纯育的种族类型，其早期和后期的两个变种之间存在遗传人性上的分歧，而在构成西方人口的两三个主要种族之间也存在类似分歧，前一种分歧阻碍并掩盖了后一种分歧。事实上，这些社群中的个体几乎都被视为主要种族元素以最不相同比例混合的产物；其结果是，他们倾向于回归到这种或那种种族类型成分。这些种族类型在气质上的差异，颇类似于掠夺型和前掠夺型变异之间的差异；与褐发圆颅型特别是地中海型相比，金发长颅型显示出更多掠夺型气质特征——或至少是暴力倾向。因此，若一个给定社群的制度或普遍观念中出现了偏离掠夺型的演变，不能肯定地说这种偏离显示了前掠夺型变异的回归，也可能是由于在人口中"比例较低"的某个种族元素的支配地位日益上升。不过，尽管证据不如我们所期望的那样令人信服，但仍有迹象表明，在现代社会中普遍观念的变化，并不完全出自在几种稳定的种族类型之间的选择。在较为明显的程度上，似乎是在几种类型的掠夺型变种与和平型变种之间的选择。

当代人类演化的这一概念，在讨论中并非不可或缺。通过这些选择性适应概念得到的一般结论，如果用较早的达尔文主义和斯宾塞哲学[①]的术语和概念来替代,仍将基本正确。既然如此,术语的使用可以有一些自由度。词语"类型"(type)用来泛指气质的变种,对于这些变种,民族学家也许只将其作为某种种族类型的细微变异,而非独特的种族类型。而当讨论中需要进行更细致的区分时,从上下文中可以明显地看出做这种细分的努力。

因此,今天的种族类型是原始种族类型的变种。在未开化文化的体制下,它们经历了一些变动,并在一定程度上固化了变更的形式。遗传现状中的人,无论奴隶或贵族,都是其自身构成的种族元素在未开化文化下的变种。但这种未开化文化下的变种尚未达到最高程度的均匀性或稳定性。未开化文化即掠夺型和准和平型文化阶段,尽管其绝对延续时间很长,但其时间尚未持久到——其特点也尚未恒定到——发展出极稳定的类型的程度。偏离未开化人性的变异时有发生,这种变异案例在今天越来越明显,因为现代生活条件不再持续抑制对未开化人常态的偏离。掠夺型气质并不适合现代生活的所有目的,尤其不适合现代工业。

对遗传现状中人性的偏离,最常见的是回归到该类型的

[①] 达尔文提出的演化论主要适用于自然界。社会达尔文主义则将生存竞争与自然选择的思想应用于人类社会,并以"弱肉强食、优胜劣汰、物竞天择、适者生存"来解释社会现象;赫伯特·斯宾塞(Herbert Spencer, 1820~1903)是其代表人物。——译注

早期变种。这种早期变种的代表，是和平蒙昧的原始阶段特征的典型气质。未开化文化出现以前盛行的生活环境和努力目标，塑造了人性并固化了它的一些基本性格特征。当现代人发生偏离遗传现状中的人性的变异时，往往正是回归到这些古老的一般特点。人类在处于最原始阶段的群居生活（此时的生活才开始可被恰如其分地称为人类生活）时，生活状况似乎一直属于和平型；而在这些早期状况或环境和制度下，人的性格——即其气质和精神状态——即便不用懒惰来形容，也似乎始终是和平的、不带侵略性的。就当前目的而言，这个和平的文化阶段可作为社会发展初始阶段的标志。就目前的讨论而言，这一假定的初始文化阶段的主要精神特征，似乎是一种浅薄的、不明确的群体团结概念，其主要表现为：对于人类生活中的一切便利，抱有愉悦但绝非热烈的赞同；对生活中公认的阻碍或徒劳，则怀有不安的厌恶。这种盛行但不迫切的实用理念，广泛存在于前掠夺型蒙昧人的思维习惯中，似乎在他的生活以及他与群体其他成员的习惯性接触方面施加了相当程度的制约。

对于这一初始的、未分化的和平文化阶段，如果我们只从历史上——无论是在文明的社会还是在未开化的社会流行的惯例和观点中寻找其存在的证据，似乎只能得到模糊而可疑的结果；但若借助于人类性格中持久存在的主要特征，便能在心理留存方面找到更为肯定的证据。当众多种族元素在掠夺型文化中纷纷退居幕后时,这些性格特征的留存就格外显眼。适合早期生活习惯的性格特征,在个体的生存斗争中变得相对无用。而那些气质较不适合掠夺生活的部分人口或种族群体,因受到抑制而被迫退居幕后。

在向掠夺型文化的转变中,生存斗争的特点在某种程度上发生了改变,从群体对抗非人类环境的斗争变为群体对抗人类环境的斗争。随之而来的,是群体中各成员的对抗性和对抗意识的提高。在群体内部获得成功的条件,以及整个群体的生存条件,也在某种程度上发生了变化;群体的主导精神状态逐渐改变,并使得一系列不同的能力和倾向获得公认生活方式中的正统主导地位。在这些古老的性格特征中,被视为来自和平文化阶段的留存特征的,是我们称之为良知的种族团结本能,包括诚实和公平的意识,以及朴素的、非不公性意义上的工作本能。

按照后来的生物学和心理学的规范,人性需要用习惯重新定义,而在新的定义中,大致说来,习惯似乎是这些性格特征唯一能够归属的位置和基础。这些生活习惯太过普遍,因而不能被归结为近期的或短暂的训练所导致的结果。它们很容易被近代和现代生活的特殊迫切需要暂时压制,这一事实表明这些习惯是极其古老的训练的留存效应,在后来变化了的情况下,人们常常被迫在细节上偏离这种训练的要求。一旦特殊的需求变得不那么迫切时,这些习惯必然在各方面得到展现；这一事实表明，这些特点被固化并纳入该类型的精神组成的过程，必定持续了相对很长的时间，且没有发生严重间断。至于该过程是传统意义上的习惯过程，还是种族的选择性适应过程，对以上观点并不造成严重影响。

身份制度以及个人与阶级对立的制度覆盖了从掠夺型文化开始直到现在的所有时期，在此制度下，生活的特点和迫切需要能够表明，这里讨论的气质特征几乎不可能在这一时间段出现并固化。这些性格特征完全有可能传承自更早的生活方式，并以一开始就遭到废弃或即将废弃的状态，度过了从掠夺型到准和平型文化的整个时期，而不是在后来的文化中产生并固化。它们似乎是种族的遗传特征，即使在掠夺型文化阶段和后来的金钱文化阶段，成功的要求已经发生了变化，这些特征也依然存在。它们之所以能够存在，似乎是依靠传播的持续性——这是一种遗传特征，在一定程度上存在于物种的每个成员中，也因此建立在种族连续性的广泛基础上。

即使在一个十分严格和持久的选择过程中——比如这里讨论的特征在掠夺和准和平阶段所经历的过程——这样的一个一般特征也不容易被淘汰。对未开化生活的方式和意向而言，这些和平型性格特征在很大程度上是格格不入的。未开化文化的突出特点是阶级之间和个体之间持续不断的竞赛与对抗。这种竞赛性训练有利于那些具有较少和平蒙昧特征的个体和家族。因此,它倾向于淘汰这些特征,并显然已使受其影响的人群在相当程度上减弱了这些特征。即便不符合未开化人气质的情况未受到极端惩罚,格格不入的个体和家族也会受到相当长久的压制。当生活在很大程度上是群体内个体之间的斗争时,个体若具有相当程度的古代和平特性,将不利于其进行生活斗争。

在任何已知的文化阶段(不同于或晚于这里假定的最初阶段)中,温厚、公平和博爱的天性对个人生活并不具有明显的推进作用。具有这些天性或许能够使人免于遭受大多数人的粗暴对待——大多数人坚定地认为,理想的正常人应具有少量这样的特质。但除了这方面的间接而消极的影响,个人在竞争机制下遭遇的好坏,与他所拥有的上述天性的多少成反比。无所顾忌、毫无同情心、缺乏诚信和缺乏对生活的尊重等特质能在相当大的范围内,明显地推进个人在金钱文化中的成功。除了其成功不是用财富或权力来衡量的那些人,在所有时代中,取得高度成功的人一般都是这种类型。所谓"以诚为贵",只有在狭窄的范围内、在匹克威克[①]意义上,才真正成立。

[①] 狄更斯于 1837 年出版的《匹克威克外传》(*Posthumous Papers of the Pickwick Club*) 一书的主角匹克威克,代表着以"同情、诚信和尊重生活"为特征并且正在快速消失的非掠夺型社会。——译注

上文中我们试图简要追索前掠夺型原始蒙昧人的性格，从西方文化开明社会中现代文明条件下的生活角度看，他们并不十分成功。即便在赋予其稳定人性的假想文化中，即便对和平蒙昧群体的目标而言，这种原始人在经济方面的缺点也与他在经济方面的优点一样明显——任何人只要没有因源自同情心的仁慈而使其理智有所偏倚，应该都很容易看到这一点。他最多是"一个聪明但没有什么本事的家伙"。这种假定的原始性格类型的缺点有：软弱低效、缺乏主动性和创造力、顺从而不顾原则的友善，以及一种浓厚但不合逻辑的万物有灵论的观念。除此之外，还有其他一些性格特征使得群体生活更加便利，因而对集体生活进程具有一定价值。这些性格特征是真诚、和平、善良，以及对人与事的非竞赛性、非不公性的利害心。

随着掠夺型生活阶段的到来，对成功人士性格的要求发生了变化。人们的生活习惯要适应全新人际关系结构下的全新迫切需要。同样的能量释放，以前可以在上述蒙昧生活的性格特征中得到表达，现在则需要在一个新的方向得到表达，表现为变化了的刺激所引发的一组全新习惯性反应。在生活便利性方面，在早期情况下相当管用的方法不再适用于新的情况。早期形势的特征是相对缺乏利益的对抗或分化，后期形势的特征则是竞赛的强度不断增加而范围不断缩小。掠夺型和后续文化阶段的代表性性格特征，以及在身份体制下最适合生存的人群的性格特征，是（在其原始意义上的）残暴、自私、拉帮结派和虚伪狡猾——肆意采取武力和欺诈行为。

在竞争机制激烈而漫长的训练之下，种族类型的选择过程通过提高那些最富相关性格特征的种族元素的生存概率，赋予这些性格特征某种明显的优势。同时，早期获得的更具普遍性的种族生活习惯，从未停止对集体生活目的发挥某种效用，也从未遭到明显搁置。

或许值得指出，在近代文化中，金发长颅型欧洲人之所以具有支配性影响和控制性地位，原因似乎主要在于他们具有罕见程度的掠夺型人的特点。任何一个种族只要具有了这些精神特征，再加上巨大的体能禀赋——其本身可能就是在群体之间和在家族之间选择的结果——多半将获得有闲阶级或统治阶级的地位，在有闲阶级制度发展的早期阶段尤其如此。但这并不意味着，任何个人只要同样拥有这些资质，就一定能够功成名就。在竞争机制下，个人成功的条件与阶级成功的条件并不一定等同。一个阶级或政党若想获得成功，或是要有强大的党派元素，或是要有对首领的忠诚不二，或是要有对宗旨的坚信不疑。而对参与竞争的个人而言，如果他既有未开化人的旺盛精力、开创精神、利己主义和虚伪狡猾，又像蒙昧人那样缺乏忠诚、不拉帮结派，那么他将能够以最大程度实现其目标。顺便指出，那些通过无所顾忌、一味追求私利而取得辉煌（拿破仑①式）成就的人，通常更多地显示出褐发圆颅型人的生理特征，而不是金发长颅型人的生理特征。然而在逐利方面取得一般性成功的个体，大多数在生理上似乎属于金发长颅型种族。

掠夺型生活习惯所诱发的气质，使个体在竞赛体制下得以生存并充实其生活；同时，集体性的群体生活若主要也是与其他群体进行恶性竞争，那么这种气质也将有利于群体的生存和成功。然而，工业比较成熟的社群，其经济生活的演化已经开始转变，社群的利益不再与个体的竞赛性利益相一致。在其企业功能上，这些先进的工业社群相互之间已经不再是争夺生存手段或生活权利的竞争对手——除非其统治阶级在掠夺型倾向上仍保持着战争和劫掠的传统。除了传统和气质的条件以外，这些社群不再因其他条件的作用而彼此敌对。它们的物质利益——集体名誉方面的利益或许除外——不仅不再不兼容，而且任何一个社群的成功，毫无疑问地会促进社会中其他社群生活的完善，在目前如此，在未来不可估量的时间内亦然。再也没有任何社群能通过超越其他社群而得到任何实际利益。但就个体以及个体间的关系而言，情况却有所不同。

任何现代社群的集体利益集中于生产效率。个体对社群

---

① 泛指法国皇帝拿破仑·波拿巴（Napoleon Bonaparte，1765~1821）这一类冷酷无情而所向无敌、功绩辉煌的人。——译注

目标的适用程度，与其在通俗意义上所谓的生产职业中的效率成比例。这种集体利益最需要的特征是：诚信、勤奋、平和、善意和不追逐私利，以及对因果顺序的习惯性认识和理解，同时不存在万物有灵论的观念，在事件进程中不寄希望于超自然干预。对于这些性格特征所暗示出的这样一种优美的人性，其美好、高尚、一般价值和声望自然无须多言；但如果这些性格特征获得绝对优势而大量盛行，由此造就的集体生活方式却并不值得期盼。但这些都不是要点。现代工业社会的成功运作，是这些性格特征起作用的最好保证，其实现程度则取决于人们拥有这些特征的程度。为了能够勉强适应现代工业的环境，这些特征在某种程度上的存在是必需的。当这些特征或这些特征中的大多数以尽可能高的程度存在时，现代工业社会中复杂、全面、基本和平以及高度组织化的机制能够最有效地进行运作。在掠夺型人群的身上，这些性格特征以明显较低的程度存在，无法满足现代集体生活的目的。

另一方面，在竞争体制下，精明的交易和不择手段的管理是实现个人切身利益的最好方式。上述适用于社群利益的特点，对个人则完全不适用。个人一旦拥有了这些能力，便会将自己的精力分散到金钱增益以外的目标上；同时，当他追求增益时，这些能力引导他通过间接而低效的生产渠道追求增益，而不是通过肆无忌惮、心无旁骛的狡诈手段来实现。生产能力对个人而言一贯是一种阻碍。在竞争机制下，现代工业社会的成员彼此都是对手关系，任何人只要能够无所顾忌，心安理得地抓住机会欺骗和中伤其同伴，就能最大程度地取得个人的直接优势。

上文已经提到，现代的经济制度可大致分为两个不同的范畴——金钱制度和生产制度。这种分类对职业也同样适用。金钱名义下的职业与所有权或获取有关，生产名义下的职业与技艺或生产有关。而关于制度成长的结论，对职业也同样适用。有闲阶级的经济利益来自金钱型职业，而工薪阶级的利益来自两者，但主要是生产型职业。通往有闲阶级的大门是金钱型职业。

这两类职业在所需能力方面大不相同；类似地，相关的训练也以两种不同的方式进行。金钱型职业的训练，是为了保留并培养一定的掠夺型倾向和掠夺型态度，其方法是对从事这些职业的个人和阶级进行教育，同时选择性地抑制和淘汰那些不合适的个人和家族。只要人们的思维习惯都被获取和占有的竞争过程所塑造；只要他们的经济功能限于以交换价值实现财富所有权，以价值置换实现理财和投资；那么，他们的经济生活经验就有利于掠夺型气质与思维习惯的生存和强化。在现代的和平系统下，这种获取的生活所促成的，当然是属于和平范畴的掠夺性习惯和倾向。也就是说，金钱型职业培养的熟练技巧，较多地属于欺诈的一般行为，而不是更为古老的强占行为。

这些倾向于保存掠夺型气质的金钱型职业，是与所有制——严格意义上的有闲阶级的直接功能——以及获取和积累的附属功能有关的职业。这些职业所涉及的人以及经济过程中的责任范围，与投入竞争性行业的企业所有权有关；特别是与归类为金融运作的那些经济管理的基本方向有关。除此之外，大部分商业类职业都可归入此类。在得到最充分明确的发展之后，这些职责构成了"工业巨头"的经济要责。工业巨头与其说是一个聪明人，不如说是一个精明人；他的职位属于金钱型，而非生产型。他所施加的工业管理通常是宽容而放任的。有关生产和工业组织的刻板有效细节，被委派给一些较不具有"通达"气质的下属——那些人的天赋在于技艺，而非行政能力。那些一般的非经济性的职业，就其通过教育和选择塑造人性的倾向而言，应当被归入金钱型职业，如政治、宗教和军事职业。

此外，金钱型职业具有比生产型职业高得多的声望和认可。有闲阶级的声望标准通过这种方式，维持了那些适用于不公性目的能力的声望；而有闲阶级体面高雅的生活方式，也因此促进了掠夺型性格特征的生存和培养。于是，根据声望的高低，职业也有了等级评价体系。在严格意义上的经济类职业中，最值得尊敬的是那些在很大程度上与所有权直接相关的职业。在声望方面居于其次的，是那些直接服务于所有权和金融的职业，如银行类和司法类。银行类职业也隐含着庞大的所有权，这一事实无疑可以部分地解释这一行业的声望。法律行业并不意味着庞大的所有权；但由于该行业除了竞争目的，没有掺杂任何其他的无用目的，因此在传统观念体系中地位很高。律师完全忙于处理掠夺型欺诈的细节，凭借巧舌如簧，或是成人之美，或是断人后路，因此在该行业的成功被视为拥有未开化人精明特质的高度禀赋，而这种精明特质总能引起人们的敬畏之情。商业类职业只具有部分荣誉性，除非它涉及的所有权元素很多而实用性元素很少。其等级高低在某种程度上与其所服务的需求的等级高低成比例，因此，日常生活必需品的零售业务沦落到与手工业和工厂劳动为伍的地步。体力劳动，乃至操纵机器加工过程的工作，在体面性方面的地位自然岌岌可危。

对于金钱型职业的训练，有必要给出一些限定条件。随着生产企业规模的扩大，金钱管理细节中欺诈和精明竞争的特性有所减少。也就是说，对于越来越多接触到经济生活这一阶段的人来说，企业运作简化为一种常规，不再直接涉及对竞争对手的欺诈或掠夺。由此产生的对掠夺型习惯的脱离，主要发生在企业下属雇员身上。所有权和管理方面的职能实际上并未受到影响。

对那些直接从事生产方面的技术工作和人工操作的个人或阶级来说，情况有所不同。他们的日常生活，并不是同等程度的对行业金钱方面的竞赛性和不公性动机和策略的习惯性过程。他们年复一年地理解和协调刻板的事实和序列，并对其进行鉴别，将其应用于人类生活目的。就这部分人群而言，他们直接接触的生产过程的教育和选择作用，使他们的思维习惯与集体生活的非不公性目的相适应。因此，对他们来说，这使明显的掠夺能力和倾向（从人类未开化的过去通过遗传和传统得到的）遭到废弃的进程加快了。

因此，社会经济生活的教育作用，其各种表现并不同属一类。与金钱竞争直接有关的经济活动领域中，有一种保持某些掠夺型特点的倾向；而与商品生产直接相关的那些职业，其主要倾向则相反。但对后一类职业，值得注意的限定条件是，从事这些职业的人几乎都在某种程度上涉及金钱竞争（例如在确定工资和薪酬时的求胜心切、在购买消费品时的斤斤计较等）。因此这里对职业类型所做的区别，绝非各类人等之间泾渭分明、一成不变的区别。

现代生产中，有闲阶级的职业足以使其保持一定的掠夺习惯和掠夺能力。只要该阶级的成员参与工业进程，他们所接受的培训就往往会保持其未开化气质。但还有另一方面的影响不得不提。那些养尊处优的人，即使他们在生理和精神状态方面与人种平均水平相去甚远，也仍有可能将他们的特征保持并传承下去。在那些最不受环境压力影响的阶级中，回归特征的留存和遗传可能性最大。有闲阶级在一定程度上免受工业形势的压力，因此应当有很大一部分人回归为和平或蒙昧的气质。这样的异常或回归个体在前掠夺型方向上展开其生命活动时，可能不至于像下层阶级那样立即遭到压制或被淘汰。

事实上，确实存在类似的情况。例如，上层阶级中有大量成员顺应自己的意愿而投入慈善事业；该阶级中还有相当大一部分成员，对改革和改良抱有情感上的支持。此外，许多有关慈善和改革的这些努力，带有温和的"智慧"和缺乏连贯性的痕迹，而这些都是原始蒙昧人的典型特征。但这些事实是否能够证明上层阶级比下层阶级具有更大比例的回归现象，仍然值得怀疑。即便相同倾向出现在不名一文的贫穷阶级中，也不易在那里体现出来，因为那些阶级缺乏必要的手段、时间和精力，无法实现这方面的倾向。事实的表面证据难免会遭受质疑。

在进一步的论证中需要注意的是，当今的有闲阶级来自那些金钱上的成功者，因此，可以假定他们的掠夺型性格特征高于平均水平。通往有闲阶级的大门是金钱型职业，通过选择和适应，只有那些具有足够金钱资质而能通过掠夺型考验的家族，才被允许进入上层阶级。一旦在上层阶级中有人回归为非掠夺型人性，他通常会被排挤出局，重回较低的金钱水平。为了保住自己的阶级地位，一个种族必须拥有金钱气质；否则，他们将千金散尽，随即丧失社会地位。这一类例子，可谓层出不穷。

有闲阶级通过持续的选择过程，来保持其后继者连绵不绝。在此过程中，最适合激烈金钱竞争的个人和家族，从下层阶级中脱颖而出，加入有闲阶级的行列。为企及上层阶级，中等平均的金钱能力是远远不够的，竞争者必须具备万分卓越的禀赋，以便克服他在上升之路中遭遇的重重艰难险阻。只要不发生意外，新贵们都是万里挑一的人选。

当然，自从金钱竞赛兴起——抑或说，自从有闲阶级制度首次确立——以来，这一择优选拔过程就在不断进行。但选择的确切依据并非始终如一，因此选择过程的结果也并非一成不变。在早期未开化或掠夺阶段，合格的标准是单纯意义上的实力。为了进入有闲阶级，候选人必须团结一致、孔武有力、残暴无情、不择手段且目标坚定。要想积累和保持财富，这些是必备的品质。不管在那时还是在后来的时期，有闲阶级的经济基础都是对财富的占有；但积累财富的方法，以及保持财富所需的禀赋，自早期掠夺型文化以来，已经经历了某种程度的改变。作为选择的结果，早期未开化阶段有闲阶级的主要特征是无畏的侵略性、警觉的身份感和毫无顾忌的欺诈行为。该阶级的成员依靠长期保有实力来保持其地位。在后来的未开化文化中，社会在准和平身份机制下，形成了对财物进行获取和占有的稳定方法。简单的侵略性和无节制的暴力行为在很大程度上让位于精明和诡计,后者成为最受认可的积累财富的方法。于是,有闲阶级需要保有另一类不同的能力和倾向。娴熟的侵略性、与之相应的财大气粗,以及坚持一贯的身份感,仍然是该阶级最闪亮的性格特征。在我们的传统中,这些仍然是典型的"贵族品质"。但除此之外,还有一些不甚突出但不断增长的其他金钱能力,例如深谋远虑、谨小慎微和欺诈诡辩。随着时间的流逝,以及金钱文化现代和平阶段的临近,上文最后提到的一类能力和习惯在金钱目的上达到了相对有效性,在进入有闲阶级并获得一席之地的选择过程中,这一类特征已经具有了相对较大的作用。

选择的依据已经发生了改变,时至今日,进入有闲阶级的必备能力只有金钱能力。保留至今的掠夺型未开化性格特征是对目标的坚守,或者说是保持目标的长期一致性,正是这一点将成功的掠夺型未开化人与他所取代的和平蒙昧人区别开来。但我们不能说这一特征是把金钱上成功的上层阶级与生产阶级区分开来的典型特征。后者在现代生产生活中受到的训练和选择,与该特征一样具有决定性价值。我们更愿意采用的说法是,对目标的坚守能够使这两个阶级区别于另外两类人:好吃懒做无所事事者和下层阶级中的地痞流氓。就天赋而言,金钱型人与地痞流氓之间的异同,颇类似于生产型人与善良的好吃懒做者之间的异同。理想状态下的金钱型人与理想状态下的地痞流氓两者的共同点在于：不择手段地使商品和人服务于他的目标，毫不顾忌他人的感受和愿望，对自己行为的长期后果也全然漠视。两者的不同点在于：金钱型人有更强烈的身份感，且为达到更长远的目标，他们的工作更有持续性和远见性。两者在气质上的相似还表现在，他们都爱好"体育"和赌博，以及漫无目的的竞赛。在掠夺型人性的一个伴随变异方面，金钱型人与地痞流氓也有着奇怪的相似之处。地痞流氓普遍都很迷信，他们极其相信运气、法术、占卜、命运、预兆以及萨满①仪式等。只要条件允许，这种癖好往往会表现为对信仰的某种奴性的狂热，以及对宗教仪式一丝不苟的奉行；与其说这是一种宗教上的信仰，倒不如说这是一种形式上的虔诚。在这一点上，与地痞流氓在气质上更有共同之处的是金钱型人，即有闲阶级，而不是生产型人或好吃懒做的依附阶层。

现代化工业社会中的生活，或者换句话说，金钱文化下的生活，通过选择过程，发展和保持了特定的一类能力和倾向。这一选择过程目前的趋势，并不是简单地回归到一个给定的恒定不变的种族类型，而是产生一种人性的变体，它在某些方面不同于遗传自过去的任何类型或变种。演化的目标

---

① "萨满"为通古斯语，原指"兴奋狂舞之人"，汉译司祝，意为巫人。——译注

点并不仅限于一种。在演化中被确定为常态的气质，与人性的任何一个古老变种的区别在于：前者在目标方面具有更大稳定性——其目标更为专一，努力也更为持久。就经济理论而言，选择过程的目标点在整体上是较为单一的，尽管在这一发展方向上存在着较为重要的微小偏离趋势。但除了这个一般趋势之外，发展方向并不是单一的。就经济理论而言，其他方面的发展沿着两个不同的方向。从个体能力的选择性保存来说，这两个方向可称为金钱型路径和生产型路径。就倾向、精神状态或意图的选择性保存而言，两者可称为不公性即利己主义路径，以及非不公性即经济节约路径。从这两个发展方向的智力或认知倾向来看，前者可以表征为意动[①]、定性关系、身份或价值的主观看法；后者则是顺序、定量关系、机械效率或用途的客观看法。

金钱型职业主要使上述的前一类能力和倾向发挥作用，并选择性地在人群中保存这些特征。而生产型职业则主要使后一类能力和倾向发挥作用，并使其保存下来。进行一个详尽全面的心理分析就能看出，这两类能力和倾向中的任何一类，都只不过是一个给定气质倾向的多形式表达。鉴于个体的整体性和单一性，包含在上述第一个类别中的能力、意向和兴趣，都属于人性的某一变种的整体表达。对于后一个类

[①] 、意动（conation）是一种意识性的动机，即自觉内在失衡而有意去努力恢复平衡的内在动力，亦即平常所谓的意志。——译注

别，情况同样如此。两个类别可以被看作人类生活的两个备选方向，给定个体或多或少会坚持偏向两个方向中的某一个。一般说来，金钱型生活的趋势是保存未开化气质，只不过用欺诈、审慎或行政能力替代了早期未开化人以伤害身体为特征的行为。这种用欺诈取代破坏的情形，只在不确定的程度上发生。在金钱型职业内部，选择过程相当一致地在这个方向上发生，但在获利竞争以外的金钱型生活方面，训练并不总是达到同样的效果。在时间和商品的消费方面，现代生活的训练并未起到消除贵族品质或培养资产阶级品质的明确作用。在人们的惯常观念中，体面的生活方式需要大量运用早期未开化人的性格特征。对于这种传统生活方式的相关细节，在前文中关于有闲的部分已有所提及，在后续篇章中也将进一步呈现。

从上述内容看来，有闲阶级生活和有闲阶级生活方式似乎应当会促进未开化气质的保存；具有这种气质的主要是准和平或资产阶级变种，也有一定程度的掠夺型变种。因此，当没有干扰时，应该能够跟踪社会各阶级在气质上的差异。贵族和资产阶级的品质，也就是破坏型和金钱型性格特征，应当主要体现在上层阶级中，而生产型人的品质，也就是和平型的性格特征，主要体现在从事机器生产的阶级中。

这一结论以笼统而不确定的方式成立，但对其进行验证却并非易事，验证结果的可信度也不如预期。这个部分的失败有几种可能的原因。所有阶级都或多或少地介入金钱斗争，而对所有阶级来说，拥有金钱型性格特征都有助于个体的生存和成功。金钱文化盛行之处，塑造人们的思维习惯和决定竞争对手或家族生存的选择过程，大体上是以获取的合格性为依据来进行的。其结果是，如果不是因为金钱型效率在总体上与生产型效率不相容这一事实，所有职业的选择作用都将导致金钱气质占据绝对的优势地位。其结果是将所谓的"经济人"①确定为人性的标准类型。然而，"经济人"唯一的兴趣是利己，其唯一的人性特点是审慎精明，因而对现代工业而言毫无用处。

现代工业需要从业者对当下的工作抱有客观的、非不公性的兴趣。若不具备这一点，复杂的生产过程将无从实现——事实上，根本不会被构想出来。这种对工作的兴趣，一方面把工人与罪犯区分开来，另一方面也把工人与工业巨头区分开来。为了维持社会生活，必须进行工作，其结果是，在特定类别的职业中，工作智慧成为限制性选择过程中的有利因素。然而，必须承认，即便在生产型职业中，金钱型性格特征的选择性淘汰也是一个不确定的过程，因此即便在这些职业中，也依然残留着大量未开化气质。有鉴于此，

---

① 西方古典经济学中的"经济人"假设，认为人具有完全的理性，可以做出让自己利益最大化的选择。——译注

有闲阶级论 | 195

有闲阶级的性格与普通群体的性格相比，目前在这方面并无明显区别。

在所有社会阶层中，人们所养成的生活习惯对遗传性格特征进行了逼真的模拟，同时在全体人口中发展了它所模拟的性格特征，而各阶级在精神气质方面的区别，也因这种生活习惯的存在而变得模糊。这些后天的习惯，或假定的性格特征，通常具有贵族属性。有闲阶级是声誉范例的示范阶级，在这一传统地位的影响下，有闲阶级生活理论中的许多特点被施加于下层阶级；其结果是，古往今来，在整个社会中，这些贵族的性格特征受到相当持久的培养。也正因如此，在有闲阶层的言传身教下，这些性格特征在人群中留存的可能性更大。值得一提的是，家庭奴仆作为一个重要渠道，持续输送贵族式人生观，从而使不同程度的仿古性格特征能够持续存在。他们通过与主人阶级的接触，形成了自己对真善美的观点，并转而将这些观点传播给他们出身低微的同侪，并不失时机地通过这一群体传播这种更高理想。俗语"有其主必有其仆"远比人们通常所认为的更重要，这一方式使得上层阶级文化的众多元素被快速普遍地接受。

除此之外，还有一类事实缩小了金钱品质留存方面的阶级差异。金钱斗争造就了一个占比很大的贫困阶级。这种贫困起因于缺乏生活必需品或缺乏体面的必需开销。无论是哪一种情况，结果都是他们不得不竭力奋斗以满足日常需求——或是生理需求，或是更高层次的需求。个人的全部能量都用于在困难中坚持自我；他们竭尽全力独自实现自己的非不公性目标，变得越来越狭隘自私。生产型性格特征就这样因为废弃不用而走向淘汰。因此，在间接层面，通过向下层阶级施加金钱体面方式，同时尽可能多地剥夺其维生手段，有闲阶级制度使得金钱型性格特征在全体人口中得以保存。其结果是，原本主要专属上层阶级的人性类型也被下层阶级吸收。

因此，从表面上看来，上层阶级与下层阶级在气质方面并不存在很大差异，但与此同时，之所以不存在这种差异，主要原因似乎有二：一方面，有闲阶级具有强大的示范作用；另一方面，炫耀性浪费和金钱竞赛的广泛原则作为有闲阶级制度基础，得到公众的普遍认可。有闲阶级制度降低了社会的生产效率，延缓了人性对现代生产生活迫切需求的适应。它从保守的方向对普遍或实际的人性施加影响，方式有：（1）在有闲阶级内部及在其他阶级中有闲阶级血统所及之处，古代性格特征通过遗传直接传输；（2）保持和强化古老体制传统，这样在有闲阶级血统无法覆盖的阶级范围中，未开化性格特征仍有更大的生存机会。

然而，人们几乎并未采取任何行动，来收集或消化有关现代人群性格特征的生存和淘汰方面的重要数据。因此，除了手头这些日常生活事实的审视回顾，几乎没有什么切实数据能用于支持这里所持的观点。这样的叙述不免平淡乏味,但对本文论点的完整性而言似乎是不可或缺的——即便只是浅薄的概述。后续篇章中还会出现这种片段式叙述,敬请读者谅解。

第十章
实力的现代留存

与其说有闲阶级生活在工业社会中，不如说它依靠工业社会生活。有闲阶级与工业的关系与其说是工业型的，不如说是金钱型的。要想进入该阶级，必须展示金钱能力，这是一种获取的能力，而非服务的能力。因此，对构成有闲阶级的各类人等存在持续的筛选，这一选择的依据在于当事人是否适合从事金钱型事务。然而，该阶级的生活方式有很大一部分来自过去的传承，体现出许多早先未开化时期的习惯和典范。这种古老的未开化生活方式也被施加于下层阶级，但多少有所弱化。反过来，约定俗成的生活方式通过教育，选择性地在对人的塑造中发挥作用，这种作用主要在于保留那些属于早期未开化时代——关于实力和掠夺生活的时代——的性格特征、习惯和典范。

有关古代掠夺阶段的典型人性，最直接明确的表现是严格意义上的争斗倾向。在集体崇尚掠夺性活动之处，这种倾向常被称为尚武精神，近来又被称为爱国主义。在欧洲的文明国家，世袭的有闲阶级较中产阶级更具尚武精神，这是大众易于接受的观点。事实上，有闲阶级对这一差别引以为傲，而这种骄傲无疑是有一些理由的。战争是光荣的，战争实力在大众眼中是极度荣耀的；对战争实力的赞美本身就是战争崇拜者所具有的掠夺型气质的最好凭证。对战争的热情，及其所反映的掠夺型气质，在上层阶级——尤其是在世袭有闲阶级——之中流行最广。此外，上层阶级所从事的名义上的重要职业，都是那些与政府相关的职业，究其根源和发展内容，也是一种掠夺型职业。

在习惯性好斗情绪方面，唯一可与世袭有闲阶级较量的是下层阶级的地痞流氓。在普通时期，产业工人阶级中的大多数成员在好战方面相对而言不为所动。构成工业社会有效力量的普罗大众，在未受到鼓动的情况下，对除防御以外的任何战争都相当反对；事实上，即便对入侵性的挑衅，他们的反应也略显迟缓。在更文明的社会，或者说在工业已达到先进发展水平的社会，可以说好战侵略精神在普通人当中已经消亡殆尽。这并不意味着，在产业工人阶级中没有相当数量的极具尚武精神的成员。也并不是说，该阶级不可能在特殊挑衅的刺激下一度燃起军国主义热情。欧洲不止一个国家正在经历这种状态，当今的美国也是类似的情况。如果没有这种短暂的热情高涨期，没有那些拥有古老掠夺型气质的个人，以及那些在上层阶级和最底层阶级中拥有类似气质的团体，那么在任何现代文明社会中，大众在这方面的惰性可能非常巨大，以至于除了对抗实际入侵之外，发动战争变得断无可能。普通人所具有的习惯和能力，促使他们在其他的、不像战争那样波澜壮阔的方向上开展活动。

这种气质上的阶级差异，部分原因可能是不同阶级后天性格特征的遗传存在差异，但在某种程度上，似乎也与种族起源方面的差异有关。与种族差异较大的那些国家相比，人口中种族相对一致的国家在气质方面的阶级差异明显较少。此外还可以注意到，与继承了古老贵族血统的同时代人相比，前一类国家中的新晋有闲阶级，在一般情况下显示出的尚武精神较少。这些新贵们不久前从普罗大众中脱颖而出，他们之所以能够晋升为有闲阶级，得益于他们展示的性格特征和倾向，这些特征和倾向并非古代意义上的实力。

除了严格意义上的军事活动，决斗制度也体现了对战斗的强烈意愿。决斗是一种有闲阶级制度。当意见出现分歧时，决斗实质上是一种相当慎重的手段，通过诉诸战斗来最终解决争端。在文明社会中，只有在存在世袭有闲阶级之处，决斗才作为一种正常现象普遍流行，而且几乎全部发生在该阶级之中。只有两种情况例外：（1）陆军和海军军官——他们通常都是有闲阶级的成员，同时也受到掠夺型习性的特殊训练；（2）下层阶级中的地痞流氓——他们通过遗传或训练（或二者兼而有之），获得类似的掠夺型性格和习惯。也就是说，只有在教养良好的高雅绅士和粗鄙低俗的地痞流氓当中，打斗通常被作为解决不同意见的通行方法。对于普通人来说，他们通常在一时狂怒或醉酒失态时才会大打出手，因为在这种情况下他们更为复杂的对挑衅性刺激作出反应的习惯受到了抑制。于是他们回归到更简单、差异化更小的自主天性；也就是说，他们不假思索地暂时回归到了一种古老的习性。

决斗制度作为最终解决争端和优先地位这一重要问题的模式，逐渐转变为义务性的无故私人争斗，成为维护个人好名声的社会义务。在有闲阶级的这类惯例中，尤其值得一提的是德国学生决斗，这是好斗骑士精神的一种怪诞留存。在所有国家的下层阶级或伪有闲阶级中，地痞流氓都有一个类似的、虽然不太正式的社会义务，即在与其他无赖战斗时表现出男子气概。通过在社会各色人等中的传播扩散，一个类似的惯例在社群里的男孩当中流行起来。随着时间一天天过去，男孩通常都会精确知晓他和同伴们在相对战斗力方面的排名；在他们的社群中，那些有例外情况而不愿或不能受邀参加战斗的人，通常不具有可靠的声望。

上述这一切尤其适用于已经成熟的男孩们，尽管对成熟的界定还较为模糊。而处在婴儿时期和密切受监护时期的孩子，还习惯于在日常生活中动辄找母亲帮忙，其气质一般不能符合以上描述。在这一早期阶段,他几乎不具有侵略性和对立倾向。男孩从这种和平型气质到掠夺型的顽皮——以及在极端情况下,怀有恶意的顽皮——的转变,是逐步发生的。在某些情况下,这一转变的完成度更高,涵盖了更大范围的个人能力。无论是男孩还是女孩,在其早期成长阶段都较少显示主动性和积极的自主性,也较少显示将自己和自己的利益与其生活的家庭成员相分离的倾向,而更多地显示出对斥责的敏感、害羞、胆怯以及对友好的人际接触的需要。在通常情况下,随着婴儿特征逐步而又相当快速的消逝,这种早期气质渐渐变为严格意义上的男孩气质;但在某些情况下,男孩生活中的掠夺型特征完全不出现,或最多只在轻微模糊的程度上出现。

女孩向掠夺型阶段的转变很少达到像男孩一样的完整程度——在很多情况下几乎从未达到。在这种情况下,从婴儿期到青春期和成熟期的过渡是一个不间断的渐进过程,其中婴儿的目的和倾向逐渐转变为成人生活的功能、目的和关系。在女孩的发展过程中,掠夺期的流行较不常见;即便出现了这样的阶段,其中掠夺和孤立的态度也通常较不明显。

在男孩身上,掠夺期通常相当明显并会持续一段时间,但它通常随着成熟期的到来而终止(如果确实会终止的话)。上述这一观点可能需要很严格的限定条件。很多时候,从儿童气质到成人气质的转变根本没有发生,或只是部分地发生——这里的"成人"气质指的是现代工业生活中成年人的平均气质，那些成人对集体生活进程的目的有一定的效用性，因此可以说他们构成了工业社会的有效平均状态。

欧洲人口的种族构成多种多样。在某些情况下，即便是下层阶级，也在很大程度上由唯恐天下不乱的金发长颅型种族构成；而在另一些情况下，这一种族元素主要出现在世袭有闲阶级中。就战斗习惯的流行程度而言，工人阶级男孩似乎不及上层阶级男孩。

通过更全面深入的考察，如果能确认有关工人阶级中男孩气质的上述概括，就能加强以下观点：好斗气质在很大程度上是一种种族特征；表面看来更容易出现这种特征的种族类型，是欧洲国家中占支配地位的上层阶级——金发长颅型种族，而不是社会中的人口主体——从属性的下层阶级。

男孩的情况似乎与社会中各阶级的相对实力禀赋并没有太大关系；但它至少有助于说明，与工人阶级中的普通成年男子气质相比，男孩的这种好战冲动属于一种更古老的气质。在这一点上，就像在儿童生活的许多其他特点中一样，儿童短暂而微观地再现了成人发展的一些早期阶段。根据这一解释，男孩对壮举（exploit）的偏好以及将个人兴趣与家庭相分离的偏好，被视为对早期未开化文化（即严格意义上的掠夺文化）中的正常人性的短暂回归。在这方面，正如在其他许多方面一样，有闲阶级和地痞流氓都显示出一种持续到成年生活的性格特征，这种特征是青少年的正常特征，也是早期文化阶段的正常或习惯性特征。以傲慢不羁的地痞流氓和一丝不苟的有闲绅士为一方，普罗大众为另一方，除非两者之间的差异可以完全归为稳定种族类型之间的根本性差异，否则，作为两者区分依据的性格特征，在某种程度上标志着一种受到抑制的精神发展。与现代生产社会中一般成人所经历的发展阶段相比，这种性格特征标志着一个不成熟的阶段。现在看来，社会中上层阶级和底层阶级的这些代表性的幼稚精神构成表明：除了残暴壮举和孤立的倾向以外，尚存在其他古老性格特征。

在男孩的正式少年岁月与成年男子汉时期之间，这些年龄较大的学生中盛行着一种扰乱和平的行为，这种行为是漫无目的而充满快乐的，但或多或少具有系统性和复杂性，这似乎是为了解除对争斗气质的不成熟本质的任何怀疑。在一般情况下，这些扰乱行为局限于青春期内。随着青年逐渐融入成人生活，这些行为出现的频率和严重程度都会降低。于是，这些行为在个体生活中大致再现了群体从掠夺型到更稳定生活习惯的发展顺序。很多情况下，个体在走出幼稚阶段之前，其精神发展就已经结束；在这种情况下，争斗气质将在其一生中持续存在。因此，那些在精神发展方面最终达到成人状态的个体，通常会经历一个短暂的古老阶段，该阶段对应的是尚武者和运动爱好者的永久性精神水平。当然，不同的个体在这方面达到的精神成熟程度和清醒程度有所不同；那些在平均水平以下的人群，成为现代生产社会中原始人性的残留代表；由于选择性适应过程是为了提高生产效率和充实集体生活，这些人自然就沦为选择过程中的陪衬。

这种受到抑制的精神发展，不仅可以表现为成年人对年轻人残暴壮举的直接参与，也可以表现为对一部分年轻人进行这类扰乱行为的间接帮助和教唆。它从而促成了残暴习惯，并可能使这种习惯在新一代人的未来生活中持续存在，进而阻碍社会的这一部分人群获得更和平的有效气质。如果带有壮举倾向的人得以引导青少年社会成员的生活习惯，那么他在实力的留存和回归方面所施加的影响可能将十分可观。近来，许多教士及其他社会栋梁悉心栽培"基督少年军"①和其他类似的准军事组织，其用意正在于此。在高等教育机构中，对"大学精神"、大学体育等方面的培养受到大力倡导，也出于相同的原因。

这些掠夺型气质的表现都被归为壮举。其中一部分是竞赛型残暴态势的简单而缺乏思考的表达，另一部分是为博取实力声誉而进行的有意识活动。各种类型的体育运动都具有相同的一般特征，包括职业拳击、斗牛、田径、射击、钓鱼、帆船，以及那些偏重于技巧而无须大量消耗体能的运

---

① 基督少年军（Boys' Brigade），1883年成立于英国，旨在促进纪律和自爱行为。——译注

动。体育运动始于敌对性争斗，经历了从技巧到狡猾诡计的演变，但对其中的任一阶段都无法划分出明确的界线。对运动的嗜好基于一种古老的精神构成，即具有相对强烈的掠夺型竞赛倾向。在那些俗称为户外运动的活动中，冒险性壮举和施加破坏的倾向尤为明显。

不管是体育运动，还是前文提到的掠夺型竞赛的其他表现形式，受男性欢迎的气质基本上是一种男孩所特有的气质，这一点对于体育运动而言或许更加适用，或至少更为明显。因此，在某种特殊的程度上，嗜好体育运动标志着道德本性发展的停滞。只要注意到所有体育运动中都存在的装扮（make believe）这一主要元素，运动员气质中这种奇特的孩子气立即昭然若揭。体育运动的这种装扮特征，在儿童（特别是男孩）习惯参加的比赛和壮举中也同样存在。装扮在运动中存在的比例不尽相同，但它明显地存在于所有运动中。显然，与较为静态的技巧类运动相比，严格意义上的户外运动和体育竞赛中存在的装扮元素更多，尽管我们可能会发现这条规则并非放之四海而皆准。例如，很容易注意到，即便是那些很温和务实的男性，在外出打猎时也会携带过量的武器和装备，以便在他们自己的想象中渲染其事业的重要性。当他们实施壮举时，不管是潜伏还是攻击，这些猎人都倾向于采用装模作样的腾跃步态和精心设计的夸张动作。类似地，在体育运动中，也几乎总是存在各种激昂言辞、豪迈步

有闲阶级论 | 207

伐和装扮的欺骗性举动——这些特点标志着这些职业的装扮性质。当然，所有这些显然会让人想到孩子气的装扮。顺便指出，竞技中使用的俚语，很大一部分由借用自战争术语的极其血腥的语言构成。在任何职业中使用的特殊俚语，除非是用作秘密沟通的必要手段，否则都可以被视为该职业的装扮性实质的证明。

体育运动区别于决斗和其他扰乱和平的类似行为的另一个特征，是体育运动认可壮举和残暴等冲动以外的动机。在特定情况下，可能几乎不存在任何其他动机，但既然对体育运动的沉迷常常被归咎于其他原因，这一事实说明其他理由有时以辅助性方式存在。运动爱好者——狩猎者和垂钓者——多少都习惯于提出"热爱大自然"和"需要休闲"等理由，作为其最喜爱的娱乐活动的动机。这些动机无疑经常存在，并成为一个运动爱好者生活乐趣的一部分；但它们不会是主要动机。这些表面需求完全可以更快速和充分地得到满足，不需要通过有计划地剥夺动物的生命来实现；而这些动物，正是运动爱好者所热爱的"大自然"的本质特征。事实上，运动爱好者所从事活动的最显著效果，就是通过消灭他可以杀死的一切有生命的东西，使大自然陷入长期荒芜状态。

然而，运动爱好者声称：根据现有传统，他所需要的娱乐以及与大自然的接触，可以通过他采取的行动得到充分满足。这种说法不无根据。过去，掠夺型有闲阶级通过强大的示范作用，树立了良好教养的特定准则；而该阶级的后世代表通过惯例，煞费苦心地维持着这些准则。这些准则不允许他们在不受谴责的情况下从其他方面寻求与大自然的接触。体育运动作为掠夺型文化传承下来的光荣职业，作为日常有闲的最高形式，成为唯一受到礼仪充分认可的户外活动形式。因此，射击和垂钓的一个直接诱因，或许是娱乐和户外活动的需要。而他们之所以不得不在系统性屠杀的掩盖下追求这些目标，间接原因在于无法违抗的强制规定，以及随之而来的损害个人自尊的风险。

其他类型的体育运动情况也颇为类似。其中，竞技运动是最好的例子。至于哪些形式的活动、锻炼和娱乐在有尊严的生活准则下是允许的，相关惯例也在此呈现。那些嗜好或欣赏体育运动的人，断言运动提供了最好的娱乐和"体育文化"的手段。而惯例对这种说法予以支持。在有闲阶级的生活方式中，体面生活准则排除了不能被归类为炫耀性有闲的一切活动。因此，按照惯例，这些准则一般也趋向于将这些活动从社会生活方式中排除出去，同时，毫无目的的体育活动极度单调乏味，令人反感。正如我们已从另一个角度看到的，在这种情况下人们不得不诉诸至少具有名义目的的某种形式的活动，即使这一目的只是出于装扮。体育运动满足了实质上无用但具有装扮的名义目的这一要求。除此之外，它因提供了竞争的空间而具有吸引力。一种职业若想得体,就必须符合有闲阶级的光荣浪费准则;同时,所有的活动若要持续性地作为生活的一种习惯性表达(即便只是部分的表达),就必须符合"可实现某种效用性客观目标"这一人类一般准则。有闲阶级准则要求严格全面的无用性,而工作本能要求目标明确的行动。有闲阶级体面性准则缓慢而普遍地发挥作用,从公认的生活方式中,选择性地清除所有本质上具有实用性或目的性的行动模式;工作本能冲动式地起作用,并能因达到直接目的而得到暂时性满足。只有当人们通过意识的复杂反射机制,领悟到给定行为背后的徒劳与生活进程中有目的的正常趋势背道而驰时,这种行为才会对他的意识造成扰动和抑制的影响。

个人的思维习惯构成了一个有机复合体,其趋势必然是朝着对生活进程有用的方向发展。任何将系统性浪费或无用同化到这个有机复合体以作为生活目标的企图,都会立刻招致强烈的反感。但如果将注意力局限于敏捷身手或竞争训练这一直接而缺乏思考的目的,就可以规避有机体的这种反感。体育运动——狩猎、钓鱼和竞技运动等——能够有效地训练敏捷的身手以及掠夺生活特有的竞争性残暴与精明。只要个人对其行动背后的趋势缺乏思考或感觉的禀赋,只要其生活本质上是由天真冲动的行为构成的,那么,体育运动的直接而浅显的目的性将会通过显性表达,显著满足其工作本能。倘若他的主要冲动是掠夺型气质的浅显竞争倾向，则上述结论尤其适用。同时，在体面准则的作用下，他会将体育运动作为自己在金钱生活方面的完美表达。任何给定职业正是通过满足隐秘浪费性和直接目的性这两个要求，在社会传统和人类习惯中保持其作为体面娱乐模式的地位。对于有良好教养和细腻情感的人士而言，他们无法在道德上接受其他形式的娱乐和锻炼方式，在这个意义上，体育运动成为现有环境下最好的娱乐方式。

然而，体面社会中那些崇尚体育比赛的成员，在向自己和旁人解释他们在这方面的态度时，通常会表示这些比赛是宝贵的发展手段。运动不仅能提高选手的体质，通常还能培养参与者和观众的男子汉气概。在讨论体育比赛的实用性问题时，每位社会成员首先想到的运动大概是橄榄球，因为无论对于赞成还是反对体育运动作为身体或道德救赎手段的人来说，这种形式的体育比赛目前在他们心目中都高居首位。因此，这种典型的运动项目可以用来说明体育比赛与选手性格和体能发展之间的关系。有人说橄榄球与体育文化之间的关系颇类似于斗牛与农业之间的关系，这种说法不无道理。游戏制度若要获得实用性，必须经过刻苦的训练或培育。所用的材料，无论是动物还是人，都要经过精心挑选和训练，以获得并强化某些特定的能力和倾向——这些能力和倾向是野生环境中的典型特征，但在驯化过程中会趋于退化。然而，这并不意味着，在任何一种情况下，其结果都是全面一致地恢复野生的或未开化的习性和体质。确切地说，结果是部分地回归到未开化状态或兽性（feræ natura）——那些导致损伤和破坏的野生性格特征得到恢复和加强，但那些与野生环境下个体自我保护和生活充实相应的性格特征却并未得到发展。橄榄球文化的产物是异乎寻常的残暴和狡猾。它恢复了早期未开化气质，但却抑制了气质中的一些细节；从社会和经济迫切需要的角度看，这些细节是野蛮性格中的可取特征。

体育训练中获得的身体活力——如果可以说训练具有这种效果的话——对于个人和集体都有好处，因为在其他条件等同的情况下，它有助于经济上的效用性。而伴随体育运动产生的性格特征同样能为个人带来经济上的优势，这一点是与集体利益相区别的。在任何社会群体中，只要这些性格特征以一定程度存在于人口之中，上述结论都成立。现代竞争在很大程度上是建立在掠夺型人性的这些性格特征基础上的自我展现过程。这些特征以复杂的形式进入现代的和平竞赛，从某种程度上说，它们几乎是文明人的生活必需品。然而，这些特征虽然对竞争的个人而言不可或缺，但对社会却并无实际用处。就个人对集体生活的效用性而言，竞争性效率即便能够发挥效用，也只是间接效用。除非该社群与其他社群间发生敌对行动，否则残暴和狡猾对社群毫无用处；而它们之所以对个人有用，也只是因为他所处的人际环境中存在着较大比例的相同性格特征的其他成员。任何不具有这些特点的个人都将在竞争中处于劣势，犹如一头尚未长角的小公牛在一群有角的成年公牛之中的处境。

掠夺型性格特征的具备和培养之所以受到欢迎，当然还可能有经济以外的原因。人们对未开化人的能力普遍存在审美或道德方面的偏爱，上述性格特征十分有效地迎合了这种偏爱，其结果是它们在审美或道德方面的效用性，足以抵消它们在经济方面可能造成的任何非效用性。但就当前的目的而言，上述内容与主题无关。因此，这里并未谈论体育运动整体上的可取性和适当性，也未提及它在经济原因以外的价值。

在公众看来，运动生活所促成的男子汉气概中有许多可贵的品质。例如，自力更生和亲密友好，这些都是较为随意的口语说法。而从另一个角度看，上述的品性特征可能会被形容为野蛮好斗和拉帮结派。我们如今之所以赞同和钦佩这些男子汉气概，之所以将其称为"男子汉气概"，在于它们对个人而言是有实际价值的。社群成员——尤其是社群中制定品味准则的特定阶级——被允分赋予了这类倾向，以致人们会觉得缺乏这种特征是一种缺陷，而拥有这种特征则是一种巨大的优势。掠夺型性格特征在普通现代人当中绝对没有遭到废弃。这些性格特征存在于生活之中，随时会因任何情感诉求呼之而出，得到表达，除非这种诉求与构成我们的习惯性职业以及日常生活兴趣的活动相左。任何工业社会中的普通人，只有在一种情况下能够摆脱这些（经济层面上的）不利倾向，即这些倾向因暂时的、部分性的废除而逐渐失去重要地位，成为潜意识动机。但它们仍然以不同程度的效力存在于不同人身上，只要受到超乎日常强度的刺激，就会发挥作用，积极地塑造人们的行为和情绪。只要人们没有从事与掠夺型文化背道而驰的职业，个人的日常兴趣与情感的范围没有因此而被侵占，这些倾向便会在任何情况下得到表现。对有闲阶级和依附于该阶级的部分人口而言，情况正是如此。因此，任何新晋有闲阶级成员很容易爱上体育运动；任何工业社会只要积累了足够的财富，使得相当一部分人口可以免于工作，那么，体育运动及体育情结就会得到快速发展。

从一个妇孺皆知的事实，我们可以看出掠夺型冲动在各阶级中的盛行程度不尽相同。拄手杖的习惯若仅作为现代生活的一个特点看，似乎充其量只是一个琐碎的细节，但对于我们这里所讨论的问题而言，这种惯例具有深刻的意义。最盛行这一习惯的阶级——公众普遍会从手杖联想到的阶级——是严格意义上的有闲阶级中的男性、运动爱好者和下层阶级中的地痞流氓。除此之外，金钱行业的男性或许也可以添入此列。无此习惯的是涉足工业的一般男性；值得注意的是，女性只有在体弱多病时才会拄手杖，此时的手杖有着不一样的用途。这一实践当然在很大程度上是一种礼貌性惯例，但是礼貌性惯例的基础，只不过是制定礼貌性惯例的阶级的倾向。手杖用于宣传目的，让人看到持有者的双手从事的职业为非实用性的工作，因此能够作为有闲的证据。但它同时也是一种武器，满足了未开化人在这方面的需求。对于任何一个哪怕只是稍具残暴倾向的人来说，手持一件如此原始而有形的攻击性武器会令他备感安慰。

出于语言上的需要，这里所讨论的能力、倾向和生活表现不可避免地带有明显的指责意味。然而，这并不是对人性的任何一面或生活进程的任何一个阶段加以褒贬。对于人类本性的各种流行元素，我们是从经济学理论的角度来看待的，而我们所讨论的性格特征，则是按照其对集体生活进程的便利程度的直接经济关系来测评衡量和划分等级的。也就是说，这些现象在本文中都是从经济学的观点来理解，并根据它们在促进或阻碍人类整体的更完美调节所起的直接作用来评价，这种调节既针对环境，也针对现在或最近未来的经济形势所要求的环境和制度结构。就这些目的而言，传承自掠夺型文化的性格特征可能效用性较低。然而，即使在这方面也不能忽略的事实是，掠夺型人等的精力充沛、积极主动和执拗顽强，是颇具价值的遗产。这里将试述这些能力和倾向的经济价值以及某些狭义的社会价值，但不考虑其他方面的价值。这些更原始类型的男子汉气概的现代留存,如果与单调平庸的当代工业生活方式做一对比,并用公认的道德标准——特别是用美学和诗歌的标准——来评判,可能会得到一个非常不同于本文观点的价值。但所有这些对当前目的而言都无关紧要,在此不予讨论。唯一可做的是提醒大家,这些与当前目的不相干的卓越标准,不能用来影响我们对人性特征或促进人性发展的活动的特征的经济评估。这一点既适用于体育运动的积极参与者,也适用于体育运动的观众。这里对体育运动倾向的讨论,与我们接下来对口语中所说宗教生活的种种考量密切相关。

上一段附带提到了以下事实:人们在用日常语言讨论这类能力和活动时,难免带有反对或辩解的意味。这一事实具有其意义,它能够说明不带偏见的普通男性对于那些一般在运动和实力行为中表现出来的趋势的习惯性态度。所有为体育运动——以及主要具有掠夺型特征的其他活动——进行辩护或赞美的长篇大论中总是暗含贬低,对于这一现象,在此也完全可以作一讨论。而至少在大多数从未开化生活时期留存下来的其他制度的代言人身上,能够观察到相同的辩解心情。在人们感觉中需要进行辩解的古老制度,包括现有的整个财富分配系统,以及由此产生的阶级的身份区别;所有或几乎所有形式的属于炫耀性浪费的消费;女性在父权家长制下的地位;传统的教义和宗教仪式的许多特点,尤其是对教义的通俗表达以及对公认仪式的朴素理解。因此，在这里称赞体育运动和体育运动性格时所采取的辩解态度，只要恰当更改言辞，同样也能用于为我们社会传承下来的其他相关元素提供辩解。

尽管辩解者的话语并未明确表达出这一点，但通常可以从他的说话方式中感觉到：这些体育运动，以及作为运动员性格基础的这类掠夺型冲动和思维习惯，并不总是符合常识。"就大多数杀人犯而言，他们是非常不堪的人。"这条格言从道德家的角度，对掠夺型气质及其公开表达和运用所带来的惩戒效果进行了评价。这一点也能够显示出，有着清醒意识的成熟男性究竟如何看待掠夺型思维习惯对集体生活目的的适用程度。这一假设在感觉上与任何涉及习惯性掠夺态度的活动都存在矛盾，而那些赞成回归到掠夺型气质并加强其实践的人们，理应承担为此提供证明的责任。公众中有赞同这种娱乐和进取的强烈情绪，但同时社会成员也普遍认为这种情绪是缺乏基础的。所需的合理性通常用以下方式论证：虽然体育运动的本质效果是掠夺并使社会分裂，虽然其直接效果是回归到对生产不适用的方向，但从间接而疏远的层面说来——通过使用某种不容易理解的内级归纳法或对抗刺激过程——体育运动被认为可以养成对社会或生产有用的习性。也就是说，虽然体育运动在本质上是一种不公性的实力行为，可以假定，通过一些间接而模糊的影响，它将促成

有闲阶级论 | 217

有利于非不公性工作的气质。通常人们试图用经验证明所有这一切，或假定这是一种对任何有心人而言显而易见的经验归纳。在证明这一论点时，人们会巧妙地规避站不住脚的依据，只说明体育运动培养了上述的"男子汉气概"。但正是这些男子汉气概需要提供（经济上的）合理解释，这样一来，证明链就在它应该开始的地方断裂了。用最概括性的经济术语来说，这些辩解试图表明，无论事物逻辑如何，体育运动确实在事实上促进了人们统称的工作技能。深思熟虑的卫道士只要没有成功地使自己或他人相信这是体育运动的效果，就不会感到满足，也必须承认，一般情况下他根本不会得到满足。他对自己在这一问题上的辩解的不满足，通常表现为语气粗鲁，并急切地希望获得他人对自己立场的支持。

然而，为什么需要辩解呢？如果对体育运动的喜爱成为普遍公众的情绪，为什么这一事实不足以成为合理证据呢？人类在掠夺和准和平文化阶段经受了长期的实力训练，这使得今人在骨子里形成一种气质，能在残暴和狡猾的表现中获得满足感。因此，为什么不接受这些体育运动是正常健康的人类本性的合理表达呢？除了在这一代人的感情中得到表现的、包括实力这一遗传能力在内的总体倾向，还有什么其他规范需要遵守呢？在这背后具有吸引力的隐性规范是工作本能，这是一种比掠夺型竞争倾向更基本、更古老的本能。而掠夺型竞争倾向尽管在绝对意义上十分古老，但只是工作本能的一种特殊发展，一个变种，相对来说产生较晚，时间较短。掠夺型竞争冲动，或者可以更恰当地称其为运动员本能，是由原始工作本能发展和分化而来的，本质上较不稳定。在这种隐性生活规范的考量下，掠夺型竞争——即体育运动生活——是不符合要求的。

有闲阶级制度用以保持体育运动和不公性实力行为的方式与措施，当然无法在此简要叙述。从已列举的例证看来，在感情和倾向方面，有闲阶级比产业工人阶级更偏爱好战态度和敌意。就体育运动而言，类似情况似乎也成立。但该制度对有关体育运动生活的普遍观点所施加的影响，主要是通过高雅生活准则产生的间接作用。这种间接作用促进了掠夺型气质和习惯的生存，这一点几乎是明确无误的；即便是受到上层有闲阶级礼仪准则禁止的那些体育运动生活变种，如拳击、斗鸡以及运动气质的其他类似粗俗表现，也同样符合上述结论。不论最新的正统礼仪细节方式如何判定，受到有闲制度认可的正式体面准则毫不含糊地指出，竞争和浪费是好的，反之则不体面。在幽暗的社会底层，准则的细节并不像期望中的那样容易得到认识，因此人们在应用这些广泛的潜在体面准则时往往缺乏深思熟虑，很少过问这些准则的权限范围或已详细规定的例外情况。

对运动的嗜好是有闲阶级较为显著的典型特征，他们不仅直接参与运动，同时也在感情和道义上支持运动。与该阶级一样拥有这一特征的，除了下层阶级中的地痞流氓，还有遍布于全社会、天生具有强势掠夺倾向的回归性人群。在西方文明国家的居民中，几乎没有人因缺乏掠夺型本能而无法在运动和比赛中找到乐趣；但对于产业工人阶级中的普通人而言，他们对体育运动的喜爱还不足以构成所谓的运动习惯。对这些阶级而言，体育运动只是偶尔的消遣，而不是生活的重要特点。因此，不能说这些普通群众培养了体育运动的倾向。虽然在一般人当中乃至在任何数目可观的人群中，对体育运动的倾向都尚未废弃，但它在本质上只是一种怀旧，作为偶尔的兴趣具有或多或少的消遣作用，并不是一种不可或缺、长期存在的兴趣，不是塑造思维习惯这一有机复合体的主要因素。

根据这种倾向在当今体育运动生活中的表现看来，它似乎并不是重要的经济因素。就其本身而言，它对个人生产效率或任何人的消费方面并没有太大直接影响；但以这一倾向为特征的人性类型的盛行与发展，却是具有一定重要性的问题。它会影响总体经济生活，其中既包括经济发展的速率，又包括发展结果的特征。无论如何，公众思维习惯一定会在某种程度上被这一类特征所支配，这一事实必将严重影响集体经济生活的范围、方向、标准和观点，以及集体生活对环境的适应程度。

对构成未开化性格的其他特征而言，也存在类似的情况。从经济理论的层面看，这些另外的未开化性格特征，可以被看作掠夺型气质（实力是其一种表现）的伴随变体。这些特征在很大程度上根本不是主要的经济特征，也没有多少直接的经济关系。它们被用于指示拥有这些特征的个体所适应的经济演化阶段。因此其重要性在于，这些特征能够从外部测试它们所构成的性格对当今经济迫切需要的适应程度；另外，它们本身也是一种能力，有助于增加或减少个人的经济效用性，因而在这方面也具有一定程度的重要性。

实力在未开化人生活中的表现，主要有两个方面——力量和欺诈。在现代战争、金钱型职业以及运动和比赛中，都存在着这两种表现形式，只是程度有所不同。两种能力都在体育运动生涯和更严肃的竞争生活中得到了培养和加强。比赛与战争和打猎类似，其中的必备元素是策略或狡猾。在上述所有职业中，策略往往会发展为手腕和诡计。欺诈哄骗、大言不惭、咄咄逼人，这些在任何体育竞赛和一般运动的程序方法中，都有稳固的一席之地。人们在比赛中习惯性地雇用裁判员，也会确立详尽的技术条例，规定欺诈和战略优势的允许范围和细节，这些充分说明了一个事实：欺诈行为以及超越对手的企图并非比赛的偶然特征。体育运动的习惯必然有助于人们更充分地发展欺诈能力；掠夺型气质使人们倾向于体育运动，而这种气质在社会中的流行意味着大量社会成员将不择手段并漠视他人的利益——无论是个人利益还是集体利益。任何欺诈手段，不管以何种名义实施，不管有怎样的法律或习俗作为依据，都是一种狭隘的利己主义思维习惯。这种运动型性格特征的经济价值，无须再详细阐述。

在这方面值得注意的是，对从事竞技体育和其他运动的人而言，他们的面相的最明显特征是极端精明。无论在对比赛的实质性促进方面，还是在给予体育爱好者群体中的精明之人荣誉方面，尤利西斯的天赋和事迹都不比阿喀琉斯逊色。①对通过录取考试进入著名中等或高等学校的年轻人来说，精明姿态通常是他们与专业运动员同化的第一步。那些对竞技比赛、赛跑或其他类似的具有竞争性本质的比赛兴趣浓厚的人们，对精明面相这样一种装饰性特征通常保持着密切的关注。还可以指出一点，在下层阶级的地痞流氓中，通常能非常明显地看到这种精明的面相，而且他们与追求体育荣誉的年轻候选人一样，非常普遍地表现出装模作样的夸张；这些都能进一步表明，两者具有精神上的相似性。顺便指出，这是那些背负俗称"狡黠粗暴"骂名的年轻野心家最清晰的标志。

精明人可以说对社群没有任何经济价值，除非在与其他社群打交道时需要使用不正当手段。他所行使的职责并不能

---

① 尤利西斯 (Ulysess)，古希腊英雄奥德修斯的拉丁文名，以足智多谋著称。阿喀琉斯 (Achilles)，参加特洛伊战争的半神英雄，希腊联军第一勇士。——译注

促进一般的生活进程。在直接经济关系层面，这种作用充其量是使得集体经济的实质向着异于集体生活进程的发展方向转化——好比医学上所谓的良性肿瘤，随时有可能越过良性与恶性肿瘤之间的不明确分界线。

掠夺型气质或精神态度由未开化人的两种性格特征构成：残暴和精明。它们是狭隘利己主义习惯的表现。两者都非常适合在寻求不公性成功的生活中谋求个人私利。两者都有很高的审美价值，也都由金钱文化促成。但两者同样都对集体生活毫无助益。

第十一章
对运气的信仰

赌博倾向是未开化气质的另一个附属特征。在一般的运动爱好者以及惯于从事军事和竞争活动的人们当中，这是一种几乎普遍存在的伴随性格变种。该特征也有其直接的经济价值。一般认为，在任何社群中，只要它在相当程度上盛行，便会阻碍社群整体达到最高生产效率。

若把赌博倾向归为掠夺型人性的独有特征，这将令人产生疑问。赌博习惯的主要因素是对运气的信仰；这种信仰——或至少其组成部分——显然可以追溯到人类演化史中先于掠夺型文化的阶段。对运气的信仰很可能在掠夺型文化阶段就已经发展为如今的形式，成为运动型气质中赌博倾向的主要元素。而它之所以发展为现代文化中的这一特定形式，是因为受到掠夺型生活的训练。但对运气的信仰实质上是比掠夺型文化更古老的一种习惯。它是一种基于万物有灵论的对事物的理解形式。在本质上，这种信仰似乎是从早期阶段传承到未开化文化的一种特征，它在未开化文化中发生变化，并以经过掠夺型行为准则影响的一种特殊形式传递到人类发展的下一阶段。但在任何情况下，它都应该被当作一种古老的特点，这种特点传承自或远或近的过去，与现代生产过程的要求存在不同程度的不匹配，并或多或少地阻碍了当前的集体经济生活达到其最高效率。

虽然对运气的信仰是赌博习惯的基础，但它不是打赌习惯中的唯一元素。针对力量型和技能型比赛的赌局基于一个进一步的动机，若没有这个动机，对运气的信仰不大可能成为运动生活的突出特点。这个动机便是，预期的赢家，或预期获胜方的热情支持者们，希望以牺牲失败者为代价来增强己方的优势。赌局中的金钱输赢越大，强者获得的胜利愈加辉煌耀眼，输家遭受的失败也愈加惨烈耻辱；当然赌注本身是一个十分重要的考虑因素。人们下注的目的通常是通过此举提高所押选手的胜算，虽然他们并未公开这样表达，甚至并未私下（in petto）意识到这一点。人们觉得，为这一目的所耗费的物质和关注终归不会付之东流。这是工作本能的一种特殊表现，依据的是一种更为显而易见的感觉：若一方已经展开如此迫切而活跃的驱策，力求吸引并增强事物的内在倾向，那么，既然万物和谐且皆有灵，就势必会辅助这一方大获成功。赌博这一动机的大量表现形式是，人们在任何比赛中都会支持自己所钟爱的一方；这无疑是一种掠夺型特征。对运气的信仰在赌注中的自我表达，正是其对严格意义上的掠夺型冲动的补充。由此可以得出结论,只要信仰运气表现为下赌注的形式,它便可以算作掠夺型性格的一个不可分割的元素。在其诸元素中,信仰是一种古老的习惯,它本质上属于早期的未分化人性;但是当这种信仰受助于掠夺型竞争冲动而分化成赌博习惯的特定形式时,它就以这种更成熟的特殊形式被归为未开化性格的一个特征。

对运气的信仰,是认为现象序列中存在偶发必然性的一种感觉。它具有各种各样的变体和表现,在任何社会中,只要这种信仰在相当程度上盛行,就会对该社会的经济效率起到十分重要的作用。正因如此,有必要对其起源与内容及其对于经济结构与功能的影响进行更详细的讨论,同时也需要讨论有闲阶级与其成长、分化和持久性之间的关系。在掠夺型文化的未开化人和现代社会的运动爱好者当中,最容易观察到这种信仰的成熟而完整的形式,它至少包含两种可区分的元素——可以视作同一基本习性的两个不同阶段,也可以视作处在演变过程中两个相继阶段的同一心理因素。这两个元素是信仰在同一大致发展方向上的两个相继阶段这一事实,并不会对它们在任何给定个体的习性中的共存构成阻碍。二者中更原始的形式(或更古老的阶段)是一种早期的万物有灵论信仰,或认为所有关系和事物都具有灵性的观念,它赋予客观事实一种与人相类似的性格。对古人来说,他的环境中所有突出的、具有明显重要性的对象和可观事实都有一种与人相类似的个性。它们被视为有意志的，或者更确切地说，是具有倾向性的，能够成为综合原因的一部分并以不可思议的方式影响结果。运动爱好者对运气和机会的观念，或对偶发必然性的观念，是一种难以表达或者说尚不成熟的万物有灵论。它常常以一种很模糊的方式应用于对象和情况；但其定义往往很宽泛，以至于给人这样一种感觉：对任何构成技能型或运气型比赛的装置和附属物的对象，人们可以迎合或诱导并干扰其内在倾向性的发展。运动爱好者几乎人人都习惯性地佩戴一些饰件或护身符，他们感觉这类物件或多或少有些功效。也有不少人，对他们在任何比赛中所押注的选手或设备遭遇"不祥"（hoodoo）有本能的恐惧，或者觉得他们对比赛中某一选手或某一方的支持理应使这一方变强，抑或认为他们所培养的"福神"（mascot）并非儿戏，而是真的有用。

按照其简单的形式来说，对运气的信仰就是这种认为对象或情况具有神秘目的论倾向的直觉。对象或事件有终结于某个给定目标的倾向，无论这个发展序列的终点或目标点被视为一种偶然的设定，还是一种有意的寻求。这种信仰始于这一简单的万物有灵论，并通过不易察觉的渐变过程，逐渐进入上文提到过的第二种衍生形式或第二个衍生阶段，即对不可理解的超自然力量有相当程度的明确信仰。超自然力量通过与其相关联的可见对象发挥作用，但在个性上并不与这些对象等同。这里使用"超自然力量"一词,对这种所谓超自然的力量的性质并无任何进一步的暗示。这只是万物有灵论信仰的更进一步的发展。超自然力量不一定被理解为完全意义上的个人力量,但它具有一定程度的人格属性,从而能够颇为随意地影响任何计划——尤其是任何比赛——的结果。对"*Hamingia*"或"*Gipta（gæfa，auðna）*"①的广泛信仰,使早期日耳曼民间传说——特别是冰岛萨迦——普遍大大增色,这种信仰说明人们认为事件发展过程中具有超自然倾向的观念。

在信仰的这种表达或形式中,倾向几乎没有被人格化,虽然被赋予了不同程度的个性;在人们的设想中,这种个性化倾向有时会让步于环境——通常是具有精神或超自然特点的环境。这种信仰处于一个相当先进的分化阶段,它所求助的超自然力量带有神人同形同性的人格化特征,对此,一个众所周知的显著例证就是对争斗的赌注。这里的超自然力量被设想为应要求充当裁判的角色,根据某种规定的判决依据——例如各参赛者主张的公平性或合法性——来确定比赛结果。这种认为事件中存在神秘莫测但有其精神必然性的趋势的类似观念,在当前的流行看法中仍然能够找到模糊的痕迹,正如那

---

① 凡勃伦在《拉克斯峡谷萨迦》(*Laxdæla saga*, 1925)的译文中使用了这些词,皆出自冰岛语,表示由决定人类命运的超自然力量所赋予的好运。——译注

句受到广泛认可的格言所说："有理之人，三层铠甲在身(Thrice is he armed / who knows his quarrel just)。"——即便在现代文明社会中，这句格言在缺乏深入思考的普通人群中仍具有很大意义。对"*Hamingia*"或对一只看不见的手的指引的信仰，在现代社会中仍留有残念，这种残念可以从上述格言的接受度中寻到踪迹，但它是微弱的，或许是不确定的，而且似乎总会掺杂着并不明显具有万物有灵论特征的其他心理瞬间。

就本文的目的而言，两种万物有灵论倾向中的前者向后者演化的心理过程或种族遗传路径，在此不必再做究究。对大众心理学或对教义教派的演化理论来说，这一问题可能极其重要。同样重要的还有一个更根本的问题：在一系列的发展中，二者作为相继的阶段是否存在关联。我们在此提及这些问题的存在，只是为了说明当前讨论的关注点并不在此。就经济理论而言，对运气的信仰——或者说对事物中因果关系之外的趋势或倾向的信仰——中的这两个元素或阶段，实质上具有相同的特征。它们具有经济上的重要性，因为它们作为思维习惯，影响了个体对他所接触到的事实和发展顺序的习惯性观念，从而影响了他对生产目标的效用性。因此，暂且不论对任何万物有灵论信仰的所有关于美、价值或裨益的问题，我们在这里需要讨论的是，这种信仰对个人作为一个经济因素——特别是作为一种生产力——的效用性

有闲阶级论 | 229

所产生的经济影响。

在前文中已指出,为了在当今复杂的生产过程中获得最高的效用性,个人必须具有轻而易举地用因果顺序理解和关联事情的能力和习惯。无论从整体还是从细节看来,生产过程都是一个具有定量因果的过程。生产过程的工人和主管所需要具备的"智力",只不过是某种程度的理解和适应定量因果顺序的能力。迟钝的工人所缺乏的恰恰是这种理解和适应的能力,而对他们的教育所追求的结果也正是这种能力的增长——如果其教育的主旨在于提高其生产效率。

只要个体所遗传的能力或所接受的训练,使他倾向于不从因果关系或实事求是角度对事实和发展顺序进行说明,那么他的生产效率或生产用途就会降低。整体看来,也就是说把具有万物有灵论倾向的给定人群作为一个整体来看待时,这种因倾向于用万物有灵论方法来理解事情而造成效率降低的现象尤其明显。在现代大工业系统中,万物有灵论的经济弊端最为清晰,其后果也最为深远。现代工业社会中,工业与日俱增地成为一个各种机构和功能相互制约的综合系统;因此,不偏不倚地理解现象中的因果关系,对提高工业相关人员的效率而言,变得越来越必不可少。在一个手工业系统中,灵巧、勤奋、力量或耐力等优势,可能会在很大程度上抵消工人思维习惯中的这种偏倚。

传统类型农业生产在对工人要求的性质方面,与手工业十分相似。在这两种情况下，工人本身就是起决定作用的主导力，而其中涉及的自然力在很大程度上被理解为高深莫测的偶然性力量，其作用不受工人控制或决定。一般认为，在这些生产形式中，生产过程几乎不受制于综合刻板机械顺序——这种顺序需要从因果关系的角度来理解，且生产的运作和工人的行动都必须与之相适应。随着工业方法的发展，手工业者越来越难以用其长处来弥补其智力的不足或其接受因果关系的迟钝。工业组织拥有越来越多的机制特点，其中人的职责只是区分和选择他应该在工作中使用的自然力。工人在工业生产中的角色，由从前的主导者变成如今的对定量顺序和刻板机械事实进行分辨和评估的人员。他对所在环境中的因果关系的敏捷理解能力和公正评估能力在经济上的相对重要性日益增加，而他的思维复合体中任何导致与真实顺序的已有理解不符的偏倚元素，其重要性也成比例地增加，因为这会降低他的生产有用性。若对日常事物的观察是基于定量因果关系之外的其他依据，这种偏倚即便只是微不足道、毫不显眼的，但通过它对人口习惯性态度的累积效应，也可能造成社会总体生产效率的明显降低。

万物有灵论的习性所出现的时期，有可能是在万物有灵论信仰尚不成熟的早期未分化阶段，也有可能是在事物倾向获得神人同形同性的人格化特征的后期较完整阶段。无论是这种活跃的万物有灵论观点，还是这些诉诸超自然力量或看不见的手的指引的方式，它们的工业价值当然基本相同。就对个体的生产效用性的影响而言，两种情况的效果是一样的；然而，个体在习惯性地运用万物有灵论或神人同形同性论方案处理其环境中的事件时，在及时性、紧迫性和独特性方面的程度有所不同，因此，这种思维习惯对个体的思维习惯复合体的支配或塑造程度也随之变化。在所有情况下，万物有灵论的习惯都会模糊人们对因果顺序的评估；但与更高形式的神人同形同性论相比，可以预计早期的、思考程度和定义程度较低的万物有灵论倾向会以更普遍的方式影响个体的智力过程。当万物有灵论的习惯以其朴素形式出现时，它的应用类别和应用范围是未受规定和限制的。因此，这种习惯将在个人生活的方方面面影响他的思维——只要他不得不用到生活的物质手段。在万物有灵论较为成熟的后期发展中，当它通过神人同形同性论的阐述过程得到明确界定后，其应用已经以某种颇为一致的方式被限于遥远和不可见的事物，于是，人们在说明范围不断增加的日常事物时，暂时可以无须借助于超自然力量（其中体现出来的是经培养得来的万物有灵论）。高度完整、人格化的超自然力量并非处理生活琐事的方便手段，于是人们很容易养成按照发展顺序来说明许多琐碎粗俗现象的习惯。在出现使个体回归其固有习性的特殊刺激或麻烦之前，对日常琐事而言，这种临时做出的解释可以视为确定解释。然而，当特殊迫切需要产生时，也就是说，当人们急须充分而自由地诉诸因果关系法则时，如果个体有神人同形同性论信仰，他通常求助于超自然力量，将其作为万应灵药。

遇到麻烦时，求助于因果关系之外的倾向或力量是非常有用的手段，但其效用总体说来属于非经济类型。当这种倾向或力量获得拟人化神祇所具有的一致性和专业程度时，就更是成了避难所和安乐窝。它能够帮助困惑的个体摆脱无法用因果顺序描述的困境，但除此之外，它还有许多其他值得称道之处。从审美、道德或精神兴趣的角度看来，甚或从更为实际的政治、军事或社会政策的角度看来，拟人化神祇都有许多明显而公认的优点，但这些方面并不适合在此讨论。信仰这样一种超自然力量，被视为一种影响信仰者生产效用性的思维习惯，我们在这里所讨论的正是它的经济价值——这个不那么别致、不那么迫切的问题。哪怕是在这样一个狭窄的经济范围内，我们的探究也必须局限于这种思维习惯对信仰者的技术效用性的直接影响，不能将范围扩大到包含其更遥远的经济效应。这些更遥远的效应很难跟踪。当下存在这样一种先入之见：通过与这样一位神的精神接触，生活能得到某种程度的升华。这种先入之见将会人人阻碍我们的探究，就目前而言，必然使任何探究其经济价值的尝试无果而终。

万物有灵论的思维习惯对信仰者心境的直接影响，在于降低他对现代生产有特殊重要性的那部分智力。在不同程度上,这一效果取决于被信仰的超自然力量或倾向的角色高低。就未开化人或运动爱好者对运气和倾向的观念而言,这一点是成立的;而对于发展程度稍高的对拟人化神祇的信仰(通常也是由上述阶级所具有),也符合类似的情况。至于那些备受虔诚的文明人推崇、发展更为充分的神人同形同性教派,上述结论同样也必须成立——虽然很难说相对有多大程度的说服力。当人们普遍信奉某种较高级的神人同形同性教派时,生产将受到不利影响,这一后果可能比较轻微,但却不容忽视。即便是西方文化中的这些高级崇拜,也并不代表人类对因果外倾向观念的最终消弭阶段。在这一阶段之后,同样的万物有灵论观念的表现还有不少,例如,18世纪对自然秩序和自然权利的呼吁,就是一种弱化的神人同形同性论;其现代代表则有关于演化过程中的改良倾向的所谓后达尔文概念。这种对现象的万物有灵论解释,是逻辑学家称为理性玩忽怠惰[①]的一种形式谬误。就工业或科学的目的而言,它被当作对事实的错误理解和评价。

除了工业方面的直接后果,万物有灵论的习惯在其他方面对经济学理论也有一定意义。(1)它能够相当可信地表明某些具有实质性经济后果的其他古老性格特征是否伴随它

[①] 理性玩忽怠惰(*ignava ratio*),出自康德《纯粹理性批判》。——译注

共同存在，甚至在某种程度上还能显示其存在的强度；同时，（2）万物有灵论的习惯在神人同形同性论崇拜的发展过程中所产生的那些虔诚礼仪准则具有的物质后果是重要的，一方面，（a）它会影响社会的物品消费和盛行的品味准则，这在前面的篇章中已有所提及，另一方面，（b）它通过引导和保持对上级关系的一定习惯性认知，固化了对身份和效忠的普遍观念。

就后一点（b）而言，构成个体性格的所有思维习惯在某种意义上是一个有机整体。其中在任一点处给定方向的一个显著变化，会带来生活的习惯性表达在其他方向上或其他群体活动中的伴随变化。这些不同的思维习惯，或者说生活的习惯性表达，构成了个体单一生活进程的所有方面；因此，在特定的刺激下所形成的习惯，必然会影响对其他刺激的反应的特性。人性在任一点上的改变都意味着人性的整体改变。根据这一理由（或许尤其是根据一些不能在此讨论的更为费解的理由），在不同的人性特征中，都存在着这些伴随而来的变化。所以，例如具有高度发展的掠夺型生活方式的未开化民族，通常也具有强烈而显著的万物有灵论习惯、成熟的神人同形同性论崇拜以及明白无误的身份感。另一方面，在未开化时期之前和之后的文化阶段，神人同形同性论和对物质具有万物有灵论倾向的明确观念在各种族人群的生活中不再那样明显。在和平型社会中，身份感总体说来也较弱。值得注意的是，大多数（如果不是所有）生活在前掠夺蒙昧文化阶段的人都有一种活跃而略显专门化的万物有灵论信仰。与未开化人和退化而来的蒙昧人相比，原始蒙昧人对万物有灵论的重视度较低。对他们而言，它终归是梦幻般的神话，而不是强制性的迷信。未开化文化显示出的是体育精神、身份感和神人同形同性论。在今天的文明社会中，通常可以在男子个人气质的相同方面，观察到一种类似的伴随变化。构成体育元素的掠夺性未开化气质的那些现代代表，一般都信仰运气；至少他们对事物的万物有灵论倾向有强烈的意识，这种意识使他们习惯于赌博。在这类人当中，神人同形同性论的情况也类似。他们所追随的某些教派，通常是一个以淳朴方式一贯坚持神人同形同性论的教派；相对来说，很少有运动爱好者会在一些神人同形同性程度较低的教派（例如一位论派或普救派①）中寻求精神慰藉。

与神人同形同性论和实力之间的联系息息相关的是以下事实：神人同形同性论崇拜会保存（倘若不是倡导）有利于身份制度的习性。在这一点上，很难说这种崇拜的训练效果在哪里终止，以及伴随遗传性状产生的变异的证据从哪里开始。在其最充分的发展形态中，掠夺气质、身份感和神人同

---

① 一位论派或普救派 (the Unitarian or the Universalist) 拒绝正统基督徒的圣父、圣子、圣灵三位一体的信仰，按照凡勃伦的观点，这意味着他们的"神人同形同性"程度较低。——译注

形同性论崇拜同属于未开化文化；当这三种现象在该文化层面上进入社会视野时，它们之间存在着某些互为因果关系的东西。这三种现象互相联系地再次出现在当今的个人和阶级的习惯和态度中，这意味着被视为个人性格特征或个人习惯的这两种（实际上是同样的）心理现象之间，可能存在着因果或有机关系。在前面的讨论中已经提到，身份关系作为社会结构的一个特征，是掠夺型生活习惯的结果。至于其衍生路径，实质上是掠夺型态度的一种详细表达。另一方面，神人同形同性论崇拜是一种身份之间详细关系的准则，这种身份关系叠加在物质的超自然神秘倾向的概念之上。因此，就其衍生的外部事实而言，崇拜可以被看作古代人普遍存在的万物有灵论观念的产物，为掠夺性生活习惯所定义并在某种程度上被转化，其结果是一种人格化的超自然力量，这种力量被强行赋予了掠夺型文化阶段中人们特有的全套思维习惯。

在此情况下，与经济理论有直接关系、故而应该纳入考虑范围的宏观心理特点有：（a）前面篇章中提到过的掠夺型竞争习性，在此称为实力，它只是人类一般工作本能的未开化变种，在人与人之间进行不公性比较的习惯的引导下，逐渐成为这一特定形式；（b）身份关系是这样一种不公性比较的正式表达，根据公认的方法进行恰当的估量和分级；（c）神人同形同性论崇拜——至少在其发展早期——是一种制度，其特有元素是处于弱势的人类主体和处于优势的人格化超自然力量之间的地位关系。只要了解这些，就不难认识到人性和人类生活中这三种现象之间的密切关系；就其实质性要素而言，它们其实是等同的。一方面，身份系统和掠夺型生活习惯是工作本能的表达，因为它是在不公性比较的习惯下形成的；另一方面，神人同形同性论崇拜和虔诚敬奉的习惯是人类对物质倾向的万物有灵论的表达，在基本相同的不公性比较的一般习惯的指引下得到完善发展。因此，这两种范畴——竞争性生活习惯和宗教仪式习惯——被看作未开化人性及其现代未开化变种的互补元素。它们是在不同刺激下产生的大体相同类别的能力的表现。

第十二章
宗教仪式

若将现代生活中的某些事件条分缕析，就能看出神人同形同性教派与未开化文化及气质之间的有机联系。这种分析同时也可表明，这些教派的留存和功效及其宗教仪式的盛行，与有闲阶级制度及制度背后的行动诱因之间有何种联系。对于下面要提到的宗教仪式名下的种种惯例，以及这些仪式所体现出的精神和智力特征，本文无意加以任何褒贬。当下各种神人同形同性教派的日常现象，可以从它们在经济理论方面的重要性来讨论。其中适于在此谈论的是宗教仪式的具体外部特征。信仰生活的道德价值和虔诚价值，不在当前的讨论范围内。有关教派所奉教义的真或美的问题，在此自然也不会考虑。即便是关于其经济方面的间接影响，我们也无法在此探讨；该论题太过深奥重要，本章篇幅所限，实难尽言。

前文有一章已经谈到，对基于金钱利益以外的事物展开评价时，金钱价值标准对评价过程会产生怎样的影响。这一关系并不总是单方面的。价值的经济标准或准则也会受到经济以外的价值标准的影响。这些占据支配地位的更加重要的利益，在一定程度上塑造了我们对事实的经济意义的判断。事实上，确实有一种观点认为，经济利益只有在附属于这些更高层次的非经济利益时才具有价值。因此，就当前的目的而言，必须考虑如何将神人同形同性教派的这些现象的经济利益隔离出来。这便需要我们花费一些精力，摆脱上述更高层次的观点，专注于从经济角度来评价这些事实，并尽量减少经济理论之外的更高层次利益引起的偏倚。

我们在讨论体育气质时已经指出，认为物质和事件中存在万物有灵论倾向的观念，是运动爱好者的赌博习惯的精神基础。从经济层面上说，这种倾向感本质上是同一种心理因素，但在万物有灵信仰和神人同形同性论信条中以不同形式表达。就那些经济理论必须探讨的具体心理特点而言，渗透在体育元素中的赌博精神通过不易察觉的渐变过程，渐渐转化为能在宗教仪式中获得满足的心情。从经济学理论的角度看，运动型性格逐渐转变为宗教信徒性格。在一种颇具一贯性的传统的帮助下，赌徒的万物有灵论观念发展成为对超自然或超物理力量的相当明确的信仰，这种信仰掺杂着一些神人同形同性论的内容。在这种情况下，通常存在一种明显的倾向，即通过一些公认的途径和调解方法来与超自然力量达成协议。这种迎合和诱导元素与形式较简陋的礼拜仪式之间有许多共同点——即便没有相同的历史起源,至少有相同的实际心理内容。显然,赌徒的万物有灵论观念通过持续不断的过程转变为公认的迷信惯例和信仰,也因此具有了与简陋形式的神人同形同性教派之间的密切联系。

于是,运动或赌博气质包含了一些实质性心理因素,这些因素造就了那些教条的信仰者以及那些宗教仪式的奉守者。两种气质主要的共同点,在于对事件进程中的神秘倾向或超自然干预的信仰。就赌博习惯而言,对超自然力量的信仰可能——通常也确实——并没有那么明确和系统;尤其是在赋予超自然力量的思维习惯和生活方式方面,或者换句话说,在关于它对事件进行干预时的品性和目的上,缺乏系统性。而对于表现为运气、机会、不祥或福神等的超自然力量,运动爱好者能够感觉到它们的存在,有时畏而远之,但他对这种力量的人格和个性的观点同样不够完整具体,缺乏明确区分。在很大程度上,他进行赌博活动的基础仅仅是一种直觉,认为事物中存在着超物理或任意的力量或倾向,而很少视其为一种人格化的力量。一方面具有这一朴素意义上的对运气的信仰,另一方面又相当坚定地支持某种形式的公认教义,这两种情况常常在赌徒身上并存。那些关于他所属意的神祇的神秘力量和武断习惯的教义,尤其容易为他所接受。在这种情况下,在他身上同时呈现出万物有灵论的两个甚至两个以上不同的阶段。事实上,万物有灵论信仰相继阶段的完整系列，可以在任何运动型社群的精神集合中找到。这一系列的万物有灵论观念，一端是最初级形式的对运气、机会以及存在于偶然中的必然性的直觉，另一端是充分发展的拟人化神祇，中间包含所有过渡阶段。伴随这些对超自然力量的信仰同时存在的，是人们对行为的本能塑造，使得其行为一方面符合人们臆测的获得好运气的条件，另一方面满足对神祇的神秘教令的虔诚服从。

运动型气质和地痞流氓气质在这方面是有所关联的，两者都与一种倾向于神人同形同性崇拜的气质有关。与社会中的普通人相比，运动爱好者和地痞流氓一般都更容易成为一些公认教义的信徒，也更倾向于宗教仪式。同样值得注意的是，这些阶层中的不信神者，比一般的不信神者表现出更多皈依某种公认信仰的倾向。这一事实是体育运动的代言人公开承认的，尤其是当他在为更古朴的掠夺型竞技体育辩解之时。事实上，人们颇为坚定地宣称：运动型生活的一个优点便是，在某种程度上，那些竞技运动的习惯性参与者尤其倾向于虔诚行为。还可以观察到，运动爱好者和掠夺型地痞流氓所信奉的——或者说这些阶层中的新信徒所普遍皈依的——通常不是所谓的更高级别的信仰，而是某个崇拜完全拟人化神祇的教派。古代的掠夺型人性不可能满足于某些晦涩难解的概念，在这些概念中，人的个性转变为定量因果顺序，例如基督教关于造物主、普世智慧、万物之灵或精神层面等理论性的深奥教义。至于具有运动爱好者和地痞流氓的习性所要求的特点的教派,其中一个实例是"战斗教会"的分支——救世军①。从某种程度上说,该教派成员是从下层阶级的地痞流氓中招募而来的,且从事过体育运动的男子在其成员中——特别在其军官中——所占比例似乎要高于社会总人口中的相应比例。

高校体育竞技就是一个恰当的例子。那些倡导大学生活中应具备虔诚元素的人认为——他们的主张似乎无可辩驳——国内任何学生群体中的理想体育人才,多数都笃信宗教;或者说,与那些对体育竞技和其他大学运动兴趣较少的一般学生相比,这些人至少更热衷于宗教仪式。这在理论上是可以预期的结果。顺便可以指出,从某个角度看,人们感觉这对大学体育生活、体育比赛和竞技参与者而言是一种荣耀。爱好运动的大学生常常献身于宗教宣传,无论是将其作为职业还是兼职;可以观察到,这些献身于宗教宣传的大学生所宣传的,很可能是神人同形同性教派中的某一种。他们在讲授教义时,往往主要强调存在于拟人化神祇和人类主体之间的个人身份关系。

在大学生中,体育竞技和宗教仪式之间存在密切联系,这是一个众所周知的事实;但这种联系的一个重要特点并不

---

① 救世军(Salvation Army),1865 年创立于伦敦的无宗派新教组织,以军队模式为其架构和行政方针,以福音传播和慈善事业为己任。——译注

引起足够关注,尽管它十分明显。在许多高校体育积极分子之中盛行的宗教热情,特别容易表现出的形式是:对于这位神秘莫测的神,学生们一秉虔诚,深信不疑,天真顺从,且怡然自得。因此,他们喜欢加入那些传播开放易懂形式教义的世俗宗教组织,例如基督教青年会或基督教青年勉励会①。这些世俗团体旨在促进"实用"宗教;似乎是为了加强这个论点,并牢固地树立体育气质与古代虔诚感之间的密切关系,这些世俗宗教团体通常投入相当可观的精力来发展体育比赛和类似的运气型和技能型比赛。甚至可以说,这种类型的体育运动被视为具有一定效果的蒙恩之道。在招纳信徒以及维持皈依者虔诚态度方面,运动也是一种明显有效的手段。也就是说,体育比赛使得万物有灵论和竞争倾向得到表达,并有助于形成和保持与更开放的教派相投合的习性。因此,在世俗组织手中,这些体育活动被作为一种新手见习,或是一种入门手段,引领参与者在后期进一步开展只有入会教友才有权体验的精神状态生活。

就虔诚的目的而言,竞争倾向和低级万物有灵论倾向的表达是有实质性价值的,能够有力证明这一点的事实似乎

---

① 基督教青年会(Young Men's Christian Association),简称 Y.M.C.A.,1844 年创立于伦敦。该组织与基督教青年勉励会(Young People's Society of Christian Endeavour)一样,希望通过坚定信仰和推动社会服务活动来改善青年人精神生活和社会文化环境。——译注

是：许多教派的神职人员正在效仿世俗组织这方面的做法。尤其是那些在坚持实用宗教方面与世俗组织立场最接近的基督教组织，已经开始在传统宗教仪式方面，接受同样或类似的实践。于是，基督少年军和其他类似组织应运而生，它们都经过教会的批准，作用是在青少年会众中发展竞争倾向和身份感。这些伪军事组织有助于发展和培养竞争和不公性比较的倾向，从而加强与生俱来的识别和拥护个人主从关系的能力。这类组织的信徒，明显是懂得服从并欣然接受惩罚的人。

但这些实践所培养和保存的思维习惯，只构成神人同形同性信仰的一半要义。虔诚生活的另一半互补元素——万物有灵论习性——在教会认可的第二类实践中得到加强和保存。这便是以教堂义卖或抽奖为典型的一类赌博行为。需要指出的是，这些抽奖和类似的零星赌博机会，似乎更能吸引的是宗教组织的一般成员，而不是虔诚习性较少的人；这一点能够说明这些实践在严格意义上的宗教仪式中的正统程度。

所有这一切似乎都在证明：一方面，使人们爱好体育的气质，也使他们偏好神人同形同性教派；另一方面，对体育运动——或许尤其是对竞技体育——的习惯，也有利于发展从宗教仪式中获得满足感的倾向。反过来，对这些仪式的习惯，似乎也有助于人们喜欢上竞技体育以及所有能使不公性比较和诉诸运气的习惯得到发挥的比赛。实质上，相同范围的倾向在精神生活的这两个方向上都有所表现。掠夺本能和万物有灵论观点占支配地位的未开化人性，通常都具有这两方面的倾向。掠夺习性强调有关个人尊严和个人之间相对地位的意识。在社会结构中，但凡掠夺习性在制度塑造中占支配地位，这种结构便是一种基于身份的结构。掠夺型社会生活方式的普遍规范，是优与劣、高贵与低下、统治者（阶级）与从属者（阶级）以及主人与奴隶之间的关系。神人同形同性教派起源于这一工业发展阶段，并被同样的经济分化——分化为消费者和生产者——的方式所塑造，其中普遍存在着统治与顺从这一同样的支配性原则。教派赋予其神祇的习性，适用于教派形成时的经济分化阶段。在人们的设想中，拟人化神祇对所有重要问题都秉持一丝不苟的态度，并倾向于施加控制和任意行使权力——这是最终仲裁者的惯常力量手段。

在后期较成熟的神人同形同性教义的构成中，拥有庄严风度和神秘力量的神祇被赋予的这种支配习惯被提炼为"神的父性"。超自然力量被赋予的精神状态和能力，仍然属于这个身份制度，但它现在扮演了准和平文化阶段所特有的父权形象。但仍需要指出的是，即便在教派的这一发达阶段，表达虔诚的仪式也始终在迎合神祇，歌颂他的伟大和荣耀并向他表明顺从和忠诚。人们借此接近的这种神秘权力被视为具有身份的，而上述讨好或敬拜行为的目的就是迎合这种身份感。最流行的迎合方式，仍然是那种带有或隐含着不公性比较的方式。对被赋予这样一种古老人性的拟人化神祇本身的忠诚信奉，意味着皈依者具有类似的古代倾向。就经济理论的目的而言，无论是效忠于一个自然人还是一个超物理的人，这种忠诚关系都被看作个人顺从性的一种变体，它是掠夺型和准和平生活方式的主要成分。

在未开化人的概念中，神祇就像是一个好战的酋长，倾向于使用专横霸道的方式进行管理。在介于早期掠夺型文化阶段与现代之间的这些文化阶段中，人的举止更为温和，生活习惯更为持重，因此人们构想中的神祇也变得柔和许多。然而，即便宗教幻想经过了提炼，并因此使赋予神祇的行为和性格的粗野特征得到缓解，但在公众对神祇天性和气质的认知方面仍存在着未开化人观念的实质性残留。于是就产生这样的情况，例如，演讲者和作家在描述神祇及他与人间生活进程的关系时，仍然能有效地运用那些借用自战争和掠夺型生活方式的词汇，以及涉及不公性比较的惯用语。哪怕演讲的对象是不那么尚武的、信仰温和教义的现代听众，这种含义的修辞手法也十分有效。广受欢迎的演讲者有效地使用未开化人的修饰词和比喻术语这一事实，说明现代人依然发自内心地赞赏未开化品质的尊严和价值；同时也说明，在虔诚态度和掠夺型习性之间，有一定程度的一致性。对于赋予

有闲阶级论 | 247

崇拜对象的那些残忍的、报复性的情绪和行动，现代崇拜者只有在进一步考虑后（倘若存在进一步考虑的话），才会感到它们不符合自己的宗教幻想，从而生发出厌恶之情。常见的情况是，人们普遍认为用于神祇的血腥修饰词有很高的审美和荣誉价值。也就是说，这些词语所带有的暗示，在我们乍看之下非常容易被接受。

> 我曾目睹上帝驾临的大光荣；
> 他将所有愤怒的葡萄扫荡一空；
> 他已拔出骇人利剑划破苍穹；
> 他的真理正在行进中。①

虔诚之人的主导习性只会在古老生活方式的水平上变动，对当今集体生活的经济迫切需要而言，这种生活方式的大部分作用已不复存在。经济组织需适应当今集体生活的迫切需要，从这一点上说，身份制度已经过时，个人顺从性也已失去其地位和作用。就社会的经济效率而言，个人忠诚情感以及这种情感所体现的一般习性，是一种残留的障碍，不

---

① 《共和国战歌》，朱莉娅·沃尔德·豪（Julia Ward Howe）于1861年作词，以支持美国的联邦统一大业。歌词引用了《圣经·旧约》的典故，如《以赛亚书》第5篇"葡萄园之歌"细述了上帝的愤怒。约翰·斯坦贝克于1939年出版的表达社会抗议的小说《愤怒的葡萄》，其标题正是取自《圣经》及豪的诗句——这恰恰是凡勃伦所谓的"在我们乍看之下非常容易被接受"的"用于神祇的血腥修饰词"。——译注

利于人们根据现有状况对人类制度做出适当调整。最适合和平工业社会的习性是实事求是的性情,这种性情认为物质事实的价值不过是刻板序列中的隐性项目。正是这种心态,使人们不至于本能地认为事物具有万物有灵论倾向;对于令人费解的现象,不将超自然力量的干预作为其解释;也不倚赖于一只看不见的手来塑造事件过程,使其按照有利于人类的方向发展。现代条件下,为达到最高经济效率,必须习惯于用定量客观的力量和顺序来理解世界进程。

从后期的经济迫切需要的角度看,或许在所有情况下,虔诚都被看作来自群体生活早期阶段的一种留存——精神发展受抑制的一种标志。当然,以下论述仍然成立:当社会经济结构在实质上仍然是一个身份系统时,当社会成员的一般态度因而被个人主从关系塑造并需要与之相适应时,或当整个群体由于任何其他原因——传统或遗传倾向——而强烈地倾向于宗教仪式时;在上述情况下,任何个人的虔诚习性只要不超过社会平均水平,就必须仅被视为普遍生活习惯中的一个细节。有鉴于此,虔诚社群中的虔诚个人不能被称为一个回归案例,因为他处于社群的一般水平。但从现代工业情况的角度看,异常的虔诚——在虔诚方面的热情明显高于社群的平均虔诚水平——在任何情况下都可以放心地确定为回归特征。

当然,我们如果从另一个角度来考虑这些现象,也具有同等的合理性。这些现象可以根据不同的目的来进行评估，使得上述特性描述发生转变。从宗教的利益或宗教爱好的利益说来，可以认为，现代工业生活所培养的人类精神态度，不利于信仰生活的自由发展，这一观点是具有同等说服力的。此外，还可以理直气壮地反对工业进程的后期发展，因为其训练倾向于"实利主义"，倾向于摧毁孝道。而若从美学的角度看，又可以发表类似主旨的观点。但是，上述以及其他类似的意见，无论对其目的而言可能是何等合理而有价值，都不适合当前的研究，本研究仅限于从经济学角度评价这些现象。

对一个像我们这样十分虔诚的社会来说，从经济层面进一步讨论这一话题势必是令人不快的，为了表达歉意，必须指出：神人同形同性论的习性和对宗教仪式的嗜好，是具有深远经济意义的。宗教仪式的经济意义在于，它反映了气质的伴随变化，随掠夺型习性而产生，并因此显示出对工业不适用的性格特征。它表明存在一种精神态度，这种态度由于能够影响个人在工业方面的效用性，其自身即具有特定的经济价值。但它在改变社会经济活动——尤其是商品的分配和消费——方面，具有更直接的重要性。

这些仪式最明显的经济影响，在于物品和服务的虔诚消费。任何教派都需要消费礼仪用具：神殿、寺庙、教堂、法衣、祭品、圣礼、节日着装等，它们并不服务于任何直接的物质性目的。因此，宽泛地说，所有这些物质用品都可以被描述为炫耀性浪费用品（并不含贬义）。这一概括也适用于该名目下的个人服务性消费，例如教士教育、教士服务、朝圣、斋戒、圣日、家庭祷告等。同时，发生这种消费时所执行的仪式，使作为神人同形同性信仰基础的那些习性流行更广，影响更大。也就是说，它们促进了身份制度特有的习性。就目前说来，它们制约了现代环境下最有效的工业组织的发展，首先便是对当今所需经济体制的发展方向构成了阻碍。对于当前的目的而言，这种消费的间接和直接影响，实质在于降低了社会的经济效率。其次，在经济理论中，就其最直接的后果看来，服务于拟人化神祇的商品消费和精力消耗意味着社群活力的降低。至于这类消费可能造成的远期和间接的道德影响，只字片语难以概述，在这里也不便探讨。

然而，这里应当指出虔诚消费区别于其他目的消费的一般经济特点。表明虔诚商品消费进行的动机和目标范围，将有助于评估这一消费本身和与它共生的一般习性的价值。在未开化文化社会的上层阶级中，在用于拟人化神祇服务的消费和用于酋长或族长等有闲绅士服务的消费之间，有一个显著的类似动机——倘若不说是实质上等同的动机的话。无论是酋长或神祇，都分别拥有额外为其建造的昂贵建筑。这些建筑，以及在服务中作为其补充的物品，在种类或等级上必须非同一般；它们总是表现出显著的炫耀性浪费元素。也可以注意到，宗教建筑在其结构和装饰上总是带有一种古代气质。无论是酋长的仆人还是神祇的仆人，都必须身着特制的华服。这种服饰的典型经济特点，是异常高调的炫耀性浪费；另外还有一个次要特征，即这种礼服的样式多少总是仿古的——这一点在神职人员身上比在未开化统治者的仆人或朝臣身上表现得更加突出。此外，社群世俗成员做礼拜时的衣着，也应该比他们的日常服装更加昂贵。这里要再次指出，酋长礼堂与神殿在使用惯例方面有着非常明显的相似性。就服装而言，仪式上的"洁净感"必不可少，其经济方面的基本特征是，在这种场合穿着的服装，应尽量不会使人联想起任何生产型职业，或任何对实用性职业的习惯性爱好。

炫耀性浪费的要求以及无生产性痕迹的仪式上的洁净要求，也延伸至在神圣节日里消费的服装和食物，只是对后者的影响相对较小。神圣节日是指为神祇或超自然有闲阶级中一些级别较低的成员专门设立的日子（禁忌日）。在经济理论中，神圣节日显然被看作为神祇或圣徒实施的代理有闲期，施加的禁忌是以他们的名义提出的，在那些日子里避免实用性工作也是为了有利于他们的好名声。所有这些虔诚的代理有闲期，其典型特征便是对所有实用人类活动颇为严格的禁令。在斋戒日，人们不仅要明显避免从事营利性职业以及（在物质上）促进人类生活的任何事务，更被迫禁止进行任何可能有助于消费者生活舒适或充实的消费。

顺便指出，世俗节日有着相同的起源，但演变略微曲折。它们从真正的圣日开始逐渐转变，中间经历了被不同程度神圣化的国王和伟人的半神圣性质的生日，最后发展成为为了弘扬突出事件或重大事实而特意设定的节日，以便向这些事件致敬，或对其名声进行维护。在实施代理有闲以提高现象和史实的好名声方面，这种间接改进在其最近的应用中得到了充分呈现。一些社群已经设定了劳动节，作为代理有闲日。这一纪念日通过采用古老的掠夺型手段——强行禁止人们进行实用性活动，以提高劳动这一事实的声誉。由于不参与劳动表现出来的是金钱实力，一般的劳动就因此获得了金钱实力带来的好名声。

神圣节日，或一般而言的节日，实质上都是从民众中征集敬意。人们通过代理有闲的方式献出敬意，而节日既是为某些人或事的荣誉所设立，这其中产生的光荣效果也就归于这些人或事。这种代理有闲的什一税是超自然有闲阶级的所有成员的特殊待遇，对它们的好名声是不可或缺的。"没有节日的圣徒"（*Un saint qu'on ne chôme pas*）着实是霉运当头的圣徒。

除了这种向世俗人等征收的代理有闲什一税，还有一类特殊的人——不同等级的教士和神奴，他们的时间完全用于类似的服务。对教士阶层而言，不从事粗俗劳动——尤其是能够赢利的或是可理解为服务于人类世俗幸福的劳动——是他们义不容辞的责任。但教士阶层的禁忌并不仅限于此,细化的禁令不允许他们追求尘世利益,即便这种利益无须通过屈尊从事生产劳动获得。倘若一个教士去追求功利或考虑世俗问题,人们会感觉他不配做神祇的仆人,或者更确切地说,辱没了他所侍奉的神祇的尊严。"一个假装侍奉神的教士,实际侍奉的是他自己的舒适和野心,这在所有可鄙的事情中是最令人不齿的。"

在宗教仪式方面有高雅趣味的人,很容易在有助于人生充实的行为和有助于拟人化神祇良好声誉的行为之间画一条界线;在理想的未开化方式中,教士阶层的活动全部落在后一范围内。一切属于经济学范畴的行为,都是最高等的教士所不屑于关心的事情。然而,对这条规则也存在着例外,例如,中世纪的一些教士团体(其中一些成员实际上从事某些实用性劳动)明显不符合这条规则,但却几乎没有破坏规则。教士阶层的这些外围团体,并不是完整意义上的教士。同时值得注意的是,这些支持其成员谋生的似是而非的教士团体,因冒犯了所在社群的礼仪意识而声名狼藉。

教士不应置身于机械生产工作中,却应当大量消费。但值得注意的是,即便是消费,也应该采取那些不能明显有助于自己生活的舒适或充实的形式,它应当符合前面相关的某一章所说明的代理消费所遵循的规律。教士阶层若看起来营养充足或精神振奋，这通常是有失礼仪的。事实上，在许多更加成熟复杂的教派中，对该阶层不得从事代理消费以外的任何活动的禁令非常严格，甚至要求教士禁欲苦修。即使在现代工业社会，在那些按照最新教义结构而组织的现代教派中，教士对待世间享乐的所有轻浮表现和公开表露的热情，都被当作违背了真正的教士礼仪。若有任何迹象表明，这些无形主人的仆人所过的生活不是在为主人的好名声献身，而是在追逐私利，我们必定会深恶痛绝，认为这是荒天下之大谬。他们虽然因侍奉了非常尊贵的主人，借此沾光居于社会高位，但仍属于仆人阶层。他们的消费是代理消费；同时，在发达的教派，由于他们的主人不需要任何物质增益，因此他们的职业是完全意义上的代理有闲。"所以，你们或吃或喝，无论作什么，都要为荣耀神而行。"[①]

此外还需补充，当世俗之人也像教士一样被视为神的仆人时，这种被赋予的替代特点也存在于一般信徒的生活中。这一推论的应用范围甚广。它尤其适用于主张宗教生活应当严肃、虔诚、禁欲的改革或复兴运动，其中人类主体的生活被设想为处于其精神统治者的终身奴役掌控之中。也就是说，当教士制度失效时，或当人们异常强烈地感觉到神祇直

[①] 语出《圣经·哥林多前书》(10:31)，原是保罗为了会众的和睦、解决能不能吃祭肉的纠纷而说，劝勉众人不要以自己的标准批评或打击别人。——译注

接而支配性地存在于生活事务之中时，普通信徒与神的关系就被视为一种直接服务的关系，他的生活被看作是为提高主人声誉而执行的代理有闲。在这些回归型案例中，无中介的从属关系重新成为虔诚态度的主要事实。因此，人们着重强调清苦而不舒适的代理有闲，以至于忽略了作为蒙恩之道的炫耀性消费。

有人会质疑，对教士生活方式的这一概括是否完全合理，因为有相当大比例的现代教士在许多细节上偏离了这种方式。有些教派在一定程度上偏离了信仰或仪式方面的既定古法，对其中的教士来说，这种方式并不符合他们的生活。至少从表面看来，或在允许的范围内，这些教士会考虑普通信徒和自己的世俗幸福。他们在家里乃至在公众面前的生活方式，无论就其表面上的简朴还是其用具的古旧而言，与世俗人等并无巨大差异。这对那些偏离程度最大的教派尤其成立。就这些反对意见，需要指出，我们在这里所讨论的并不是教士生活理论的矛盾之处，而是这部分教士对这种方式的不完全符合。他们只是教士集体的部分的不完美代表，不足以对教士生活方式做出恰当可信的展示。这些教派的教士可以被描述为非正统神职人员，或处在变化或重建过程中的神职人员。在他们所隶属组织的目标中，存在着不同于万物有灵论和身份制度的其他干扰因素，因此，在人们的期望中，这样的神职人员所显示出的教士职责特征，必然因糅杂了外来动机和传统而变得含混不清。

教士可以或不可以做什么而不会招致非难，直接取决于任何对教士礼仪有鉴别力、有教养的人的品味，或直接取决于任何社群习惯中关于教士礼仪的普遍观念，正是这些品味和观念使人们有所考虑或提出批评。即便在最极端的世俗化教派中，教士和普通信徒在生活方式上也应该有某种意义上的区别。明智的人都能感觉到，当教派或宗派的教士成员因举止和衣着不够朴素复古而背离传统惯例时，他们也就背离了教士礼仪的典范。在可允许的放任程度方面，教区教士远不及世俗中的普通人，西方文化中任何社群或教派大概无不如此。如果教士自身对教士礼仪的意识还不够而无法有效自律，那么社群普遍盛行的礼仪意识通常会进行强制性干涉，迫使其或是循规蹈矩，或是引咎辞职。

可以说，几乎没有任何一个神职人员会为了获利而公然要求增加工资；如果一位教士公开提出这种要求，他必定会受到具有礼仪意识的会众的憎恶。这方面也可以注意到，除了讥讽亵慢者和极度愚钝者，人人都会为教士的笑柄感到由衷难过；而任何一位教士若在生活的重要关头表现出轻浮的迹象，势必会丧失会众的尊重，除非这是一种带有明显表演性的轻浮——实为尊严在约束下的舒展。圣殿上和神职中的特有用语，不应提及有效的日常生活，也不应使用现代行业或产业的相关词汇。同样，若教士太过详细深入地处理生产性问题以及其他纯粹人类事务，很容易冒犯人们的礼仪感。但存在着一定的一般水平，在此水平之下，一个有成熟礼仪感的人不允许有教养的教士在说教交谈中拒绝讨论世俗利益。这些具有世俗意义的人类事务，应该以某种程度的笼统而超然的态度妥善处理，这种态度意味着讲演者所代表的主人对世俗事务的兴趣有限，只能让他们在许可范围内表示支持而已。

还可以注意到，对这里讨论的教士所隶属的不合格教派而言，它们对教士生活理想方案的符合程度也有所不同。一般说来，相对年轻的教派在这方面的偏离最为严重，尤其是当这种较新教派的支持者主要属于下层中产阶级时。在他们身上，通常混合着大量人道主义、慈善心理或其他不能被归为虔诚态度表达的动机；例如，学习或享乐的愿望，构成了这些组织成员所显示的实际兴趣的主要部分。偏离典范的或分离派的运动通常开始于混杂的不同动机，其中一些动机与作为神职基础的身份感之间存在分歧。事实上，有时动机主要就是对身份制度的强烈反感。在这种情况下，教士制度在转型过程中（至少部分地）遭遇瓦解。最初，这样一个组织的代言人只是该组织的仆人和代表，他既不是特殊神职阶层的成员，也不是神圣主人的代言人。正是通过渐进的专业化过程，在随后的几代人中，这样一位代言人恢复了教士的地位，也被授予了教士的全部权力，随之而来的同时还有清苦而古老的代理生活方式。宗教仪式在经历强烈反感后的瓦解和重新整合的过程，也同样符合上述情况。随着人们的持续性虔诚礼仪意识在关于超自然利益问题上重新获得首要地位，教士职责、教士生活方式和宗教仪式方式也开始恢复，但这种恢复只能是不易察觉的渐进过程，且在细节上多少有所变化，——还可以补充一句，在此过程中，组织的财富不断增加，从而也获得了更多有闲阶级的观点和习性。

在等级系统中，教士阶层之上通常是一个超乎常人的代理有闲阶级，如圣徒、天使等——或他们在异教教派中的对应物。按照复杂的身份系统，他们有着森严的地位等级。有形和无形的身份原则贯穿于整个等级系统中。超自然等级系统中各阶层成员的好名声，通常也需要来自代理消费和代理有闲的一定贡献。在许多情况下，他们有专门为其服务的下层等级，这些侍者和依附人员为其实施代理有闲——其方式大致类似于前面某一章中所述的在父权制度下的附属有闲阶级的情况。

若不加以思考，很难理解这些宗教仪式和它们所隐含的特殊气质，或者教派中所包含的商品和服务的消费，是如何与现代社会的有闲阶级或该阶级在现代生活方式中所体现出的经济动机相联系的。有鉴于此，对某些相关事实进行总结性回顾将有所裨益。

从此前的讨论内容看来，虔诚性格特征对于当今集体生活——尤其是对现代社会的工业效率——而言，似乎更多地是一种阻力而不是助力。相应地，现代工业生活倾向于从这些直接介入工业进程的阶级的精神构成中，选择性地消除人性中的这些性格特征。在所谓的有效工业社会的成员中，虔诚正在衰退或趋于过时，这一点应该是大致成立的。同时也可看到，在那些不作为一种工业因素充当社会生活进程的直接或主要参与方的阶级中，这些能力或习惯明显更活跃地存在着。

我们已经指出，上文最后所说的阶级——那些依靠工业进程生活而不是作为工业进程的组成部分的阶级——大致包含两类人：（1）严格意义上的有闲阶级，不受经济形势压力的影响；以及（2）贫困阶层，包括下层阶级的地痞流氓，承受着过大的经济形势压力。前一个阶级之所以仍然保有古老的习性，是因为不存在有效的经济压力迫使该阶级为适应变化的形势而改变其习性；而后一个阶级之所以未能调整其习性以适应变化了的工业效率要求，则是因为营养不良，他们缺乏必要的富余能量来进行快速调整，同时也缺乏机会来获得并习惯现代观点。在这两种情况下，选择过程进行的方向大致相同。

按照现代工业生活灌输的观点，现象被习惯性地纳入刻板顺序的定量关系中。贫困阶层不仅缺少那一点点必要的有闲，来获取和吸收与该观点相关的近期的科学规律，而且通常也处于一种依赖或从属于其金钱上级的关系中，以致严重延误了他们摆脱身份制度特有的习性。其结果是，这些阶级在一定程度上保留了这种主要表现为强烈个人身份感的一般习性，而虔诚正是该习性的一个特征。

在欧洲文化的较古老群体中，倘若存在一个勤劳的、数量可观的中产阶级，那么，世袭有闲阶级以及大量贫困人口对宗教仪式的参与热情都要明显高于这一阶级。但在一些国家里，上面所说的这两类保守人群，几乎已构成了全部人口。当这两大阶级占据优势时，它们的倾向对公众情绪的塑造足以克服无足轻重的中产阶级可能引起的不同趋势，从而将虔诚的态度施加于整个社群。

当然，上述内容并不能被理解为，特别容易参与宗教仪式的这些社群或这类人，倾向于在任何超常的程度上遵守任何道德准则的规定——我们可能习惯于将这类准则与各种信仰声明联系在一起。很大一部分具有虔诚习性的人，并不一定严格遵守摩西十诫或习惯法的训谕。事实上，对于欧洲社会中研究犯罪经历的观察者来说，一个几乎司空见惯的现象就是，罪犯阶层和道德败坏阶层可能比一般人更虔诚，且信仰更为淳朴。恰恰是金钱中产阶级成员和遵纪守法的公民中，会发现虔诚态度的相对淡薄。那些对较高级信条和仪式的优点最为欣赏的人，会反对上述所有观点，并指出下层阶级地痞流氓的虔诚是虚伪的，或充其量是一种迷信式的虔诚；这种观点确实有理有据，且一语中的。但鉴于本研究的目的，必须忽略这些经济和心理以外的差异，无论它们对其目的而言是何等有效而关键。

某一阶级脱离虔诚信奉的习惯实际上如何发生，从教士们近来的抱怨中可见端倪——他们说教会正在失去工匠阶级的认同，也正在失去对他们的控制。同时，现在一般认为，人们通常所说的中产阶级，特别是该阶级中的成年男性，也正在失去支持教会的热情。这些都是目前公认的现象，而对这些事实的简单引用似乎就足以证明这里所描述的一般立场。上文所提出的有关公众的教会活动参与情况和入会情况等一般现象，对于这里的命题或许有足够的说服力。然而，对造成当今更为先进的工业社会中精神态度改变的事件进程和特定力量，仍然值得进行相当细致的探索。这种探索将有助于说明经济原因如何导致人们思维习惯的世俗化。在这方面，美国社会应该是一个非常有说服力的例子，因为与任何同等重要的工业集体相比，这个社会受制于外部环境的程度最小。

在适当考虑例外情况和对正常情况的偶尔偏离之后，我们可以对当前情况进行相当简要的总结。一般说来，那些经济效率低下或智力低下（或两者皆低下）的阶级，都尤其笃信宗教——例如南方黑人、大部分外来下层阶级人口和大部分农村人口，特别是在那些教育水平落后、工业发展迟缓或与社群其他部分的工业接触不足的地区，情况尤为如此。这其中也包括我们在前文中所熟识的一类人，即特殊或遗传性贫困阶级，或那些分散的罪犯或道德败坏阶级；虽然在后一类人中，虔诚习性所采取的形式往往是对运气和萨满教效用的幼稚万物有灵论信仰，而不是正式信奉任何公认的教义。另一方面，工匠阶级正在背离公认的神人同形同性教派以及所有宗教仪式，这一点是众所周知的。这一阶级格外地遭受到现代系统化工业特有的智力和精神压力，他们需要不断地识别出具有客观实际顺序的不加掩饰的现象，并且毫无条件地遵从因果法则。同时，该阶级并不至于食不果腹或劳累过度，不会因此缺乏适应行为所需的精力。

美国下层有闲阶级或疑似有闲阶级——人们通常所说的中产阶级——的情况有点特殊。他们在宗教生活方面不同于其欧洲同侪，但差别仅在于程度和方法，而不在于实质。教会仍然得到该阶级在金钱上的支持；虽然该阶级最容易遵循的教义，是那些具有相对较少神人同形同性论内容的教义。同时，在很多情况下，中产阶级中的实际会众在不同程度上由女性和未成年人构成。中产阶级的成年男子明显缺乏宗教热情，尽管他们对其出生环境中公认教义的要点内容仍保留着某种欣然而尊敬的赞同态度。他们的日常生活与工业进程有着不同程度的密切联系。

这种趋于专门由女性及其孩子参与宗教仪式的特殊的性别分化，至少其部分原因在于：中产阶级女性在很大程度上属于（代理）有闲阶级。对地位更低的工匠阶级中的女性来说，上述内容也在较低程度上成立。她们生活在由工业发展的早期阶段承袭而来的身份制度下，因此她们所保有的习俗和思维习惯一般使其倾向于古老的观点。同时她们与工业进程一般没有十分直接的有机联系，在破除这些对于现代工业用途已经过时的思维习惯方面，不会受到很大的压力。也就是说，女性的特有虔诚是文明社会中女性保守主义的一种特殊表达，在很大程度上源于她们的经济地位。对现代男子而言，父权身份关系绝对不是生活的主要特征，但是对于被传统惯例和经济环境限制在"家庭领域"中的女性——特别是上层中产阶级的女性——来说，这种关系是生活的最实际、最具决定性的因素。因此，她们形成了推崇宗教仪式以及总体倾向于从个人身份的角度解释生活事实的习性。她在日常家庭生活中运用的逻辑和逻辑过程转移到超自然力量的范围内，于是，对于一系列在男性看来相当陌生和愚蠢的想法，女性却感到熟悉和满足。

然而这一阶级中也不是没有虔诚的男性，只是他们的虔诚一般不是那种积极或热切的类型。与工匠阶级的男性相比，上层中产阶级男性对宗教仪式一般更能欣然接受。对此或许可以部分地解释为，适用于该阶级女性的情况，也在较低程度上对男性成立。他们明显是受庇护的阶级；在他们的婚姻生活以及对仆人的习惯使用中，仍然存在父权家长制中的身份关系，这种关系也可能在保存古老习性方面起作用，并延缓当下思维习惯的世俗化过程。然而，美国中产阶级与经济社群的关系通常是非常紧密和严格的；虽然在方式和限定条件方面，他们的经济活动也经常带有几分父权或准掠夺型特征。在这个阶级中具有良好声誉并最能够塑造该阶级习性的职业，是前面某一章在类似上下文中提到过的金钱型职业。在这类职业中，存在着大量任意支配和俯首顺从的关系，以及许多不择手段的行为——与掠夺型欺诈略为相似。所有这一切都适用于掠夺型未开化人的生活阶段，而虔诚态度正是他们的习惯。除此之外，宗教仪式之所以在该阶级中受到欢迎，也与声誉因素有关。虔诚的这后一个动机值得单独探讨，即将在下文中论及。

在美国社会中，仅在南方存在有地位的世袭有闲阶级。南方有闲阶级对宗教仪式相当投入，其程度甚于国内其他部分具有相应金钱地位的任何阶级。同时，众所周知，南方的教义比北方同一教派的教义更为古老。与南方这种更古老的虔诚生活相对应的，是该地区较低的工业发展水平。与美国社会整体相比，南方的工业组织，就目前——特别是在近期以前的很长时间——而言，具有更加原始的特征。机械设备的匮乏和简陋，使南方的工业接近于手工劳作，因而存在更多统治与顺从的元素。还需要指出，由于该地区这种特殊的经济环境，这些更为虔诚的南方人群——无论白人还是黑人——的生活方式在许多方面可以追溯到工业发展的未开化阶段。在这一人群中，古老特征的犯罪一直以来比其他地方更为普遍，受到的反对更少；例如决斗、争吵、世仇、醉酒、赛马、斗鸡、赌博和男性纵欲（有众多黑白混血儿为证）。此外，荣誉感也更为强烈——这是爱好运动的表现，也是掠夺型生活的延伸。

至于美国社会中最符合"有闲阶级"意义的北方富裕阶级，首先，世袭的虔诚态度几乎是无稽之谈。这个阶级的成长时间还太短，不足以在这方面养成一个合格的传承习惯，甚至不足以形成一种特殊的本地传统。不过，可以顺便提一句，在这个阶级中有一个显著的趋势，即至少在名义上信奉某些公认的信条，且这种信奉看起来颇有几分诚意。此外，这个阶级中的婚礼、葬礼和类似的荣誉性仪式一般都相当隆重，并带有一定程度的宗教氛围。我们无法确定，这种对教义的信奉，在多大程度上是对虔诚习性的真实回归，又在多大程度上可被归为一种保护性模仿的例子——其目的是为了吸收借鉴自外来典范的声誉准则。一定的实质性虔诚倾向似乎是存在的，从上层阶级教派发展过程中某些颇为怪异的宗教仪式看来，这一点尤其成立。上层阶级信徒中的一种明显倾向是，他们喜欢加入那些相对较注重宗教礼仪和壮观仪式用品的教派；在上层阶级成员占主导地位的教会中，同时也具有在宗教仪式的进行及其设施方面，以失去智力特征为代价而强调仪式性的倾向。即便是那些在宗教仪式和用具方面普遍发展程度不高的教派，其教会也符合上述情况。这种仪式化元素的奇特发展，其部分原因无疑是对炫耀性浪费场面的偏好，但也可能在某种程度上显示了信徒的虔诚态度。在后一种情况下，这种奇特发展所显示的是虔诚习惯的一种相对古老的形式。在所有处于相对原始文化阶段且智力发展程度较低的虔诚社群，明显可以注意到壮观效果在宗教仪式中的主导地位。这是未开化文化的尤为典型的特征。在他们的宗教仪式中，清一色地存在着借助于各种感觉的直接情感诉求。而当今的上层阶级教会，明显倾向于回归到这种朴素而煽情的诉求法。这种倾向在受到下层有闲阶级和中产阶级支持的教派中同样存在，只是较不明显。回归的表现有：使用彩色灯光和精彩的演出，更多地使用符号、管弦乐和香料；人们甚至可以在"列队行进曲"、"退场赞美歌"和变化丰富的跪拜造型中，发现一种十分古老的礼拜附属物的回归，例如神圣舞蹈。

这一对壮观仪式的回归并不局限于上层阶级的教派，虽然它在经济和社会的较高层次中得到了最充分和最突出的体现。至于社会下层阶级中的信徒——如南方黑人和落后的外来人口，他们所信奉的教派当然也显现出对仪式、符号体系和壮观效果的强烈倾向；这一点从这些阶级的祖先及文化水平便可想见。对这些阶级而言，仪式和神人同形同性论的盛行与其说是一种回归，不如说是对过去的一种延续。但仪式和相关宗教特征也在其他方向上传播。在美国早期社会盛行的教派最初的仪式和用具都十分简单朴素；但众所周知，随着时间的推移，这些宗派在不同程度上采用了大量他们曾经摒弃的壮观元素。一般说来，这一发展与财富的增长和信徒生活的日趋安逸互相伴随，并在财富和声誉等级最高的那些阶级中得到了最充分的表达。

在虔诚方面产生的这种金钱型分层的原因，在讨论思维习惯的阶级差异时已经大体指出。虔诚方面的阶级差异不过是一般性事实的一种特殊表达。下层中产阶级忠诚的松懈，或者可以宽泛地称为在该阶级中孝道的失落，主要可见于从事机械工业的城镇人口。一般说来，对于那些从事类似于工程师和机械技师的职业的阶层，人们目前并不指望他们在孝道方面无可指摘。这些机械性职业在一定程度上属于现代事物。早期手工业者所服务的工业目的在性质上类似于如今的技师，但前者并不像后者那样难以接受宗教戒律。随着现代工业进程开始流行，这些工业分支的工作者在理性纪律方面的习惯性行为大大改变；技师在日常工作中所接触到的纪律，也影响了他对工作之外的问题的思考方法和标准。对高度组织化和高度客观的现代工业进程的熟悉，扰乱了基于万物有灵论的思维习惯。工人的职责范围日益缩小，逐渐沦为对刻板冰冷的序列进程的估量和监控。只要个人是该进程中主要而典型的原动力，只要工业生产进程的突出特征是个体手工业者的灵活和力量；那么，用个人动机和倾向解释现象的习惯，就不会因受到实际情况的持续性大规模扰乱而走向消亡。然而，在后期发展起来的工业生产进程中，其主要原动力以及作为其工作基础的机械装置均具有客观、非个性化的特征，于是，在工人头脑中经常出现的概括依据以及他惯常用来理解现象的观点，是对真实序列的强制性认知。这在工人的信仰生活方面导致的结果，是一种缺乏宗教虔诚的怀疑主义倾向。

由此看来，虔诚习性在相对古老的文化中发展最为充分；这里所用的"虔诚"一词当然只取其简单的人类学意义，不包含任何具有相关特征但不属于对宗教仪式的倾向性事实的相关精神态度。同时，这种虔诚态度似乎显示出一类人性，这类人性更符合掠夺型生活，而不是后期发展的、更具协调性和系统性的社会工业生活进程。它在很大程度上是对个人身份——主从关系——的古代习惯性意识的表达，因此它适合掠夺型准和平文化工业方式，但不适合目前的工业方式。现代社会中那些在日常生活中离工业机械进程最远，同时也在其他方面最为保守的阶级，似乎将这种习惯保存得最为完好；而那些习惯性地与工业进程直接接触的阶级，其思维习惯因此受到技术需求的约束，在这些阶级中，对现象的万物有灵论解释以及个人对宗教仪式的重视渐趋过时。此外，与目前的讨论尤其相关的是，现代社会中那些在财富和有闲方面得到最显著积累的阶级中，虔诚习惯的范围和复杂程度似乎在某种程度上不断增加。在这里，正如在其他方面一样，对于古老类型的人性以及社会在其近期的工业发展中力图消除的那些古老文化元素，有闲阶级制度起到了保存甚至恢复的作用。

第十三章
非不公性利益的留存

在经济迫切需要的压力和身份系统衰退的影响下,神人同形同性教派及其宗教仪式准则遭到逐步瓦解;随着时间推移,瓦解的部分不断增加。随着这种瓦解的进行,产生了一些掺杂在虔诚态度中的其他动机和冲动,它们并不一定起源于神人同形同性信仰,也不一定能追溯到个人顺从的习惯。这些在后期虔诚生活中掺杂在虔诚习惯中的附属冲动,并不完全符合虔诚态度或对现象顺序的神人同形同性理解。它们的起源不同,对虔诚生活的作用方向也不同。这些附属冲动在许多方面与顺从或代理生活的根本规范相左,而这些规范是宗教仪式规则及教会和僧侣制度的实质性依据。这些外来动机的存在使得社会和工业身份制度逐步瓦解,而个人顺从准则失去了来自延续不断的传统的支持。外来习惯和倾向渗入了被这一准则占据的行动领域,随之而来的结果便是教会体系和僧侣体系的作用产生了部分转变,在某种程度上背离了虔诚生活方式在最活跃而典型的教士发展时期的目的。

这些对虔诚方式的后期发展造成影响的外来动机有：慈善的动机以及社会友情的动机，或者说是饮宴交际的动机，抑或用更一般的术语来说，人类团结和同情观念的各种表达。可以补充一点，教会体系的这些外部用途，对教会在名义上和形式上的生存做出了重大贡献，即便是在那些可能准备放弃教会要义的人中也是如此。在那些已经从形式上支撑起虔诚生活方式的动机中，有一个更典型更普遍的外来元素，那就是不带虔诚意识的对环境的审美一致性观念；当神人同形同性内容在后期朝拜行为中消失殆尽后，这种观念作为残余留存了下来。它通过与顺从性动机相融合，在维持教士制度方面发挥了良好作用。这种审美一致性的冲动观念主要并不是经济特征，但它对于从经济意义上塑造工业发展后期的个人性情方面，有相当大的间接影响；这方面最显著的影响在于减轻了颇为明显的自我关切性倾向，这种倾向传承自身份制度较有影响的早期阶段。因此，这种冲动的经济意义看起来与虔诚态度的经济意义相左；前者通过否认自我与非自我之间的对立或对抗，限制（倘若不是消除）了自我关切性倾向；而后者作为个人顺从和统治观念的表达，强调了这种对立，并坚持个人的自我利益与人类整体生活进程的利益之间存在的分歧。

宗教生活的这种非不公性残留——与环境或与一般性生命进程进行交融的观念——以及慈善或社交的冲动，以一种普遍的方式对人们的思维习惯进行经济层面的塑造。但所有这类倾向的经济目标都比较模糊，难以详细探究其影响。不过较为清楚的是，所有这类动机或倾向的作用趋势是背离有闲阶级制度已经形成的根本原则。该制度以及在文化发展中与之相关联的神人同形同性崇拜的基础，是不公性比较的习惯，而这种习惯与所议倾向的展现是存在矛盾的。有闲阶级生活方式的实质性准则是时间和物品的炫耀性浪费，以及免于参与工业进程；而这里所议的特殊倾向的表现为：在经济方面，反对浪费和徒劳无功的生活方式；同时，对生活进程抱有参与或认同的冲动，无论是在经济方面或在任何其他阶段或状况中。

很显然，这些倾向及其在有利环境下或在其处于优势地位时所表现出的生活习惯，违背了有闲阶级的生活方式；但我们尚不清楚，有闲阶级方式下的生活——从其后期发展阶段看——是持续地倾向于抑制这些能力，还是消除这些倾向所表现出的思维习惯。有闲阶级生活方式的积极训练所导致的结果几乎完全相反。根据其积极训练，通过惯例和选择性淘汰的作用，有闲阶级生活方式在生活的任何时刻都有助于浪费准则和不公性比较的全面盛行和完全支配。但在其消极影响方面，有闲阶级训练的趋向并不明确符合生活方式的基本准则。为符合金钱礼仪，有闲阶级准则在对人类活动的规范中强调不得从事工业进程。也就是说，社会贫困成员惯于努力从事的活动是受到准则约束的。对于女性——尤其是先进工业社会上层阶级和上层中产阶级的女性——而言,这种禁令十分严格,即便是通过金钱型职业的准掠夺型方法进行竞争性的积累过程,也会遭到坚决反对。

金钱或有闲阶级文化最初是职业冲动的一个竞争型变体,在其最近的发展中,这种文化开始通过在效率甚至金钱地位方面消除不公性比较的习惯来中和自己的立场。另一方面,有闲阶级的成员,无论男女,都在一定程度上免于通过与其同侪竞争来谋求生计,这一事实使该阶级的成员不仅能够生存下去,还可以在一定范围内追求他们的爱好——如果他们没有能力在竞争中取得成功的话。也就是说,在有闲阶级制度最新、最充分的发展阶段,该阶级的成员不再需要为了谋生而去掌握并不懈地锻炼那些成功掠夺型人的典型能力。因此,对于那些不具备这些倾向的个人而言,生在上层有闲阶级当中普遍要比生在竞争系统下的一般人当中更易生存。

在前面的某一章讨论古老性格特征的留存条件时,我们已经指出,有闲阶级的独特地位为旧时早期文化阶段特有的人性特征提供了非常有利的生存条件。这个阶级不受到经济迫切需要的压力,从这个意义上说,该阶级也免于遭受促使其适应经济形势的力量的猛烈冲击。对于这些让人联想到掠夺型文化的性格特征和类型,我们已经讨论过它们在有闲阶级和有闲阶级生活方式中的留存。有闲阶级制度为这些倾向和习惯提供了非常有利的生存机会。一方面，对不具备现代工业进程效用性所需的足够资质的个人而言，受庇护的有闲阶级金钱地位是其生存的有利条件；另一方面，有闲阶级的声誉准则要求炫耀性地展现一定的掠夺型倾向。那些展现掠夺型倾向的职业，体现出从业者的财富、高贵出身及其免于参与工业进程的事实。有闲阶级对于工业活动的豁免以及有闲阶级体面准则的支持，分别从消极和积极的方面促进了掠夺型性格特征在有闲阶级文化中的生存。

至于前掠夺型蒙昧文化阶段所特有的性格特征，其生存状况有所不同。有闲阶级的受庇护地位同样为这些性格特征提供了有利的生存条件，但和平善意倾向的展现并未得到礼仪规范的正面支持。与有闲阶级之外具有前掠夺型文化气质禀赋的个人相比，有闲阶级中具有同样禀赋的个人拥有某种优势，因为他们不必迫于金钱压力而摒弃这些有助于非竞争性生活的能力；但这样的个人仍然受到某种促使其忽略这些倾向的道德约束，因为礼仪准则要求他们遵循基于掠夺能力的生活习惯。只要身份系统保持不变，只要有闲阶级可以从事其他非生产性活动，而不是在漫无目的的浪费性活动中消磨光阴，那么便不会出现任何对有闲阶级的荣誉生活方式的可观偏离。有闲阶级的非掠夺型气质在这一时期的出现，被视为偶然的回归案例。然而，随着经济的发展、大型猎物的消失、战争的减少、私人政府的过时以及神职的衰退，人类能够释放行动倾向的非生产性荣誉活动目前所剩无几。在这种情况下，形势开始发生变化。人类生活如果无法在某一个方向上得到表达，就必须在另一个方向上得到表达；如果失去掠夺途径，人们就会在其他方面寻求释放。

上文已指出，与任何其他可观群体相比，先进工业社会的有闲阶级女性受到的金钱压力最小。因此可以预期，女性比男性表现出更明显的对非不公性气质的回归。但在有闲阶级的男性中，那种源于非自我关切的倾向且其目的并非不公性区别的活动，在范围和类别上有显著增加。因此，有更多通过从事企业金钱管理而涉足生产的男性，在看到这项工作顺利完成并在生产上卓有成效时，是抱有一定兴趣并引以为傲的，他们的这种情绪甚至与任何这类改进可能带来的收益无甚关联。商业俱乐部和制造商协会为了在生产效率方面取得非不公性进步，付出了不少努力，这一点也是众所周知的。

在众多旨在进行慈善或社会改良工作的组织中，以生活中的非不公性目标作为发展方向的趋势也得到体现。这些组织往往具有准宗教或伪宗教性质，男女都可以参与。实例不胜枚举，但为了说明这里所讨论的倾向的范围及其特征，下面列举一些较为显著的具体案例。其中包括禁酒和类似的社会改革运动、监狱改革运动、教育普及运动、反不道德行为运动，以及通过仲裁、裁军或其他手段的反战运动；在某种程度上也包括大学社区[①]、地区行会、以基督教青年会或基督教青年勉励会为代表的各种组织、缝纫女性会、艺术俱乐部乃至商业俱乐部；在较低的程度上还包括以慈善、教育或娱乐为目的建立的半公开机构——这些机构或是得到富人的资助，或是从平民中募集小额善款，只要它们不具有宗教性质，便可作为本文中的案例。

当然，我们并不打算说这些努力完全基于非自我关切性的其他动机。但可以肯定的是，在一般情况下是存在其他动机的。与身份制度原则未受损害时的情况相比，在现代工业生活中，这种努力明显更加盛行。这一事实说明，在现代生活中，人们对竞争性生活方式的完全合理性实际持怀疑态度。不纯动机——自我关切性动机，特别是不公性区别的动机，常常出现在对这类工作的激励中，这使它成为一个众所周知的笑柄，名声不佳。这一情况在相当大的程度上成立，许多表面上不为私利的公众精神工作，其创始和运行无疑都主要着眼于提高推动者的声誉，乃至金钱上的利益。在相当大量的这类组织或机构中，无论是对工作的发起人还是对他们的支持者而言，其主要动机显然都是不公性动机。上述评

[①] 大学社区（university settlements），19世纪末开始在英、美、加拿大等出现的非营利性志愿者组织，一般位于大城市贫民区，为当地社区提供一系列社会服务。——译注

论尤其适用于通过大量炫耀性开支而为执行者带来荣誉的行为，例如创立大学或公共图书馆（博物馆）；但它对较普遍的行为或许也同样成立，例如参与那些有上层阶级特色的组织和运动。这些组织能够证明其成员的金钱声誉，并通过将其与需要改善的下层人等进行对比，使他们充满感恩地铭记自己所持有的优越身份——当下颇为流行的大学社区就是这样一个例子。但在考虑并排除这些情况之后，仍然存在一些非竞争性的动机。用上述方法寻求荣誉或好名声这一事实本身就能够证明：非竞争性、非不公性利益是现代社会思维习惯的一个构成因素，人们普遍认为其合理，也推定其实际上存在。

值得注意的是，在有闲阶级近来所有这些基于非不公性和非宗教利益的活动中，女性参与的积极性和持久度都比男性更高——当然需要大量开支的活动除外。女性在金钱上的附属地位使她们无力从事需要大量开支的工作。至于一般范围的改良性工作，那些更为成熟的虔诚教派或世俗化教派中的神职人员都会与女性联合。这一点正是理论所预期的结果。在其他经济关系中，也存在这样的情况：在女性和从事经济活动的男性之间，神职人员所处的位置略为模糊。按照传统和盛行的礼仪观念，无论是神职人员还是富裕阶级女性，都处于代理有闲阶级的地位；对这两类人而言，构成思维习惯的典型关系都是顺从关系，也就是一种从个人角度表达的经济关系；因此在这两类人中都可以感觉到一种特殊的倾向，即用人际关系而不是用因果顺序来分析现象；这两类人都深受体面准则的影响，对营利性或生产性职业的礼仪上的不洁进程避之不及，因此参与当今的工业生活进程是为其道德所不容的事情。这种从礼仪上排除粗俗生产性工作的结果，是将现代女性和神职人员的相当大一部分精力转移到对利己主义之外的其他利益的服务上。体面准则并未提供任何其他变通方向，使目的性行动的冲动能够得到表达。长期抑制有闲阶级女性从事具有工业实用性的活动所带来的影响，是职业冲动被不断施展于商业活动之外的其他方向上。

我们已经注意到，与一般男性——尤其是从事严格意义上的现代工业职业的男性——相比，富裕女性和神职人员的日常生活所包含的身份元素更多。因此，虔诚态度在这些人当中比在现代社会的普通男性当中保存得更好。由此可以预期，代理有闲阶级成员在非营利职业中寻求表达的相当一部分能量，将用于宗教仪式和虔诚工作中。在某种程度上，这造就了上一章中所说的女性的过分虔诚倾向。但对于这里所说的非营利运动和组织，上述倾向在塑造其行动和左右其目标方面的影响是我们目前应当着重讨论的问题。凡是存在虔诚色彩之处，不论组织朝着何种经济目标付出努力，其直接效率都会降低。许多慈善和改良性组织在促进人们的利益时，对于虔诚和世俗两方面的幸福所给予的关注有所区别。

它们若一心一意地对这些人的世俗利益给予同样的重视，付出同样的精力，其工作的经济价值应该会得到明显提高，这一点几乎是无可置疑的。当然，我们也同样可以说——倘若这是一个恰当场合的话——如果没有受到通常存在的世俗动机和目标的阻碍，这些在虔诚方面进行的改良工作的直接效率可能会更高。

在虔诚利益的干扰下，这类非不公性事业的经济价值将发生缩减。同时，其他外来动机也会引起相应的价值缩减，因为这些动机与工作本能非竞争性表达的经济趋势存在相当明显的背离。仔细考察便可看出，上述说法在很大程度上成立。这类事业致力于改善个人或阶级的生活，但若从个人或阶级生活的完整性或便利性来衡量，这类事业的经济价值甚至会显得十分可疑。例如，当下流行的许多旨在帮助大城市贫困人口的荣誉性工作，其本质在很大程度上属于文化使命。正是通过这一手段，上层阶级的一定文化元素更快地被下层阶级接受并纳入其日常生活方式。例如"大学社区"所提供的关怀，部分目的在于提高穷人的工业效率，以及教会他们如何更适当地利用已有的手段；但同时也是为了通过言传身教，向他们灌输上层阶级举止和习惯礼仪的一些细节。细究之下通常会发现，这些礼仪的经济实质是时间和物品的炫耀性浪费。那些致力于教化穷人的好人们在深思熟虑之后一般都极为审慎地默默坚守着各种礼仪事务和生活礼节。他们通常过着模范生活；对于各种日常消费品的礼仪洁净性，他们有着执着的坚持。时间和商品消费方面的正确思维习惯的灌输，其文化或文明的功效不可低估；而对于掌握这些更高等、更受尊重的典范的个人而言，这种灌输的经济价值也绝对不容小觑。在现存的金钱文化环境下，个人的声誉以及随之而来的成功，在很大程度上取决于他在自身举止和消费方式（要求表现出对时间和物品的习惯性浪费）上的熟练程度。这种对更具价值的生活方法的训练，就其进一步的经济意义而言，可以说其结果主要在于换用了一种更加昂贵或低效的方法来达成相同的物质性结果，这里的物质性结果指的是有实质性经济价值的事实。文化宣传在很大程度上是灌输新的品味，或者更确切地说，是灌输新的礼仪方式；在有闲阶级的身份原则和金钱礼仪结构的引导下，这些品味和礼仪方式已依据上层阶级的生活方式进行了调整。这种新的礼仪方式，遵循人口中不参加工业进程的那部分人员所制定的准则，侵入了下层阶级的生活方式；在适应下层阶级生活的迫切需求方面，很难期望这种外来方案比那种已经在他们当中流行的方式——尤其是他们自己在现代工业生活压力下制定出的方式——更加合适。

当然，上述所有内容都无法否认一个事实：替代方案在礼仪上比原来的方案更加得体。疑问仅仅在于这项更新工作在经济上是否合适，也就是说，从集体生活便利性（而非个人）的角度来看，这项工作所导致的改变是否能在某种确定程度上发现直接而具体的经济便利性。因此，为了评估这些改良事业在经济上的合适性，几乎不可能根据其表面价值来确定其有效工作——即便该事业的目标主要是经济上的，运行基础绝非自我关切或不公性利益。改良事业所引起的经济改革，在很大程度上是不同炫耀性浪费方法之间的置换。

对于所有这类受到金钱文化特有的思维习惯影响的工作，还需要进一步说明其中的无私动机和过程准则的特征；而这进一步的思考，可能会给上述结论带来其他限定条件。正如在前一章中已经看到的，金钱文化中的声誉或体面准则，坚持以习惯性的无效努力作为金钱上无可指摘的生活的标志。这不仅导致了轻视有用职业的习惯，更具有决定性意义的是，对于任何索取良好社会声誉的有组织人群而言，它是一种行动指南。有一种传统认为，人们不应该熟悉与生活的物质必需品有关的任何过程或细节，因为这是庸俗之举。而值得褒赞的方式，则是通过捐款或通过任职于管理委员会和类似的机构，适量显示出对平民福祉的兴趣。人们甚至还可以通过设法提升平民的品味并向其提供精神改良的机会，表现出对其文化福利的大局和细节的关心，这自然更加为人所称道。但人们不应当表露出对平民生活物质环境或平民阶层思维习惯的深入了解，以免将这些组织的努力最终导向有实质性用途的结果。这种不愿意承认对下层阶级生活条件细节有过分深入了解的态度，在不同人身上的盛行程度当然大不相同；但在上述任何组织中，对这种态度通常都有足够的集体共识，深刻地影响其行动。由于对平民生活的了解是不合礼仪的，人们生怕染上这样的污名，在任何这样的集体中，这种畏缩情绪通过累积作用塑造惯例和先例，逐渐把事业的最初动机搁置一旁，而将一定的声誉指导原则摆在首位，而这种声誉准则归根结底是为了金钱上的好处。于是，对于一个长期存在的组织而言，其最初动机——促进这些阶级的生活便利——逐渐沦为名义上的动机，该组织对平民所做的有效工作也趋于废弃。

上文谈到了从事非不公性工作的组织的效率，而相关情况同样也适用于个人在相同动机下进行的工作，但个人与有组织的企业相比更受限制。对于渴望从事公益事业的个人而言，无论是在生产还是在消费方面，他必定非常习惯于根据有闲阶级准则——炫耀性开支和对平民生活的陌生——来衡量价值。如果个人忘记了他的地位，将精力花费于提高平民的实际效率，那么社群的常识——金钱体面观念——将立刻抵制他的工作，并使其回归正途。在对遗赠的管理中，可以看到这样的例子。这种遗赠由热心公益的人提供，其唯一目的（至少是名义上的唯一目的）是在某些指定方面促进人类的生活便利。目前这类遗赠最常见的对象，是学校、图书馆、医院以及收容体弱不幸者的庇护所。在这些情况下，捐赠者公开宣称的目标是在他指定的某些方面改善人类生活；但我们会发现一条不变的规律：在工作执行过程中，会出现许多与原始动机不相容的其他动机，且它们决定了遗赠专设基金中相当大份额的最终具体分配。例如，某些基金可能原本专用于弃儿收养院或残疾人收容所。但在这些案例中，开支用于炫富浪费的情况并不罕见，足以令人瞠目结舌甚至哑然失笑。相当可观的一部分资金被用于大厦正面的一些丑陋而昂贵的石料，上面布满了奇形怪状的不协调花纹，其防护墙、角楼、巨大的正门和战略性防护设施，让人联想到未开化人的某种军事布阵。而在建筑结构的内部，同样的炫耀性浪费准则和掠夺型壮举的指导也无处不在。这里不作深入探讨，仅以窗户为例。窗户的用途变成给偶尔路过的旁观者留下金钱优势的深刻印象，而不再是有效地满足其名义上的目的——为建筑中的受益人带来方便或舒适；内部布置的细节也必须尽可能地符合这种奇怪而迫切的金钱美要求。

当然，对于上述一切，不要认为捐赠者会有所抱怨，或者认为如果他亲自操控，结果会不一样；在那些实施个人管理的情况下，事业的运行不按照遗赠的要求，而是由捐赠者直接进行支付和监督，但此时的管理目标和方法并无不同。不论是受益人，还是那些在舒适或虚荣方面并不直接相关的局外人，都不会对基金的不同用法感到高兴。如果事业运行时的直接目的是最经济有效地利用手头的手段，来实现基金最初的实际目标，没有人会感到满意。所有相关人士——无论他们的利益是直接利己的还是仅仅默然于心的——都一致认为，开支中相当大的一部分应当用于高等或精神上的需求，这种需求来源于在掠夺性壮举和金钱型浪费方面进行不公性比较的习惯。但这只是说明，竞争和金钱声誉准则如今是遍及全社会的、无从回避的常识，即使事业在名义上完全基于非不公性利益运行，也必然要受到这些准则的影响。

甚至可以说，事业的荣誉性价值——作为一种提高捐赠者好名声的手段——应当归功于这种假定存在的非不公性动机，但这并不妨碍不公性利益对开支的引导作用。在任何上述种类的事业中都可以详尽地看到，源自竞争性或不公性的动机有效地存在于这种非竞争性工作中。这些荣誉性细节出现时，常常伪装成审美、伦理或经济利益等领域的名号。这些源自金钱文化标准和准则的特殊动机，既不干扰行为人与人为善的意识，也不迫使其意识到自己工作的实质无效性，而是悄悄地发挥作用，将非不公性的努力从有效服务中转移。在非不公性和改良性事业的各类计划中都可以看到上述效果，而这类事业在富人的公井生活方式中是一个相当重要且尤其明显的特征。但其理论意义或许已经足够清楚，无需进一步的说明；而我们将在另一层关系中深入探讨这些事业中的一类——高等教育机构。

因此，在有闲阶级受到庇护的情况下，似乎存在着一种对非不公性冲动的回归，这种冲动是前掠夺型蒙昧文化的典型特征。回归既包括职业技能意识，也包括好逸恶劳和亲密友好的倾向。但在现代生活方式中，基于金钱或不公性优点的行为准则阻碍了这些冲动的自由发挥；这些占支配地位的行为准则，甚至转移了基于非不公性利益的努力，使其服务于金钱文化所倚仗的不公性利益。就当前的目的而言，金钱体面准则可以简化为浪费、徒劳、残暴的原则。正如在其他行为方向中一样，体面性要求也在改良事业中强制性出现，并对任何事业的行为和管理细节实施选择性监督。通过对方法进行详细的指导和调整，这些体面准则使得所有非不公性的愿望或努力失去价值。普遍、客观和缺乏活力的徒劳原则时刻存在，强烈阻止那些留存下来的被归为工作本能的前掠夺型倾向进行表达；但它的存在并不会消除这些倾向的遗传，也不会消除为表达这些倾向而反复出现的冲动。

在金钱文化之后的进一步发展中，为避免社会谴责而退出工业进程的要求愈演愈烈，人们甚至不得从事任何竞争性职业。在这一高级阶段，金钱文化对非不公性倾向的施展起到了消极的支持作用，因为与对工业或生产性职业的重视程度相比，金钱文化对竞争性、掠夺型或金钱型职业优点的重视程度有所下降。正如上文提到的，这种不从事任何实用性人类职业的要求，在上层阶级女性中比在其他任何阶级中都更为严格——某些教派的神职人员可能是这条规则的例外，尽管对神职人员的相关要求或许更重表面而轻实质。这一阶级的女性之所以比同样金钱和社会等级的男性更注重徒劳的生活，在于她们不仅属于有闲阶级，同时也属于代理有闲阶级。对她们来说，长期不从事实用性工作是有双重理由的。

受欢迎的作家和演说家反映了社会中有识之士在社会结构和功能问题上的共识，他们反复明确地表示，在任何社会中，女性的地位是该社会——甚至可以说是该社会中任何给定阶级——所达到的文化程度的最显著指标。与任何其他方面的发展相比，这一观点也许更适用于经济发展的阶段。同时，在任何社会或任何文化中，女性在公认生活方式中的地位在很大程度上表现出由早期发展阶段的环境塑造而成的某些传统，对于目前的经济环境——或者现代经济形势下女性所面临的气质和习性方面的迫切需要——而言，这些传统仅仅发生了部分的适应而已。

在对经济制度成长的一般性探讨过程中，特别是在谈到代理休闲和服饰时，已经附带提及了以下事实：与同一阶级男性的地位相比，女性在现代经济制度中的地位，更广泛而持久地随着工作本能的推动而变化。很明显，赞成和平、反对徒劳的本能在女性的气质中所占比例更大。因此，对于公认生活方式和经济局势的迫切需要之间的矛盾，现代工业社会中的女性所显示出的强烈意识并非偶然。

"女性问题"的几个阶段清楚地说明，女性在现代社会中——尤其是在礼仪圈子中——的生活，在何种程度上受到较早经济发展阶段下的一组共识的控制。人们仍然可以感觉到，从世俗、经济和社会等意义上看，女性生活通常在本质上都是一种代理生活，其优缺点理所当然地被归于对女性有某种所有权或监护权的他人。因此，女性如有任何违反公认礼仪方式的行为，便会被认为直接损害了她所属男性的体面。任何人在对女性的意志薄弱或邪恶堕落发表这类意见时，当然可能有一些不同的看法；但社会终归会毫不犹豫地对这种事情做出常识性判断，男性在产生监护失责的感觉时，很少会质疑这种感觉是否合理。另一方面，倘若男性做了坏事，与他在生活上有联系的女性却相对很少为此蒙羞。

于是，良善美好的生活方式——也就是我们所习惯的方式——给女性划定了一个从属于男性活动的"领域"；女性一旦背离了传统指定的职责范围，就被视为不守妇道。如果是民事权利或选举权方面的问题，根据我们对此的常识，也就是说我们的一般生活方式对这个问题的逻辑解决方案，女性不应在国家中和法律面前自我代表，而应由她所属家庭的家长代为调解。女性若渴求自主的、以自我为中心的生活，便是缺乏女性气质的。常识告诉我们，她们直接参与社群的民政事务或工业事务，是对社会秩序的一种威胁，而社会秩序表达了我们在金钱文化传统指导下形成的思维习惯。"所有'将女性从男性的奴役中解放出来'之类的空谈，反过来用伊丽莎白·卡迪·斯坦顿①简单明了而富于表现力的语言说，都是'一派胡言'。两性的社会关系是天生注定的。我们的全部文明——文明中的任何精华——都建立在家庭的基础上。"而"家庭"是以男性为家长的一户。在文明社会的普通男性乃至女性当中，这一观点——通常表达得更为直率——是关于女性地位的盛行观点。对于礼仪系统的要求，女性的感觉非常敏锐。虽然许多女性对准则强加的细节都感到很不自在，但很少有人没有意识到：出于一种必然性并通过传统惯例的特权，现有道德秩序将女性置于男性的附属地位。归根结底，根据她自己对善和美的观念，女性的生活是——且理论上必然是——男性的生活的间接表达。

然而，尽管存在着这种对何为女性的良好自然位置的普遍观念，也可以觉察到另一种观点的早期发展，它大致认为，监护人、代理有闲以及优缺点归属等一切安排在某种程度上是一个错误。或者至少可以说，即便它在当时当地可能是一种自然的发展和良好的安排，尽管它具有明显的美学价值，但它仍然不能充分满足现代工业社会生活中更多的日常

---

① 伊丽莎白·卡迪·斯坦顿（Elizabeth Cady Stanton, 1815—1902），美国选举权运动领导人，1838年与卢西亚·莫特（Lucretia Mott）共同组织了第一次妇女权利会议。1851年与苏珊·安东尼（Susan Anthony）展开合作，并于1869年至1890年担任美国妇女选举权协会的第一届主席。——译注

目标。对大多数有教养的上层和中产阶级女性而言,在她们对传统礼仪的冷静庄重的观念中,这种身份关系是绝对且永远正确的;但即使是这些持保守态度的人也常常会发现,事物在这方面的实际状态和理想状态之间存在一些轻微的细节差异。而那些不易管理的现代女性群体,凭借青春、教育或气质的力量,在某种程度上与来自未开化人的身份传统有所脱节,在她们之中,也许有一种对自我表达和工作本能冲动的过度回归;她们的不满情绪过于强烈而无法释怀。

这些旨在恢复女性古老地位的、盲目而松散的努力被命名为"新女性"运动①,其中至少有两个元素是可识别的,两者都具有经济特征。这两个动机或元素被表达为两个口号,"解放"和"工作"。这些词都被理解为与广泛传播的不满相关的某种东西。连那些并未在当今局势下看到任何真正值得不满的理由的人,也认可了这种盛行的情绪。在工业发展最为先进的社会中的富裕阶级女性之中,这种需要缓解的不满情绪最为活跃,且最频繁地得到表达。换句话说,存在着一个不同严重程度的需求,即从身份、监护人或代理生活的一切关系中解放出来;在那些过着代理生活——身份制度传承下来的毫无保留的生活方式——的女性阶层以及那些经

---

① "新女性"(New Woman)运动,促进妇女经济、法律、社会和政治权利的一项激进计划。最早发起于英国,19世纪中叶转移到欧洲大陆和美国,其争议与拥趸都不少。——译注

济发展偏离传统生活方式所适应的环境最远的社会，这种反感表现得尤为明显。对于某一部分女性而言，良好声誉准则禁止她们从事任何实用性工作，她们的生活专门用于有闲和炫耀性消费；正是这些女性提出了这样的要求。

不止一位评论家误解了这一新女性运动的动机。一位受欢迎的社会现象观察者最近愤愤不平地总结了美国"新女性"的情况："她受到这个世界上最忠诚、最勤劳的丈夫的宠爱……她在教育以及几乎所有其他方面都优于她的丈夫。她得到数不胜数、无微不至的关注。然而她还是不满意……盎格鲁-撒克逊'新女性'是现代最荒谬的产物，注定是本世纪最可怕的失败。"这一陈述中除了表达蔑视——也许很到位——之外，不过是让女性问题变得更加晦涩费解而已。引起新女性不满的正是这一对运动的典型描述中所强调的她应该满足的理由。她受到宠爱，并被允许甚至被要求为她的丈夫或其他自然监护人实施大量炫耀性代理消费。她得以免于或被禁止从事低俗的实用性职业，以便为其自然（金钱）监护人的好名声实施代理有闲。这些职责是不自由的常见标志，且不符合人类从事有目的活动的冲动。但女性天生具有的工作本能——有理由相信她们的这种本能甚至多于男性——使她厌恶徒劳的生活或无效的开支。她必须响应她所接触的经济环境中的直接刺激，展开她的人生活动。女性渴望以自己的方式过自己的人生，并更密切地参与社会工业进程，这一冲动或许比男性更为强烈。

只要女性始终在从事单调乏味的苦工，她通常都对自己的地位相当满足。一方面，她有一些实实在在、目标明确的事情要做；另一方面，她既没有时间也没有心思使其遗传而来的自主倾向得到反叛性表达。当女性的普遍劳碌阶段结束，轻松的代理有闲成为富裕阶级女性被认可的职业后，金钱体面准则的规范力量要求女性奉行徒劳的仪式，品格崇高的女性得以长期远离对自主及"实用性领域"的任何情感倾斜。这一点尤其适用于金钱文化的早期阶段，彼时有闲阶级的有闲在很大程度上仍然是一种掠夺性活动，一种权力的积极表达，其中有充分的具体不公性目的，足以被真正作为一项能够无愧从事的职业。在某些社会中，这种情况明显延续至今。它依旧在不同人的身上以不同的程度得到体现；个人的身份观念越是强烈，个人具有的职业冲动越是微弱，这种情况就表现得越加明显。在某些社会中，经济结构已经高度发展，与基于身份的生活方式不再匹配，个人顺从关系不再被视为唯一的"自然"人际关系；此时，从事目的性活动的古老习惯开始在适应性较差的个人身上得到表达，对抗那些由掠夺型和金钱型文化给我们生活方式所带来的较新的、相对肤浅而短暂的习惯和观点。一旦掠夺型和准和平行为准则所造就的习性和生活观点不再符合后期发展的经济形势，这些习惯和观点便很快开始失去它们对上述社会或阶级的强制力。这一情况在现代社会的劳动阶层中是显而易见的，有闲阶级生活方式对他们已经失去了大部分约束力，在身份元素方面尤其如此。但对上层阶级而言，上述情况中也得到了明显证实，只是表现方式有所不同。

源于掠夺和准和平文化的习惯，是人类某些潜在倾向和心理特征的相对短暂的变种，这些倾向和特征经过早期的原始猿人文化阶段的长期训练而形成，那个时代的物质环境相对简单恒定，其中进行的经济生活和平宁静，相对未分化。当竞争性生活方式带来的习惯不再能满足现存经济的迫切需要时，就开始发生瓦解，出现较晚、通用性较低的思维习惯在一定程度上让位于更古老、更普遍的人类精神特征。

在某种意义上，新女性运动标志着对人类更普遍性格的回归，或者说，对人性较少差别化的表达的回归。这是一种可被表述为原始猿人的人性类型，就其主要性格特征的实质（而非形式）而言，它属于一个或可被视为低等人类的文化阶段。在这方面，我们在此所讨论的特殊运动或演化特征当然与其他后期社会发展有着相同的特性，只要这种社会发展显示出回归到经济演化的早期未分化阶段的迹象。这种从占支配地位的不公性利益发生回归的一般倾向，并不完全缺乏证据，但这些证据谈不上丰富，也不具有充分的说服力。现代工业社会身份观念的普遍衰落可以作为这方面的证据；而对于人类生活中的徒劳，以及牺牲集体或其他社会团体的利益以谋求私利的活动，人们的反对情绪明显有所回归，这也是类似的证据。存在一种明显趋势，即反对施加痛苦，以及怀疑所有掠夺行为；即便不公性利益的表达并未对社群或对就此发表意见的个人造成物质方面的实际损害，上述趋势也依然存在。甚至可以说，在现代社会中，冷静客观的普通人所认为的理想性格，应该带来和平、善意和经济效率，而非自私、暴力、欺骗和控制的生活。

对于这种原始猿人的人性复兴，有闲阶级的影响并未起到一贯的赞成或反对的作用。对于具有大量原始性格特征的个人而言，有闲阶级的受庇护地位直接提高了其成员的生存机会，因为其成员无须参加金钱斗争；但在间接层面上，通过有闲阶级对物品和精力的炫耀性浪费准则，有闲阶级制度降低了其成员在全部人口中的生存机会。对浪费的体面性要求，使得这些人口将富余精力全部投入不公性斗争中，没有在生活中留下任何非不公性表达的空间。体面训练在精神方面的较次要、较抽象的影响也在同样方面产生作用，且对目标或许更加有效。体面生活准则是不公性比较原则的进一步阐释，因而在抑制所有非不公性的尝试以及灌输利己主义态度方面起到了一贯的作用。

第十四章
作为金钱文化表达的高等学识

为了使某些方面的恰当思维习惯得以留存后世，学术训练受到社会共识的支持，并被纳入公认的生活方式中。在教师和学术传统指导下形成的思维习惯具有其经济价值，一种影响个人效用性的价值。这种经济价值与无此指导的、在日常生活训练下形成的思维习惯的类似经济价值相比，在真实程度上毫不逊色。被认可的学术计划和训练的任何特征，只要能够归因于有闲阶级的偏好或金钱价值准则的指导，都被视为对有闲阶级制度的阐述；而教育计划所具有特征的任何经济价值，都是有闲阶级制度价值的详细表达。因此，我们在此的讨论对象是任何能够归因于有闲阶级生活方式的教育系统的独有特征，无论是训练目标和方法，还是所传授知识的范围和特点。在严格意义上的学识中，尤其是在高等学识中，有闲阶级典范的影响最为明显；既然本文的目的并非详尽收集所有显示金钱文化对教育的影响的数据，而在于说明有闲阶级影响教育的方法和趋势，因此我们在这里只对高等学识的某些能够服务于上述目的的突出特征作一概述。

在其初始和早期发展阶段，学识在某种程度上与社会的宗教仪式——尤其是那些为超自然有闲阶级提供服务的仪式——密切相关。原始教派中那些试图迎合超自然力量的服务，对于社会的时间和精力而言，并不是一种具有工业效益的利用方式。因此，它在很大程度上被看作代替超自然力量实施的代理有闲。这些超自然力量是人们沟通交流的对象，人们为其提供服务并宣誓对其顺从，也被当作为了博取其好感。在很大程度上，早期学习在于获取为超自然力量服务的知识和能力。因此，它在性质上非常类似于为世俗主人提供家政服务所需的培训。在原始社会中，祭司教师所传授的知识主要是关于仪式和典礼的知识；也就是关于接近和服务于超自然力量的最恰当、最有效和最可接受的手段的知识。人们从中学到如何让自己在这些权力面前变得不可或缺，从而使自己有资格请求甚至要求他在事件过程中出面调停，或避免干涉某些特定的事务。赎罪是信徒的目标，而寻求这一目标的手段在很大程度上是顺从能力的培养。在对主人的有效服务元素以外的其他元素似乎直到后来才逐渐成为祭司或萨满巫师教诲的一部分。

祭司既然服务于外部世界中的神秘力量，也就慢慢成为这些力量与不受约束的普通人类之间的中间人；他掌握超自然礼仪知识，故得谒见神明。这些平民及其主人——不管这一主人是自然人还是超自然人——之间的中间人通常发现自己可以利用职位之便，让平民产生这些不可思议的力量会应其请求行事的印象。于是，关于特定自然进程、可以用来说明壮观的效果的知识，连同一些熟练的手法，不久便成为祭司学识的一个组成部分。这类知识被误视为关于"不可知"的知识，并因其深奥的特征而适用于神权目的。学习作为一种制度的兴起似乎正源自于此，它经历了缓慢冗长的过程才从巫术和萨满教骗局的母体中分离出来，即便在最先进的高等院校中，这一分离过程也远未完结。

就影响甚至利用无知之徒的目的而言，学识中的深奥元素是一个非常诱人且有效的元素，过去如此，现今亦然；而饱学之士在目不识丁者心目中的地位，在很大程度上是根据他与神秘力量的密切程度来评估的。这方面有一个典型案例：直到本世纪中期，挪威农民还本能地相信路德、梅兰克森（Malanchthon）、彼得·达斯（Peder Dass）乃至近代神学家格伦特维（Grundtvig）①等神学博士的过人博学是一种魔法。除了这些人之外，还有大量已故和健在的小有名气之人，人们普遍认为他们熟练掌握所有魔法；所有这些名人在

---

① 挪威农民以对"魔法"的万物有灵论信仰来理解这些神学家的学说。马丁·路德（Martin Luther，1483~1546）及其助手、德国新教改革领袖菲利普·梅兰克森（Philip Melanchthon，1497~1560），又如丹麦学者尼古拉·格伦特维（Nicolay Grundtvig，1783~1872）及挪威诗人和教士彼得·达斯（Peder [Petter] Dass，1647~1708）。——译注

神职人员中都拥有很高的地位，在这些好人们看来，名人们对魔法实践和神秘科学也有深入了解。有一个更切题的类似事实，同样显示出博学与不可知在人们普遍理解中的密切联系，同时也较为粗略地说明了有闲阶级在生活中对求知兴趣的爱好。这一事实是：虽然信仰并非只存在于有闲阶级之中，但该阶级如今充满了各种各样神秘科学的信徒，其所占比例远高于社会平均水平。在那些思维习惯未经现代工业塑造的人看来，关于不可知的知识仍然是终极的（如果不是仅有的）真正知识。

因此，在某种意义上，学识最初是教士这一代理有闲阶级的副产品；而且，一直到近期为止，高等学识在某种意义上也始终是神职阶层的副产品或副业。随着知识体系的扩展，深奥知识和通俗知识之间开始产生区别，这一区别在教育史上来源已久；就两者的实质性差异而言，前者主要包括不具有经济或工业作用的知识，而后者主要包括有关工业进程和自然现象的知识，常被习惯性地用于描述生活的物质目的。至少在人们的普遍理解中，这条分界线已经逐渐成为高等学识和初等学识之间的标准界线。

这一点意义重大，一方面证明了学识与教士职业关系密切，另一方面也表明了学识活动在很大程度上属于以礼貌和教养闻名的炫耀性有闲的范畴，同时所有原始社会中的博学阶级一般都非常拘泥于形式、先例、层次等级、仪式、礼服和学术相关用品。这当然是可以预期的结果，它说明了高等学识最初是有闲阶级的一种职业——更具体地说是受雇为超自然有闲阶级提供服务的代理有闲阶级的职业。但这种对学术用品的偏好也表明了教士职责与仆人职责之间进一步的类似之处或共同点。就起源而言，学识与教士职责在很大程度上是使人产生共鸣的魔法的产物；因此，这种形式和仪式上的魔法用具，在原始社会的博学阶级中必然占据一席之地。仪式和用品对魔法目的有一种神秘的效果；因此，它在魔法和科学的早期发展阶段作为一个构成因素的存在是一种权宜之计，类似于象征性的致敬。

象征性仪式的灵验感，以及在用传统用具精心表现出待传达的行动和目标的过程中所产生的共鸣，这些感觉当然在更大程度上更明显地出现在魔法实践中，而不是科学——哪怕是神秘科学——的训练中。但据我了解，具有优秀学术修养的人很少会认为科学方面的仪式用品是毫无意义的东西。任何人只要对我们文明中的学识史细加思考，就能明显地看到这些仪式用品在后期发展历程中的极大生命力。即便在今天，学术界中也存在着类似事物，例如方帽长袍、入学考试、开学典礼和毕业典礼，以及对学位、荣誉称号和特殊权力的授予，其方式显示了某种学术上的使徒按替传统。学术界所有这些仪式、礼服、盛大开学典礼以及特殊荣誉和美德的按手礼（imposition of hands）传递等，其直接来源无疑都是教士圣职的惯例；但其起源还可以进一步追溯：彼时，教士一方面与巫师术士相区分，另一方面又与世俗主人的卑微仆人相区分，严格意义上的专业教士阶层正是在这一分化过程中获得了这些惯例。无论就其来源还是就其心理内容而言，这些惯例及其所依据的概念所属的文化发展阶段都不迟于爱斯基摩人的巫医和印第安人的祈雨法师出现的阶段。它们在宗教仪式后期阶段以及在高等教育系统中的地位，是人性发展过程中非常早期的万物有灵论阶段的残存特征。

可以很有把握地说，在目前以及近期以来的教育系统的这些仪式特征，主要存在于人文和古典方面的高等学习机构和学习等级之中，而不是技术或实用型的较低等级和部门。有时教育体系中的初等和声誉较低的部门也会拥有这些特征，在这种情况下，这些特征显然是从更高等级借鉴而来的；如果没有高等和古典级别的持续示范作为支持，它们在实用型学校中的留存至少可以说是极不可能的。对初等和实用型学校以及学者而言，采用和培养这些惯例是出自一种模仿——他们渴望尽可能地符合由高等学校所维持的学术声誉标准，而高等学校则是凭借权力的直系移交合法地得到了这些附属特征。

我们甚至可以颇有把握地再作进一步分析。在那些主要进行教士和有闲阶级教育的学校中，仪式的留存和回归最具活力，也最为自然。因此，应该会出现以下情况：那些为了向下层阶级教授直接实用性的知识而建立的学校，一旦成长为高等教育机构，那么，其仪式典礼、仪式用品以及精心制定的学术"功能"也会随着这些学校的转变一同发展，从家庭实用型领域转型进入更高层的古典领域。而根据一份近期大学生活调查，上述现象也明显地得到了证实。这些学校的最初目的，以及它们在前一发展阶段必须做的主要工作，是帮助劳动阶级的青年胜任工作。而在这些学校通常的发展趋向即高等古典学习阶段，其主要目标变成教导教士和有闲阶级（或新晋有闲阶级）的子弟，使其按照约定俗成的声誉范围和方式进行物质和非物质商品的消费。对于"人民之友"为帮助奋斗的年轻人而创办的学校来说，这一可喜的结果通常就是其可预料的结局，如果这种转变得以顺利发生，那么随之而来的变化通常是——倘若并非绝无例外的话——学校生活变得更加仪式化。

在今天的学校生活中，一般说来，在主要目的是"人文学科"教育的学校中，对仪式的要求较为宽松。与其他任何地方相比，新近发展起来的美国大学的生活史能够最清楚地体现出这种相关性。我们以下要说的规律可能存在许多例外，尤其是那些由 贯声誉卓著、仪式庄重的教堂所创办的学校，它们一开始就处了保守和古典的阶段，或通过捷径快速达到古典水平；但对于美国社会在本世纪新成立的学校，一般规律始终是，只要学校所招收的学生来自习惯于劳作和节俭的社群，那么这些学生将很难接受大学的生活方式中存在的让其联想到巫医的事物。然而，一旦社会中的财富开始明显积累，一旦某一学校开始依赖于有闲阶级的支持，学校就会明显地更加注重学术仪式，在服饰方面以及社会和校内的庄重场合方面也更加注重古风。例如，在中西部的大学中，男性的晚礼服和女性的低领露肩装，从一开始勉强接受到后来蔚然成风，成为适合在学校庄重场合或大学圈内的社交礼仪季穿着的学生礼服。而这种服装被接纳的时间，与支持学校的拥护者进行财富积累的时间大致相符。跟踪这种相关性在原则上并无困难，只是工作量很大。类似情况也同样适用于方帽长袍的流行。

近年来，方帽长袍被这一地区的许多院校奉为博学的标识，可以有把握地说，这在早些年不可能发生；也就是说，一直要到社群中的有闲阶级观念得到充分发展，足以支持一次强有力的运动，促进在教育的合法目标上回归到古老观点，上述现象才有可能出现。可以注意到，这一特定学术仪式，不仅投合了有闲阶级对事物适当性的观念，因为迎合了他们对壮观效果的古老嗜好以及对古老象征主义的偏爱；它同时也符合有闲阶级生活方式，因为涉及了炫耀性浪费这一显著因素。从方帽长袍回归的精确日期，以及它在大致同一时期影响了如此大批学校这一事实，似乎可以在某种程度上推断，其原因是一波有关规范和声誉的回归观念在这一时期流行于社会中。

我们注意到，就时间而言，这种奇特的回归发生之时，恰好是其他方面的回归情结和传统达到鼎盛之时；这一点与本文主题并非毫无关联。回归浪潮的最初冲动，似乎来自美国内战的心理瓦解效应。对战争的适应造成了掠夺型习性，因此，帮派意识在一定程度上取代了团结意识，不公性区别意识取代了正当、日常的效用性冲动。这些因素的累积作用造成的结果是，无论是在社会生活中，还是在宗教仪式和其他象征或礼仪形式的体系中，经历了战争时期的一代人都希望看到身份元素的恢复。整个二十世纪八十年代（七十年代同样存在，只是不甚显著），支持准掠夺型商业习惯、身份制度主张、神人同形同性信仰和保守主义的情绪浪潮明显愈演愈烈。未开化气质的更为直截了当的表达，例如违法行为的抬头以及某些"工业巨头"从事的大规模准掠夺型欺诈，在更早时候就达到最高峰，但在七十年代末便开始明显下降。神人同形同性论观点的复归，似乎也在八十年代结束之前便已经度过了最为活跃的阶段。但这里所述的学术仪式和用具，是未开化人万物有灵论观念的更为遥远而深奥的表达；因此，它们的流行和发展更为缓慢，更晚达到其最有效的发展状态。我们有理由相信极盛期已经过去。学术标识和仪式近期的提高和增强很可能将逐渐衰退，除非出现新的战争给予其新的动力，或除非富裕阶级成长到一定阶段，足以

有闲阶级论 | 303

支持所有的仪式，特别是任何能够直接显示出身份等级的浪费性仪式。方帽长袍以及伴随而来的更隆重的学术礼仪仪式，可能确实是未开化状态的这一战后回归浪潮的产物；但毫无疑问，这种仪式复归若要在大学生活方式中生效，必须等到有产阶级手中的财富积累足以提供金钱基础，来展开一场将这个国家中的大学提高到符合有闲阶级对高等学识要求的运动。采用方帽长袍是现代大学生活中的一个引人注目的回归特征，它同时标志着这样一个事实：不管在实际成就方面，还是在发展愿景方面，这些大学已经明确地成为有闲阶级机构。

需要指出，近来有一种用工业巨头替代教士作为高等学府掌门人的趋势，这进一步证明了教育系统和社会文化标准之间的密切联系。这种替代绝不是完整意义或明确意义上的替代。那些能够把神圣职责和金钱高效率结合起来的机构掌门人最受欢迎。此外还有一种类似的但较不明显的趋势：将高等学校中的工作托付给具有一定金钱资质的人员。作为教学工作的资质，行政能力和企业宣传技巧在今天比以往更为重要。这一点特别适用于那些与日常生活最密切相关的科学，以及在经济方面追求专一的社群。这种金钱效率对神权效率的部分取代，伴随的是声誉的主要手段从炫耀性有闲到炫耀性消费的现代转变。这两个事实之间的相关性或已明了，无需赘述。

学校和博学阶级对女性教育的态度，可以说明学识以何种方式在何等程度上偏离了其作为教士和有闲阶级特权的古代地位，它也表明了真正的饱学之士如何逐渐获得在经济或工业方面的现代务实立场。高等学校和需要高深学问的职业，直到近期仍是女性的禁区。这些组织从一开始便专门用于对教士和有闲阶级进行教育，这种情况在很大程度上依然存在。

此前已经提到，女性原本属于仆人阶级，在某种程度上，尤其是就其名义上或仪式上的地位而言，她们至今仍处于这一关系中。一种盛行的强烈观念认为，赋予女性高等教育的特权（就像在厄琉西斯秘密仪式①中那样）将有损于学术界的尊严。因此直到最近，且几乎只有在工业最先进的社会，高等学校才对女性自由开放。即便在现代工业社会普遍具有的迫切形势下，最高等、最负盛名的大学都极不愿意采取行动。在这些精英教育机构中，仍然强势残留着对阶级价值的观念，也就是身份观念以及基于优越和低劣智力区别的两性荣誉性分化的观念。人们觉得，在所有礼仪中，女性只应获取以下两类知识：（1）直接有助于提高家政服务——

---

① 古希腊在雅典附近的厄琉西斯举行的秘密典礼，由妇女主导，纪念众神之王宙斯和农业女神得墨忒耳（Demeter）之女珀尔塞福涅（Persephone）在遭到绑架后经过其母的营救从冥界返回，象征了死亡和再生的轮回。——译注

家务领域——表现的知识；(2) 可明显归于代理有闲表现的准学术和准艺术成就和技巧。而如果知识表达了学习者自己生活的延展，如果知识的获得系出自学习者自身的认知兴趣，既未受到礼仪准则的推动，也不能通过利用和展示这些知识来回馈增加主人的舒适或好名声；那么，人们就感觉这些知识不适合女性掌握。因此，所有可用作有闲（非代理有闲）的证据的知识，几乎都不适合女性。

就评估这些高等学院与社会经济生活的关系这一目的而言，上述现象的重要性并不在于其本身是具有头等经济重要性的事实，而在于它们显示出人们的普遍态度。它们展示出饱学之士对工业社会生活进程的本能态度和意向。这些现象阐释了高等学识和饱学之士所获得的工业发展水平，因此它们可以用来说明，当该阶级的学识和生活与社会的经济生活和效率有更直接的关系，并更直接地影响了该阶级按当时的需求对自己生活方式的调整时，人们对这个阶级可以有哪些合理的期望。这些残存的惯例所显示的，是一种盛行的保守主义（如果不称其为反动情绪的话）；在进行传统教学的高校中尤其如此。

除了这些保守态度的迹象之外，还存在同一方向上的另一个特征，但相对于这种对形式和仪式等平凡琐事的不甚认真的爱好而言，后者是一种更为重要的征兆。例如，美国高等院校大多附属于某些宗教教派，并在不同程度上奉行宗教仪式。一般认为，学校教职员既然熟悉科学方法和科学观点，照理说应该不具有万物有灵论习性；但事实上，仍有相当一部分人承认他们忠诚于神人同形同性信仰和早期文化仪式。这些对虔诚热情的声明，不论是作为法人的学校方面，还是作为教师集体的成员方面，毫无疑问在很大程度上是一种敷衍搪塞的权宜之计；然而，高等学校中终究存在一种非常可观的神人同形同性论观点，这一点毋庸置疑。在这种情况下，它必须被看作古老的万物有灵论习性的一种表达。这种习性必然在一定程度上表现在学校教学中，在这种情形下，它将影响学生思维习惯的塑造，使其变得保守而复古；它阻碍了学生在实用型知识方向上的发展，而这种知识能最好地满足生产目标。

在如今的著名高等院校中极为流行的大学体育，也具有在类似方向的作用；事实上，无论在心理基础还是训练效果方面，体育与大学虔诚态度都有许多共同点。但这种未开化气质的表达主要来自学生群体，而不是学校的倾向；大学或大学官员积极支持和促进体育发展（倒是时有发生）的情况除外。大学兄弟会也符合对大学体育的讨论，但情况有所区别。后者主要是掠夺性冲动的简单表达；前者则更具体地表现出宗派意识的传统，这是掠夺型未开化气质中的一个重要特征。学校中兄弟会和体育活动之间的密切关系是显而易见的。在前面某一章中已经对体育和赌博习惯进行了论述，因

有闲阶级论 | 307

此，对于体育运动和宗派组织活动中这种训练的经济价值，在此几乎无须进一步讨论。

然而，有关博学阶级生活方式以及用于保存高等学识的组织的所有这些特征，在很大程度上只是附属性的。在学校宣称的作为其立身之本的研究和教学工作中，这些特征几乎从来不被看作其有机组成部分。但在所做工作的经济特点方面，以及在其支持下进行的重大工作对求学青年的影响方面，这些征兆性指示提供了一种假设。根据上文的思考，可以做出的假设是：高等学校在其工作和仪式中可能会采取保守立场；但这一假设，必须通过对实际完成工作的经济特征的比较以及对高校所保存的学识的某种考察来进行验证。在这方面众所周知的是，直到最近，权威学府仍持保守态度。它们反对所有创新。一般说来，一个新观点或一种新形式的知识只有在学校外取得成功之后，才会受到学校的支持和接纳。这条规则的例外主要是那些不起眼的创新和偏离，它们对传统观点或传统生活方式不造成任何实际影响；例如，数理科学的事实细节以及古典著作的新文本和新解释——尤其是只与语言学或文学相关的那些。除非创新囿于狭义的"人文科学"领域，除非创新者并未破坏人文科学的传统观点，否则，一般都认为公认的博学阶级和高等学府对任何创新都是深表怀疑的。新的观点，科学理论中的新发展，尤其是任何涉及人际关系的新发展，都经历了冗长艰辛的过程，才在大学体系中获得一席之地，且并未受到热情欢迎，而只是勉强接受；那些致力于努力拓展人类知识范围的人，在其同时代的学术同僚中通常并不受欢迎。对于知识方法和内容方面的重大进步，高等学校通常要等到该创新已经失去了活力和其大部分有用性之后才会予以支持，此时这些进步已经沦为新一代人智力集合中的普通之物，而这新一代人在新的校外知识体系和新观点下成长起来，他们的思维习惯也为其所塑造。这一点适用于新近的过去，但很难指出它在何种程度上适用于眼下的情况，因为对于当今的各种事实，要想找到一个合适的视角来得出有关其相对比例的合理概念，无异于天方夜谭。

到目前为止，我们还没有提到富人的梅塞纳斯作用[1]，这是探讨文化和社会结构发展的作家和演说家们惯于详细论述的内容。有闲阶级的这种作用对高等学识以及知识文化等传播不无重要性。该阶级通过这种赞助来促进学识，其方式和程度都广为人知。对之熟悉的演说家，经常以热情有效的语言使其听众认清这种文化因素的深刻意义。然而，这些演说家谈论此事是从文化利益或声誉利益的角度出发，而不是从经济利益的角度出发。若从经济角度理解并就其工业效用

---

[1] 盖乌斯·梅塞纳斯（Gaius Maecenas），恺撒时期的罗马政治家，贺拉斯（Horace）和维吉尔（Vigil）等作家的赞助人，代表着富人支持艺术的传统。——译注

性进行评估，富人的这项作用以及富裕阶级成员对知识的态度是值得关注的，下文将对其做出说明。

为描述梅塞纳斯关系的特性，需要指出，如果从外部考虑且仅将其作为一种经济或工业关系的话，它是一种身份关系。被赞助的学者替代其赞助人履行学术生活职责，赞助人获得一定的好名声，就像任何形式的代理有闲的好名声归于主人一样。还需要指出的是，从历史事实的角度看，若通过梅塞纳斯关系来促进学识或维持学术活动，最后通常只是促进了古典学识或人文科学方面的熟练程度。这种知识倾向于降低而非提高社会的工业效率。

下面再谈有闲阶级成员在促进知识方面的直接参与。体面生活准则使得有闲阶级将其智力兴趣投入到古典而合乎礼仪的学识中，而不是与社会工业生活有一定联系的科学中。有闲阶级成员若涉猎古典知识之外的领域，最常见的是法律学科和政治学科，尤其是行政的科学。这种所谓的科学实质上不过是权术方面的格言集，被用来指导在所有权基础上履行的有闲阶级政府职责。因此，对这门学科的接触通常不是出于简单的智力兴趣或认知兴趣，而主要是一种实际利益，来自该阶级成员所处的统治关系的迫切需要。就其来源而言，政府职责是与古代有闲阶级生活方式密切相关的一种掠夺型功能。它是对供养该阶级的人群的一种控制和胁迫。因此，这一学科以及赋予其内容的实际事件，对该阶级具有某种认知以外的吸引力。不管在何处，只要政府职责在形式上或实质上仍然是一种所有权职责，以上所有结论就成立；而在有闲阶级的私人政府已经开始消亡的现代社会中，即便上述前提不存在，只要政府发展的较古老阶段的传统延续至其后续生活之中，以上结论也同样成立。

在认知或智力兴趣占支配地位的学识领域（我们可以恰如其分地称之为科学），情况稍有不同，区别不仅体现在有闲阶级的态度上，也体现在金钱文化的整体趋势上。就其本身而言，知识只是为了发挥理解能力，此外并无进一步目的，因此，人们可能会认为，应该由那些不受迫切物质利益干扰的人来追求知识。有闲阶级在工业方面的受庇护地位，理应使这一阶级成员的认知兴趣得到自由发挥，因此我们应当有很大比例的学者、科学家和专家来自这一阶级，并从有闲生活训练中获得从事科学研究和探索的动机；而根据许多作者的确切记录，事实也恰恰如此。某些类似结果仍有待探究，但有闲阶级生活方式的已经过充分论述的一些特征，导致了该阶级的智力兴趣的转移，使其关注于现象的因果关系——这一科学内容——以外的主题。有闲阶级生活的特有思维习惯既涉及个人支配关系，也涉及有关荣辱、价值、优劣、性格等方面的不公性衍生概念。从这一角度，我们看不到构成科学主要内容的因果顺序。而那些对平民有价值的知识，也不会带来好名声。因此，可能出现的情况是，对关于金钱或其他荣誉性优点的不公性比较的兴趣，将占据有闲阶级的注意力，而认知兴趣则受到忽略。当这后一种兴趣得到施展时，通常也会被转移到那些具有荣誉性和徒劳性的推测或调查领域，而不是用于对科学知识的探索。在大量校外系统化知识进入学术学科之前，以上所述确实是教士和有闲阶级学识的发展史。但由于主从关系不再是社群生活进程中的支配性和塑造性因素，学者开始受到来自生活进程中其他特征和观点的重要影响。

真正有教养的有闲绅士应该——并且确实能够——从人际关系的角度来观察世界；而认知兴趣，只要在他身上得到发挥，就应该会争取在此基础上寻求现象的系统化。对于守旧派绅士，情况确实如此；对他们来说，有闲阶级的典范并未瓦解；而对于其现代后裔而言，如果他们完全继承了上层社会的美德，也将会是这样的态度。但遗传方式并无确定路线，并不是每一位绅士的儿子都是天生的绅士。尤其是掠夺型主人特有的思维习惯，在那些只有一两代接受了有闲阶级纪律训练的家族中，其传播不甚稳定。应用认知能力的先天性或后天性倾向，显然最多地发生在那些作为下层阶级或中层阶级后裔的有闲阶级成员之中，这些人继承了劳动阶级特有的所有能力，而他们之所以在有闲阶级中占据一席之地，是因为他们拥有那些在今天比在有闲阶级形成之时更有价值的资质。但即使是在这些有闲阶级新晋成员的范围之外，仍有相当数量的个人，对于他们而言，不公性利益不具备足够优势来塑造他们的理论观点，但他们对理论抱有十分强烈的爱好，并因此而投身于科学探索。

科学之所以能进入高等学识，部分归功于有闲阶级的这些异常子弟，他们受到非个人化关系这一近代传统的支配性影响，继承了在一定的显著特征上不同于身份制度特有气质的一组人类倾向。但这一外来的科学知识体系之所以存在于高等学识之中，也部分地——甚至在更高程度上——仰仗于劳动阶级的一些成员，他们的经济情况十分宽裕，因而能够将注意力转向日常生计之外的其他兴趣，同时他们遗传到的倾向和神人同形同性观点并未在其智力进程中占据支配地位。这两类人群大致构成了科学进步的有效力量，其中后者的贡献更大。对两者都成立的是，与其说他们是源头，不如说是一种媒介，或者充其量是一种交换工具；社会成员通过在现代集体生活和机械行业的迫切需要下与环境进行接触而被迫形成的思维习惯，在这两类人群的作用下被用来对理论知识做出说明。

科学作为对物理现象和社会现象的因果顺序的清晰认知，仅当西方社会的工业进程实质上成为机械的方法，而人的职责只是对物质力量进行分辨和评估之时，才成为西方文化的一个特征。随着社会的工业生活对这种模式的适应以及工业利益对社会生活的支配，科学也迎来了同样程度的繁荣。科学，尤其是科学理论，在人类生活和知识的若干领域中取得了进展，由于每个领域与工业生产进程和经济利益的联系程度有所差别，相应的科学进展也成比例变化；更确切的说法或许是，由于每个领域脱离个人或身份关系的支配的程度，以及脱离拟人化神祇信仰和荣誉性价值的衍生准则支配的程度有所差别，相应的科学进展也成比例地变化。

只有当现代工业生活的迫切需要，迫使人类在与其环境的实践接触中对因果顺序进行认知时，人们才把这一环境中的现象以及他们与之接触的事实，用因果顺序的方式系统化。高等学识的最充分发展形态——如经院哲学和古典主义的精华——是教士职责和有闲生活的副产品，而现代科学则可以说是工业生产进程的副产品。于是，通过这群人——研究人员、学者、科学家、发明家和思想家——他们中的大多数都在学校这一庇护所之外完成了最具说服力的工作，在这些人的影响下，现代工业生活促成的思维习惯，在与现象的因果顺序有关的理论科学集合中得到了清晰表达和详细阐述。这一校外科学思索领域也带来方法和目标的改变，不时对学校科目造成影响。

在这方面，需要指出的是，中小学教学与高等学府教学相比，两者在实质和目的方面存在着非常明显的差异。在所授信息和所获能力的直接实用性方面，两者的差异或许具有一定重要性，值得人们时时予以关注；但在双方训练所偏重的心理和精神倾向方面，两者有着更具实质性的差异。在先进工业社会初等教育的最新发展中，高等和初等学识之间的这种分歧趋势尤为明显。教学的首要关注点是理解和运用客观事实的熟练或灵巧程度（不管是在智力上还是体力上），而这种理解和运用是出自因果关系而非荣誉性影响。诚然，按照早期的传统，当初等教育也主要是一种有闲阶级商品时，普通小学中大量运用竞争来鞭策学生勤奋学习；但在那些低等教育不受宗教或军事传统指导的社会中，即便是这种作为权宜之计的竞争的应用，在低年级教学中也有明显的下降。而那部分已受到幼儿园的方法和典范直接影响的教育系统，特别符合以上所述，尤其是在精神方面。

幼儿园制度的特殊非不公性趋势，以及幼儿园对初等教育影响的类似特点（这种影响超出了幼儿园本身的限制），应该与此前已经谈到的有闲阶级女性在现代经济环境下的独特精神态度联系起来。在先进工业社会中，幼儿园制度获得了最充分的发展，或者说最大程度地远离了古老的父权制度和教育典范；这样的社会中存在大量聪明而空闲的女性，同时由于工业生活施加的解体影响以及缺乏协调的军事和宗教传统，社会中的身份系统有所衰落。正是这些生活安逸的女性为幼儿园制度提供了精神支持。她们对良好声誉金钱准则下无所事事的生活感到厌烦，幼儿园的目的和方法极其有效地投合了她们的需要。因此，幼儿园以及幼儿园对现代教育

有闲阶级论 | 315

的作用，应该与"新女性"运动一起，用来说明那些最直接接触有闲阶级训练的女性对于现代环境下有闲阶级生活的反感。这样看来，在间接层面上，有闲阶级制度再一次为非不公性态度的发展创造了有利条件，长远看来，这最终会对制度本身的稳定性造成危害，甚至还会威胁到作为其基础的所有制。

近来，高等院校教学范围内发生了一些切实的变化。这些变化主要在于，人文学科——那些被认为构成了传统的"文化"、性格、品味和典范的学习科目——被部分地替换为那些有利于公民和工业效率的更务实的科目。换言之，相比于提高消费或降低工业效率的科目，以及促成适合身份制度的性格的科目，那些有利于效率（根本上的生产效率）的知识科目逐渐开始盛行。在对教学方法的这种适应过程中，高校通常处于保守立场；他们预先采取的每一次行动，在一定程度上都具有退让的性质。科学进入学校科目中的过程，与其说是自下而上，不如说是从无到有。值得注意的是，这些无比勉强地让位于科学的人文学科，一律经过适应过程，按照传统的利己主义消费方式塑造学生的性格；这是一种根据传统的礼仪和美德标准来品味并享受真善美的方式，其显著的特征是有闲——退休式悠闲。用被他们自己所习惯的古老高雅的观点掩盖了的语言来说，人文学科发言人一直坚持着"为享受大地的果实而生"（*fruges consumere nati*）这一格言中所体现出来的典范。对于那些由有闲阶级文化塑造并倚赖于该阶级的学校而言，这种态度不足为奇。

人们一直力图使公认的文化标准和方法保持完整，他们对此公开声明的理由同样能显示出古代气质和有闲阶级生活理论的特征。例如，在古典时代的有闲阶级中流行的，在对生活、典范、思想成果以及时间和物品消费方法的习惯性品味中所获得的乐趣和爱好，相较于对日常生活的类似熟稔以及现代社会中普通人的知识和愿望所带来的相关结果，前者被视为"高等"、"高贵"和"有价值"。而关于当今人众和事物的绝对知识的学识，相比之下是"低等"、"底层"和"低微"，有人甚至用"低人一等"来形容关于人类和日常生活的实用型知识。

人文学科的有闲阶级代言人的这一论点似乎顺理成章。从真实案例来看，一方面是对神人同形同性论、宗派意识和早年绅士悠闲自得的状态进行习惯性思索——或者对万物有灵论信仰以及荷马史诗中意气勃发的好斗英雄的熟稔——所带来的满足、陶冶、精神态度或习性；另一方面是实用型知识以及对当今公民或工匠效率方面的思索得出的相应结果；从审美角度考虑，前者比后者更为合乎标准。前一类习惯在审美或荣誉性价值上更有优势，并因此在作为评判依据的"格调"方面明显占上风，这是毋庸置疑的。品味准则的内容，尤其是荣誉准则的内容，在本质上是人类过去生活和环境的产物，通过遗传或传统的作用传递到下一代；由于有闲阶级的掠夺型生活方式长期处于支配地位，它已深入塑造了人类在过去的习性和观点，因此，这种生活方式在当今许多与品味相关的问题中的支配地位从审美上说是合情合理的。就当前目的而言，品味准则是种族习惯，人们通过对某种类型的事物给予喜欢或不喜欢的判断，产生了对其赞成或不赞成的态度，这种相当长期的习惯过程便造就了品味。在其他方面条件等同的情况下，习惯过程越是长久而持续，相关的品味准则就越合理。相比于对一般的品味判断，对价值或荣誉的判断更符合上述结论。

然而，无论人文学科的代言人对新学识的贬低在审美方面如何合理，无论古典学问更有价值并导致更精准的人类文化和性格这一论点有怎样的实质性优点，都与这里讨论的问题无关。这里讨论的问题是，这些学识分支及其在教育系统中代表的观点，在何种程度上帮助或阻碍了现代工业环境下的高效率集体生活——它们在何种程度上促进了对当今经济形势的快速适应过程。这是一个经济问题，而不是审美问题；有闲阶级学识标准在高等学校对实用型知识的抵制态度中得到体现，就当前的目的而言，我们只从经济角度观点对该标准进行评估。因此，使用如"高贵""底层""高等""低等"等词语的意义仅在于表明争论双方的态度和观点；无论他们争论的是新学识还是旧学识的价值。这些词语或是表示尊崇，或是表示羞辱；也就是说，它们是不公性比较词语，归根结底属于有声誉或无声誉的类别；换言之，它们属于身份制度生活方式特有的思维范围；也就是说，它们在实质上是运动员精神——掠夺型和万物有灵论习性——的表达；更确切地说，它们表明了一种陈旧的观点和生活理论，对于其产生阶段的掠夺型文化和掠夺型经济组织而言，它们或许是合适的；但从更广义的经济效率的角度看来，却是不合时宜的无用之物。

古典学识以及高等学府出于偏爱坚持赋予它在教育体系中的特权地位，有助于塑造新一代学者的智力态度并降低其经济效率。为实现这一目的，学校不仅保持男子汉气概的古老典范，也反复灌输知识的荣辱之分。这一结果通过两种方式实现：（1）激发初学者对纯实用性学识的习惯性厌恶以及对纯荣誉性学识的欣赏，从而塑造其品味，以至于他只能，或者几乎只能，在将智力施展于通常无工业或社会收益的方面时，才真心实意地感到满足；（2）使学习者将时间和精力用于获取无用的学识，这种学识唯一的用处体现在它已经约定俗成地被纳入学者必须掌握的学识总和中，从而影响应用于有用知识分支的术语和用词。例如，对于主要工作不涉及语言学特征的任何科学家或学者而言，古代语言知识除了造成这种术语上的困难——它本身便是古典学识曾经流行所带来的后果——之外，没有任何实际意义。当然，以上所述与古典学识的文化价值并无关联，也无意贬低古典学识或贬低其学习带给学生的能力。众所周知，那种能力似乎属于对经济不适用的类型，但任何有幸从古典学识中获得慰藉与力量的人并不需要为其所扰。对于那些拥有的专业技艺远少于其高雅典范教养的人来说，古典学识扰乱学习者工匠态度的事情几乎不会发生：

> 现今被忽略的信仰与和平，
> 以及古老的光荣与羞耻，
> 大胆回归吧。①

由于这种知识已经成为我们教育体系基本要求的一部分，因此，使用并理解南欧某些死语言的能力，不仅能让那些在这方面找到机会炫耀其成就的人得到满足，这种知识的证据还能使任何学者受到其观众——不论是外行还是学者——的欢迎。目前，人们期望学生花费若干年时间来获取这些基本无用的信息，否则其学识就会被视为草率而不可靠的，且充满庸俗的实用性；就扎实才学和智慧力量的惯常标准而言，这种实用性同样令人厌恶。

---

① 语出贺拉斯的《诗篇》。——译注

这种情况类似于在购买任何消费品时可能发生的情况，如果购买者在判断材料或制作工艺方面并不内行，那么他对物品价值的估计主要基于那些装饰部件和特色的最后阶段的表面昂贵性，而表面昂贵性与物品的内在有用性并无直接关联；这里的假设是，在商品的实质性价值和为了出售而增加的装饰的花费之间，存在着一种不明确的比例关系。同理也可假设，古典学识和人文学科知识的缺乏通常会造成才学不扎实，这种假设导致一部分学生明显地浪费其时间和精力来获取这种知识。对少量炫耀性浪费的惯常坚持，存在于一切有声望的学识中，影响了我们在学识问题上的品味准则和效用性准则，就像同样的原则影响我们对制成品效用性的判断一样。

诚然，炫耀性消费作为一种声誉手段，地位已经日渐超越炫耀性有闲，因此，学习死语言的要求已不再像过去那样迫切，而它作为学识证明的神奇功效也随之衰减。上述说法固然不假，但同样千真万确的是，古典学识并没有失去作为学者声誉证明的绝对价值，学者只需要能够出示证据，说明他进行了一些公认的浪费时间的学习，就能证明其声誉；而古典学识很容易发挥这样的作用。事实上，古典学识正是因为能够作为浪费时间和精力的证据，并因而能显示出负担这种浪费的金钱力量，才在高等学识体系中获得了特权地位，被尊为最崇高的学识。比起任何其他知识体系，古典学识最符合有闲阶级学识的装饰性目的，因此是一种有效的声誉手段。

在这方面，古典学识直到近来几乎无可匹敌。它在欧洲大陆仍然没有强劲对手，但在美国和英国的学校中，由于近来大学体育运动已经在公认的学术成就领域赢得了地位，这一后来的学识分支——如果体育运动可以宽泛地归类为一种学识——已经成为古典学识在有闲阶级教育卓越地位上的竞争对手。就有闲阶级学识的目的而言，体育运动相对于古典学识有明显优势；因为若想做一名成功的运动员，不仅要浪费时间，还要浪费金钱，同时要在气质和性格上具有一定的高度非生产性古老特征。在德国的大学中，体育运动和以希腊字母命名的联谊会——作为一种有闲阶级学术活动——在某种程度上被娴熟的、不同程度的酗酒以及例行公事的决斗所替代。

古典学识被纳入高等学识方式之时，并未涉及有闲阶级及其美德的标准——古典主义和浪费；但古典学识之所以能在高等学校中顽强保留并依然具有崇高声誉，毫无疑问是因为它高度符合古典主义和浪费的要求。

"古典学识"总是带有这种浪费和陈旧的涵义，无论它是用来表示死语言或活语言中过时的或正在过时的思维和修辞形式，还是不大贴切地用来表示学术活动或设施。因此，英语的古老用法被称为"古典"英语。在所有对严肃话题的谈论和写作中都必须使用古典英语；即使在最平常琐碎的谈话中，灵活使用古典英语也能够增添尊严感。最新形式的英语措辞当然不能作为书面用语；即便是最缺乏教育或最哗众取宠的作家，也秉持着有关谈话中要求古风存在的有闲阶级礼仪观，这种观念深入人心，难以撼动。另一方面，最高级和最惯常的古典措辞风格——相当典型地——只在拟人化神祇与他的臣民之间沟通时使用。这两个极端之间，则是有闲阶级的日常谈吐和著作。

优雅措辞无论在书面写作还是口头表达上都是一种有效的声誉手段。在谈论任何给定话题时，以一定的精确度了解传统所要求的古典主义程度是十分重要的。在教堂神坛上的用法和在市场上的用法明显不同；可以想见，后一种场合容许使用相对较新较有效的词语和表达方式，即便是爱挑剔的人对此也无异议。细心分辨并回避新词是荣誉性做法，不仅因为这种做法证明当事人浪费时间来养成过时的讲话习惯，而且也表明说话者从孩提时期开始就习惯性地与那些熟悉过时用语的人交往。因此这可以证明其祖上来自有闲阶级。人们认为，极其纯净的语言显示出连续几代人的生活都未沾染低俗的实用型职业；虽然其证据在这一点上并不具有十足说服力。

在远东以外能发现的无用古典主义的贴切实例，是英语的惯用拼写。在所有对真和美方面拥有成熟观念的人看来，不合礼法的拼写是极其令人不快的，任何作家若犯此错误必将声誉扫地。英语拼字学满足了炫耀性浪费法则下声誉准则的所有要求。它是古老、累赘而低效的；掌握这门学问需要消耗大量时间和精力；若未能掌握，也很容易被检测出来。因此，它是对学识方面声誉的第一个考验，也是最现成的考验；要想成为一名无可指摘的学者，就必须符合相关规范。

在语言纯洁性这一点上，正如在基于古典主义和浪费准则的其他方面的约定惯例一样，惯例的代言人本能地采取辩解的态度。他们所主张的要点是，与直截了当地使用最新形式的英语口语相比，一丝不苟地使用古代公认的惯用语可以更恰当、更精确地表达思想；然而，当今的俚语有效地表达了现今的想法，这一点是尽人皆知的。古典语言具有尊严的荣誉性价值；它作为有闲阶级方式下认可的沟通方法吸引着人们的关注和尊敬，因为它明确显示出说话者无须从事工业劳动。正统用语的优势在于其声誉；它们享有的声誉来自它们的累赘和过时，由此能够证明，说话者为此浪费了时间，且不使用也无须使用直接有力的语言。

译后记

凡勃伦是美国重要的经济学家、制度经济学派鼻祖，本书《有闲阶级论》为其代表作，于1899年出版，它对社会的辛辣批评在当时激起了轩然大波。此后，他又写了10本书，发表了100多篇论文和评论文章。与重视市场因素的主流经济学（发端于亚当·斯密）不同，属于非主流经济学的制度学派重视对非市场因素——诸如制度、法律、历史、社会和伦理等因素，其中尤以制度因素为最——的分析，强调这些非市场因素对社会经济生活的重大影响。凡勃伦认为，制度是由思想和习惯造成的，而思想和习惯又因人类的本能而产生，所以制度归根结底是受人类本能支配的。

在凡勃伦笔下，最早的人类群体是"蒙昧人"，他们爱好和平、性格随和、思想简单。然后是掠夺型"未开化人"，他们崇尚战争，习惯于以暴力取人性命，夺人财产。随后是手工业时代，接下来是机器时代，也就是凡勃伦所处的时代。他把当时的职业分成两类，一类是金钱型的，与所有权或获取有关，另一类是生产型的，与科学、技术、生产等有关。从事金钱型职业的是有闲阶级，他们保持着大量未开化人的气质，但简单的侵略和无节制的暴力行为在很大程度上让位于精明和诡计，后者成为最受认可的积累财富的方法。娴熟的侵略性、与之相应的财大气粗，以及一贯坚持的身份感，仍然是该阶级最闪亮的性格特征。他们被凡勃伦称为现代未开化人。生产型职业从业者所直接接触的生产过程起着教育和选择的作用，这使他们的思维习惯与集体生活的非不公性目的相适应。从人类未开化的过去通过遗传和传统得到的明显掠夺能力和倾向，在此过程中越来越快地遭到摒弃，顺应了社会发展的趋势。

凡勃伦认为，有闲阶级制度与私有制是同时产生的。本书所研究的就是有闲阶级的形成过程及其地位和价值。他指出，从私有制出现之日起，人与人之间对财产占有的竞争就开始了。在财产方面占优势的阶级从习惯上和心理上无法接受体力劳动，他们崇尚有闲生活，遵循炫耀性有闲和炫耀性消费原则。凡勃伦用许多生动的实际例子，令人信服地说明了这些原则如何体现在服饰、建筑、宗教仪式和设施、高等教育等方面。他不认为这些是好的原则，但也认为鉴于人的本性，改变会十分困难而缓慢。但在对艺术和科学的追求和慈善事业中，有闲阶级的赞助和自身在这方面的造诣起到了一定的积极作用。

中国在历史上的有闲阶级与西方的相仿，或为皇亲国戚，或为官宦将门之后，最接近现代的便是八旗子弟，用本书的观点，可以对其进行深刻的分析。时至今日，这些世传的有闲阶级早已消失得无影无踪，取而代之的是土豪新贵，他们品味低下，只善于挥霍炫富，却全无贵族气质。一百多年前凡勃伦的《有闲阶级论》一出，富人不再能够自由挥霍浪费而不遭社会讽刺、谴责，从而有所收敛。希望这本书对当下的中国也能产生类似的积极影响。

凡勃伦对社会的观察超乎寻常地深刻，他列举生动实例令人信服地说明了他的观点。其行文逻辑性强，用词十分丰富，确实是一本好书。本书英文版不断重印，国内也已有好几个译本。本译本试图用精准的现代汉语，忠实地再现原作的思想。

本书出版一百多年，当今的世界已大不相同，特别是人工智能的兴起，在思想、习惯、制度等方面增添了新的未知数。但凡勃伦提出的分析方法，仍不失为观察社会现象的一个有效视角，值得学习、研究和应用。

凌复华
2019 年 1 月

图书在版编目(CIP)数据

有闲阶级论 / (美)索尔斯坦·凡勃伦(Thorstein Veblen)著；
凌复华,彭婧珞译. —上海：上海译文出版社,2019.10（2024.8重印）
（译文经典）
书名原文：The Theory of the Leisure Class
ISBN 978-7-5327-8032-7

Ⅰ.①有… Ⅱ.①索… ②凌… ③彭… Ⅲ.①制度学派—经济思想 Ⅳ.①F091.349

中国版本图书馆 CIP 数据核字(2019)第 163063 号

Thorstein Veblen
THE THEORY OF THE LEISURE CLASS
All Rights Reserved
No part of this book may be reproduced or transmitted in any form or by any means, electronic or mechanical, including photocopying, recording or by any information storage and retrieval system, without permission in writing from the publisher.

有闲阶级论
[美]索尔斯坦·凡勃伦 著 凌复华 彭婧珞 译
责任编辑/莫晓敏 装帧设计/张志全工作室

上海译文出版社有限公司出版、发行
网址：www.yiwen.com.cn
201101 上海市闵行区号景路159弄B座
江阴市机关印刷服务有限公司印刷

开本 787×1092 1/32 印张 10.5 插页 5 字数 174,000
2019 年 10 月第 1 版 2024 年 8 月第 7 次印刷
印数：22,001—25,000 册

ISBN 978-7-5327-8032-7/C·090
定价：48.00 元

本书中文简体字专有出版权归本社独家所有,非经本社同意不得转载、摘编或复制
如有质量问题,请与承印厂质量科联系。T：0510-86688678